千寶 찬집
林東錫 옮김

한글고전총서 6
搜神記

수신기

하

동문선

수신기(搜神記)

【수신기 · 하권 / 차례】

수신기

12

하늘에 오기(五氣)가 있어 만물이 화생(化生)한다. 목(木)이 청(淸)하면 인(仁)이 되고, 화(火)가 청하면 예(禮)가 되며, 금(金)이 청하면 의(義)가 되고, 수(水)가 청하면 지(智)가 되며, 토(土)가 청하면 사(思)가 된다. 이렇게 오기가 모두 순수하게 되면 성덕(聖德)이 그 속에 구비되는 것이다.

그리고 목(木)이 탁(濁)하면 약(弱)이 되고, 화(火)가 탁하면 음(淫)이 되며, 금(金)이 탁하면 포(暴)가 되고, 수(水)가 탁하면 탐(貪)이 되며, 토(土)가 탁하면 완(頑)이 된다. 이렇게 오기가 모두 탁하게 되면 사람으로 태어날 경우 하급 인간이 되는 것이다.

중국에 성인(聖人)이 많은 것은 화기(和氣)가 서로 교합(交合)하기 때문이며, 절역(絶域)에 괴물이 많은 것은 이기(異氣)가 발산되는 곳이기 때문이다.

진실로 그 땅의 기(氣)를 받게 되면 그 땅에 맞는 형체를 갖게 되며, 그러한 형체를 갖게 되면 그에 맞는 성품(性稟)을 갖게 된다.

그러므로 곡류(穀類)를 먹는 것은 지혜가 있고 문명하며, 풀을 먹는 것은 힘은 세나 우직(愚直)하며, 뽕잎을 먹는 것은 실을 뽑아내고 나서 나방이 되며, 육식을 하는 것은 용감하나 표독스럽다. 그리고 흙을 먹는 것은 아무런 사고(思考)도 없이 쉬지도 못하며, 기(氣)를 먹는 것은 신명(神明)하여 장수하며, 아무것도 먹지 않는 것은 죽지 않고 신이 되는 것이다.

허리가 굵은 동물은 웅성(雄性)이 없고, 허리가 가는 동물은 자성(雌性)이 없다. 웅성이 없는 것은 밖으로의 환경에 접촉해 살고, 자성이 없는 것은 다른 동물에 의지해서 생육한다.

세 번 탈화(脫化)하는 동물은 먼저 씨를 배태한 다음에 교배하며, 겸애지수(兼愛之獸)는 스스로 한 몸 속에 암수를 지니고 있다.

기생하는 생물은 높은 나무에 붙어 살아가며, 여라(女蘿)라는 식물은 복령(茯苓)에 의탁하여 살아간다. 그런가 하면 기둥이 있는 나무는 땅을 의지해 살고, 떠다니는 부평초는 물을 의지해 살아간다. 새는 허공을 밀치고 날며, 짐승은 발을 디뎌 밟고 내닫는다. 벌레는 땅속에 유폐되어 칩거하고, 물고기는 깊은 물에 잠기어 살아간다.

하늘을 근본으로 하는 생물은 위[上]를 친히 여기고, 땅을 근본으로 하는 생물은 아래를 친히 여기며, 때를 근본으로 하는 생물은 곁을 친히 여긴다. 이처럼 각자가 자신의 닮은 점을 따르게 마련이다.

천년 묵은 꿩은 바다로 들어가 신(蜃)이 되고, 백년 묵은 참새는 바다로 들어가 합(蛤)이 된다. 천년 묵은 거북과 자라는 사람과 말을 나눌 수 있고, 천년 묵은 여우는 미녀로 둔갑한다. 천년 묵은 뱀은 끊어도 다시 이어지며, 백년 묵은 쥐는 능히 점괘를 알아맞힌다. 이는 바로 그가 산 연수(年數)가 그렇듯 신령케 한 것이다.

또 춘분(春分) 때가 되면 매가 변해 비둘기가 되며, 추분(秋分) 때는 비둘기가 다시 매로 변한다. 이는 시기가 그렇게 변화시키는 것이다.

그러므로 썩은 풀에서는 개똥벌레가 생기며, 썩은 갈대에서는 귀뚜라미[蛬]가 생긴다. 벼는 바구미가 생기게 하고, 보리는 나비가 생겨나게 한다.

이렇게 모두 날개가 생겨나고 눈동자가 갖추어지면 그 속에 자신들의 지혜가 갖추어지게 되는 것이니, 이는 스스로 그렇게 되리라고 알고 있었던 것이 아닌데도 그런 삶의 지식이 생겨나는 것으로 기(氣)가 그렇게 바꾸어 준 것이다.

학(鶴)이 변하여 노루가 되고, 귀뚜라미가 변하여 두꺼비가 된다. 이는 자신들의 본래 혈기(血氣)는 잃지 않은 채 그 형상과 성질이 변한 것이다. 이런 예는 일일이 모두 거론할 수가 없다.

변화에 적응하여 움직이는 것은 상례(常例)에 순응하는 것이다. 그 변화의 규율을 어그러뜨리면 결국 요괴와 재앙이 된다.

그러므로 아래에 있어야 할 몸체가 위에 생긴다든지, 위에 있어야 할 부분이 아래에 생겨나는 것은 기(氣)가 뒤집힌 때문이다. 사람이 짐승을 낳거나 짐승이 사람을 낳는 것은 그 기가 난역(亂逆)을 일으킨 때문이며, 남자가 여자로 변한다거나 여자가 남자로 변하는 것은 그 기가 서로 옮겨가 뒤바뀌었기 때문이다.

노(魯)나라의 어떤 소가 병에 걸려 애통해하다가 이레 만에 호랑이로 변하였다. 그 형태가 변하자 발톱과 이빨을 드러내며, 그 형뻘 되는 다른 소가 문을 열고 들어서자 이를 잡아먹어 버렸다. 그 소는 한때 사람이었으며, 자신이 그러한 호랑이로 변하리라는 것을 알지 못하고 있었다. 마찬가지로 그가 호랑이로 변했을 때에는 자신이 일찍이 사람이었다는 것을 알지 못한다.

그래서 진(晉)나라 태강(太康) 연간에, 진류군(陳留郡)의 완사우(阮士瑀)가 살무사에 물려 그 고통을 참지 못하고 그 물린 부분을 입으로 불었다. 과연 두 마리의 살무사가 자신의 콧속에 살고 있었던 것이다.

또 원강(元康) 연간 역양현(歷陽縣)의 기원재(紀元載)라는 이가 밖에서 거북 요리를 먹고는, 그만 뱃속에 혹덩어리가 생기게 되었다. 의원이 약을 써서 치료하였더니, 새끼거북을 몇 되나 쏟아내는 것이었다. 그 새끼거북은 작은 동전 크기만 하였으며, 머리와 다리는 이미 형태를 갖추고 있었고 무늬와 껍질도 모두 구비

되어 있었다. 그러나 그만 약기운에 의해 이미 죽은 상태였을 뿐이다.

부부(夫婦)라는 것이 곧 만물을 화육(化育)하는 기(氣)는 아니며, 콧구멍이 곧 태잉(胎孕)의 장소는 아니다. 역시 소화기관[享道]도 그런 유충(幼蟲)을 쏟아내는 곳이 아니다. 그렇건만 그런 일이 생긴 것이다.

이로 말미암아 보건대, 만물의 생사와 그 변화라고 하는 것이 신의 뜻이 통해서 되지 않는 것이라면, 비록 자신에게서 그 변화를 찾아본다 해도 어찌 그것이 몸 속 어디서 오는지 알아낼 수 있겠는가?

그러므로 썩은 풀이 변하여 개똥벌레가 되는 것은 그것이 썩음으로써 된 것이고, 보리가 변하여 나비가 되는 것은 그것이 습하게 되었기 때문이다.

이처럼 만물의 변화는 모두가 그 말미암은 원인이 있는 것이다. 농부가 보리의 변질을 막으려고 이를 잿물에 담그듯이, 성인은 만물의 변화를 다스리기 위해 이를 도(道)로써 구제하는 것이니, 어찌 자연스러운 것이 아니겠는가?

· 오기(五氣): 오행(五行)의 기(氣). 오행(五行)은 금(金)·목(木)·수(水)·화(火)·토(土).
· 절역(絶域): 변방의 미개한 지역.
· 겸애지수(兼愛之獸): 고대 전설상의 동물.
· 여라(女蘿): 송라(松蘿). 이끼식물. 기생식물.
· 복령(茯笭): 소나무 뿌리에 기생하는 식물. 소나무 뿌리혹에 의해 전분이 결집되었다.

계환자(季桓子)가 우물을 파다가 흙항아리를 발견하였는데, 그 속에 양(羊)이 들어 있었다.

그리하여 이를 중니(仲尼)에게 거짓으로 물어보도록 하였다.

「제가 우물을 파다 보니 땅속에 개가 들어 있었습니다. 무슨 일입니까?」

그러자 중니가 이렇게 말하였다.

「내가 듣기로 그것은 양이어야 합니다. 듣건대 목석(木石)이 괴물이 된 것을 기(夔)·망량(蝄蜽)이라 하고, 물속에 있는 괴물은 용(龍)·망상(罔象)이라 하며, 땅속에 있는 괴물은 분양(賁羊)이라 한다 하였습니다.」

《하정지(夏鼎志)》에서는 이렇게 말하였다.

『망상은 마치 세 살난 어린아이 같다. 붉은 눈에 검은색의 큰 귀, 긴 팔과 붉은 손톱을 가지고 있다. 새끼줄로 묶어 끌어내면 가히 먹을 수 있다.』

또 《왕자(王子)》에서는 이렇게 말하였다.

『나무의 정령은 유광(遊光)이 되고, 쇠붙이의 정령은 청명(淸明)이 된다.』

- 기(夔): 용(龍)처럼 생긴 괴물(怪物).
- 망량(蝄蜽): 망량(魍魎). 산정령(山精靈). 도깨비. 첩운어. 한자 표기가 여러 가지이다. 음운어.
- 망상(罔象): 괴물 이름. 역시 첩운어.
- 분양(賁羊): 분양(濆羊)·분양(墳羊)으로도 쓰며, 흙 속의 괴양(怪羊).
- 하정지(夏鼎志): 책(册) 이름. 하(夏)나라 때 정(鼎)에 주물된 괴이한 물건의 도상(圖象).
- 왕자(王子): 고대의 책(册) 이름인 듯하나 자세히 알 수 없다.

 진(晉)나라 혜제(惠帝) 원강(元康) 연간, 오군(吳郡) 누현(婁縣)의 회요(懷瑤)라는 사람 집 땅속에서 갑자기 개 짖는 소리가 은은히 들리는 것이었다.

이에 그 소리나는 곳을 들추어 보니 위에 조그만 구멍이 있었는데, 그 크기가 지렁이 구멍만하였다. 회요가 막대기로 이를 찔러 보니, 몇 척(尺)이나 들어가 어떤 물체가 느껴졌다.

그리하여 땅을 파들어갔다. 그 물체는 강아지로서 암수 각 한 마리씩이었다. 그들은 눈도 아직 뜨지 않았으나 보통 개보다는 컸다. 이에 젖을 먹여 주었더니 받아먹는 것이었다.

좌우 사람들이 모두 가서 구경을 하였다. 그때 마을의 어떤 장로(長老)가 이렇게 말하였다.

「이는 이름이 서견(犀犬)으로, 이를 얻은 자는 그 집안이 부유해지고 번창하게 된다. 그러니 의당 잘 길러야 한다.」

회요는 그 개가 아직 눈을 뜨지 않았으므로, 그들을 다시 그 굴 속에 넣어 주고 맷돌로 덮어두었다. 그런데 밤을 지내고 들추어 보니, 그 좌우의 구멍들이 모두 사라져 그들이 어디 있는지 찾아낼 수가 없었다.

그렇지만 회요의 집안에는 몇 년이 되도록 어떤 이상한 화(禍)나 복(福)도 일어나지 않았다.

그뒤 태흥(太興) 연간에 이르러 오군태수(吳郡太守) 장무(張懋)가 서재의 침대 아래에서 개 짖는 소리를 듣게 되었다. 찾아보았더니 그 속에 강아지 두 마리가 있는 것이었다.

이를 꺼내어 잘 길렀지만, 그 두 마리 모두 죽고 말았다. 뒤에 장무는 오흥군(吳興郡)의 병사인 심충(沈充)에게 피살되고 말았다.

《시자(尸子)》에서는 이렇게 말하였다.

『땅속에 있는 개를 지랑(地狼)이라 이름하고, 땅속에 있는 사람을 무상(無傷)이라 이름한다.』

그리고 《하정지(夏鼎志)》에서는 이렇게 말하였다.

『땅을 파다가 개를 얻게 되나니, 그 이름을 가(賈)라 한다. 땅을 파다가 돼지를 얻게 되나니, 그것을 사(邪)라 일컫는다. 땅을 파다가 사람이 나오면, 그를 취(聚)라 이름한다. 취는 무상(無傷)과 같다.

이런 물건은 자연스러운 것이므로 귀신이라거나 괴이한 일이라 하지 말라. 가(賈)와 지랑(地狼)은 이름은 다르나 사실은 같은 물건이다.』

《회남만필(淮南萬畢)》에서는 이렇게 말하였다.

『양의 간(肝)이 천년 묵으면 지재(地宰)가 되고, 두꺼비가 고(茈)를 먹으면 죽어서 순조(鶉鳥)가 된다.』

이는 모두가 그 기(氣)가 변화하여 상감(相感)으로 이루어지는 것이다.

- 시자(尸子): 책(冊) 이름. 전국시대(戰國時代) 초(楚)나라 시교(尸佼)가 지은 것이라 한다. 원서(原書)는 실전되었다.
- 회남만필(淮南萬畢): 책(冊) 이름.
- 지재(地宰): 지하세계(地下世界)의 주재자. 지랑(地狼)과 같다.
- 고(茈): 고(菇)와 같다. 균류식물.
- 순(鶉): 새 이름. 암순(鶺鶉)이라고도 한다.

　　오(吳)나라의 제갈각(諸葛恪)이 단양태수(丹陽太守)가 되어 사냥을 나간 적이 있었는데, 두 산 사이에 어떤 물체가 하나 보였다. 마치 어린아이 같았는데, 그 손을 내밀어 사람을 끌어당기려는 형상이었다.

　　제갈각이 손을 내밀라 하고, 이에 그를 끌어다가 원래 가고 싶던 옛땅으로 보내 주었다.

　　그러자 그는 옛땅으로 가서 그 즉시 죽고 말았다.

　　얼마 후 좌우 참모가 그 까닭을 물으면서 제갈각을 신명한 인물이라 여겼다.

　　그러자 제갈각이 이렇게 설명하였다.

　　「이 일은 이미 《백택도(白澤圖)》라는 책에 실려 있다. 그 기록에는 『두 산 사이에 그 정령(精靈)이 마치 어린아이 같은 모습으로 나타나 사람을 보면 손을 내밀어 끌어당기려 하며, 이름을 혜낭(傒囊)이라 한다. 그를 끌어다가 옛땅으로 가게 해주면 그곳에 가서 죽는다』라고 하였다.

　　그러니 나를 신명하다거나 괴이하게 여기지 말라. 그대들은 아직 그 기록을 보지 못했기 때문에 이상히 여길 뿐이다.」

・백택도(白澤圖): 도적(圖籍). 황제(黃帝)가 바닷가까지 순수(巡狩)하다가 백택신수(白澤神獸)를 얻었다 한다. 이에 그 신수(神獸)와 말을 나누어 보며 천하귀신(天下鬼神)의 일을 묻고, 신하로 하여금 그림으로 그리도록 하였다 한다.

・혜낭(傒囊): 정령(精靈)의 이름.

 왕망(王莽)이 신(新)을 건국한 지 4년이 되던 해, 지양현(池陽縣)에 소인(小人)의 그림자가 나타났다.

그 소인은 키가 1척 정도로 더러는 수레를 타고, 또 더러는 걸어다녔는데 온갖 물건을 소지하고 있었다. 그 물건들도 모두가 작아서 그 소인들의 크기에 알맞았다. 그런 자들이 사흘간을 나타났다가 사라지는 것이었다.

왕망은 이를 아주 불쾌하게 여겼다. 그뒤로 날이 갈수록 도적이 들끓더니, 왕망은 끝내 피살되고 말았다.

《관자(管子)》에는 이렇게 기록되어 있다.

『못이 완전히 마른 지 수백 년이 지나도록 그 골짜기가 변하지 않고, 물길도 끊어지지 않는 곳에 경기(慶忌)가 난다. 그 경기라는 놈은 마치 사람과 같은 모습에 키가 4촌밖에 되지 않으며, 누른 빛깔의 옷을 입고 누른빛의 관을 썼으며 황개(黃蓋)를 받치고 있는 모습이다. 작은 말에 태워 천리 밖을 하루 만에 달려갔다가 되돌아와서 보고하도록 시킬 수 있다』

그러니 지양현에 나타난 그림자가 혹시 경기가 아닌지 모르겠다.

또 이렇게 말하였다.

『바짝 말라가는 웅덩이 물의 정령은 지(蚳)를 낳는다. 그 지라는 동물은 머리 하나에 몸체가 둘이며, 모습은 마치 뱀과 같고 길이는 8척이다. 그 이름을 불러 주면, 가히 그로 하여금 물고기나 자라를 잡아오도록 부릴 수 있다』

· 황개(黃蓋): 개(蓋)를 누른 사(紗)로 싼 것.

 진(晉)나라 때 부풍군(扶風郡)의 양도화(楊道和)가 여름에 밭에서 일을 하다가 비를 만나 뽕나무 밑으로 피하자, 벽력(霹靂)이 그를 내리치며 공격하는 것이었다. 이에 양도화가 호미로 맞서자, 벽력이 그의 다리를 부러뜨려 그만 땅에 쓰러져 더 이상 피할 수가 없었다.

그 벽력은 입술이 붉었고 눈은 거울 같았으며, 털의 길이는 3촌 남짓 되었다. 그리고 그 모습은 마치 육축(六畜) 같았으며, 머리는 원숭이 같았다.

· 부풍(扶風): 군(郡) 이름. 지금의 장안(長安) 서쪽 지역. 치소(治所)는 지양(池陽).
· 양도화(楊道和): 인명(人名). 농부.
· 육축(六畜): 마(馬)·우(牛)·양(羊)·계(鷄)·견(犬)·시(豕). 여기서는 가축의 범칭.

 진(秦)나라 때 남방에 머리를 떼어 놓고 사는 민족이 있었는데, 그들은 머리만을 능히 날아다니게 할 수 있었다. 그리고 그 종족의 부락에는 제사를 지내는 풍습이 있었는데, 이를 〈충락(蟲落)〉이라 한다. 그 때문에 민족을 충락이라고도 부른다.

오(吳)나라 때 장군 주환(朱桓)이 비녀(婢女)를 하나 얻었는데, 매번 밤에 잠을 잘 때면 그녀의 머리가 날아다니며 때로는 개구멍을 드나들기도 하고, 혹은 천장의 창문을 통해 출입하는 것이었다. 이런 현상이 자주 일어나자 곁에 있던 사람들이 괴이히 여겼다.

그래서 밤에 불을 켜고 지켜보았더니 몸뚱이만 있고 머리가 없는 것이었다. 그 몸뚱이는 약간 차가웠으며, 숨은 그래도 억지로 쉬고 있는 듯하였다. 이에 이불로 덮어 버렸다.

그러자 새벽이 되어 그 머리가 돌아왔으나, 이불이 가리고 있어 쉽게 연접될 수가 없었다. 그 머리는 두세 번 땅으로 추락하더니 탄식하며 심히 괴로워하는 것이었다. 그리고 몸 속의 숨소리도 심히 급해지더니 곧 죽을 듯이 괴로워하였다.

이에 이불을 걷어 주자 떨어졌던 머리가 다시 일어나 그 목에 가서 달라붙더니, 조금 후 다시 평온함을 찾는 것이었다.

주환은 크게 괴이히 여겼다. 그리하여 감히 그 비녀를 계속해서 집 안에 그대로 둘 수가 없어 그만 내쫓아 버렸다. 그뒤 상세하게 그 사정을 알아보고서, 결국 그것은 그 비녀의 천성(天性)임을 알게 되었다.

당시 남정대장군(南征大將軍) 역시 가끔 그런 종족을 보았다고 하였다. 그래서 한번은 구리쟁반으로 그 몸뚱이를 덮어 놓았더니, 그 분리되었던 머리가 연접되지 못해 결국 죽었다고 한다.

　강수(江水)와 한수(漢水) 지역에 추인(貙人)이 살고 있었는데, 그 선조는 품군(稟君)의 후예들로 능히 호랑이로 변할 수 있었다.

장사군(長沙郡)에 소속된 만현(蠻縣)의 동고(東高)라는 곳에 사는 사람들이 한번은 호랑이를 잡으려고 목책(木柵)을 쳐두었다.

그런데 그 목책을 채워 놓은 부분이 열려 있어, 이튿날 여럿이 호랑이를 두드려 잡으러 함께 나섰다. 그랬더니 의외로 정장(亭長) 하나가 붉은 두건과 큰 모자를 쓴 채 그 우리 속에 들어앉아 있는 것이었다.

이에 사람들이 물었다.

「귀하는 어찌하여 이 속에 들어가 있습니까?」

정장은 크게 노하여 이렇게 말하였다.

「어젯밤에 갑자기 현(縣)에서 나를 불러 가는 길에 비를 만나 피하려다가 그만 잘못하여 여기에 빠지고 말았다. 어서 급히 나를 끌어내어라.」

사람들이 이상히 여겨 다시 물었다.

「귀하가 소환을 받았다면 틀림없이 보고하러 가져가는 문서가 있을 게 아니오?」

그러자 그 정장은 품속에서 문서를 꺼내어 보여 주었다.

이에 그를 믿고 구출해 주었다. 그런데 이리저리 유심히 뜯어 보자, 그가 호랑이로 변하여 산으로 달아나 버리는 것이었다.

혹자는 이렇게 말하였다.

「추호(貙虎)는 사람으로 변하고 나서는 보랏빛 갈의(葛衣)를 즐겨 입으며, 그 발은 뒤꿈치가 없다. 호랑이 중에 발가락이 다섯 인 것은 바로 추(貙)이다.」

· 추인(貙人): 고대의 씨족(氏族) 이름. 산림(山林) 사이에 살던 원시족 (原始族).
· 품군(稟君): 고대 호북성(湖北省) 청강(淸江) 유역과 사천성(四川省) 동부 지역 씨족(氏族)의 시조(始祖). 파씨(巴氏)의 아들로 이름은 무상(務相). 칭호는 품군(稟君). 그의 후손으로 파(巴) · 번(樊) · 심(瞫) · 상(相) · 정(鄭) 등 5개 성(姓)이 있다.
· 정장(亭長): 진한시대(晉漢時代)에 십리(十里)를 일정(一亭)이라 하였으며, 매 정(亭)마다 정장(亭長)을 두어 행정을 돕도록 하였다.
· 추호(貙虎): 짐승 이름.

· 갈의(葛衣): 칡 섬유로 짠 옷.

 촉(蜀) 땅의 서남쪽 고산 위에 어떤 이상한 동물이 살고 있었는데 원숭이와 비슷하였으며, 그 키는 7척에 능히 사람과 같은 행동을 하였다.

또한 사람을 쫓아오기를 잘하였다. 이름을 〈가국(猳國)〉이라 하며 일명 〈마화(馬化)〉, 혹은 〈확원(玃猿)〉이라고도 한다.

길 가는 부녀자들을 엿보고 있다가 예쁜 여자가 지나가면 곧바로 낚아채어 달아나는데, 사람들이 이를 눈치채지 못한다.

이에 행인들은 그들이 있는 곁을 지나게 될 때면 모두가 긴 끈으로 서로를 묶어 보호하지만, 그래도 그들의 납치를 면할 수는 없다.

이 동물은 능히 남녀를 냄새로 구별할 수 있기 때문에 여자들만 골라가고, 남자는 거들떠보지도 않는다. 그 여자들을 끌고 가서는 자신들의 아내로 삼으며, 그 여자가 아이를 낳아 주지 않으면 종신토록 풀려날 수가 없다.

10년 후면 붙들려 간 여자들도 모습이 결국 그들을 닮게 되고, 정신 또한 미혹(迷惑)하여 풀려나고 싶어하지도 않는다. 만약 그 여자들이 아이를 낳게 되면, 곧바로 그 여자들로 하여금 아이를 안고 본래의 집으로 되돌아가도록 돌려보내 버린다.

그들이 낳은 아이는 보통 사람과 똑같다. 만약 여자의 집에서 그녀가 낳아 온 아이를 기르지 않겠다고 하면, 그 아이의 어머니가 죽게 된다. 따라서 여자들은 죽음이 두려워서도 그 이상한 아이를 기르지 않을 수 없게 된다.

그러나 그 아이가 커서는 사람과 달라진다. 이들은 모두가 양씨(楊氏)로 성을 삼는다. 그 때문에 지금 촉 땅 서남쪽에는 여러 양씨들이 많은데, 이들 모두가 가국마화(猳國馬化)의 자손들이다.

　　임천군(臨川郡) 경내의 여러 산속에 요물(妖物)들이 살고 있었는데, 그들은 항상 큰 비바람을 몰고 오며 휘파람을 부는 것 같은 소리를 내어 능히 사람을 쏘았다.

그들의 휘파람에 맞은 자는 즉시 종기가 나며, 큰 독(毒)이 들게 된다. 그들은 자웅으로 구분되며, 수컷의 독은 급하고 암컷의 독은 그나마 느린 편으로, 급한 독에 걸리면 반나절이 안 되어 죽게 되고 약한 독은 하룻밤을 지나서 죽게 된다.

그 곁에 있던 사람이 항상 그런 어려움을 구제해 주지만, 구제가 조금이라도 늦으면 그만 죽고 만다. 속칭 그러한 독을 〈도로귀(刀勞鬼)〉라 한다.

그래서 외서(外書)에는 이렇게 기록되어 있다.

『귀신이라는 것은, 그 화복을 세상에 응험하여 드러내 보이는 것이다.』

《노자(老子)》에서는 이렇게 말하였다.

『옛날 일(一)을 얻는 데 대해 이렇게 풀이하였다. 하늘이 일을 얻으면 청(淸)하게 되고, 땅이 일을 얻으면 녕(寧)하게 되며, 신이 일을 얻으면 령(靈)하게 되고, 골짜기가 일을 얻으면 영(盈)하게 되며, 후왕(侯王)이 일을 얻으면 천하의 정(貞)이 될 수 있다.』

그렇다면 천지와 귀신은 나와 함께 생존하고 있는 것이다.

다만 그 기(氣)가 분화되면 성(性)이 달라지고, 지역이 다르므로 해서 형체가 달라지는 것이니 서로 모든 것을 겸할 수 없을 뿐이다.

살아 있는 것은 양(陽)을 주재하고, 죽은 것은 음(陰)을 주재한
다. 성(性)이 의탁하고 있는 것, 그것이 각각 그 생(生)을 편안히
하는 것이다. 태음(太陰) 속에는 괴물(怪物)이 존재하게 마련이다.

· 도로(刀勞): 급하다는 뜻의 음운어. 첩운어.
· 외서(外書): 한(漢)나라 이후 참위서(讖緯書)를 내서(內書, 內學)라 하
  고, 그 이외의 학문을 외학(外學, 外書)이라 한다.
· 태음(太陰): 지극한 음(陰). 태양(太陽)의 상대적인 개념.

   월(越) 땅의 깊은 산속에 어떤 새가 살고 있는
데, 크기는 비둘기만하며 푸른색으로 이름을 〈야
조(冶鳥)〉라 한다.

큰 나무를 뚫고 둥지를 틀어 그 속이 마치 대여섯 되 되는 그
릇 같으며, 그 구멍 입구는 수 촌 크기이고, 그 둘레는 토악(土堊)
으로 장식한다. 이에 적백(赤白)이 구분되어 모습이 마치 사후(射
侯) 같다.

그래서 그 나무를 베러 왔던 자가 나무를 쳐다보고는 즉시 피
해 도망 간다. 밤이 되어 어두워지면 그 새의 형상이 보이지 않고,
새 역시 사람들이 자신의 형상을 보지 못한다는 것을 알고 있다.

그리하여 입으로만 이렇게 운다.

「돌돌(咄咄)! 위로 올라가거라.」

그러면 다음날 급히 산의 위쪽으로 올라가 나무를 해야 한다.

「돌돌! 아래로 내려가거라.」

그러면 다음날 급히 산을 내려가야 한다.

만약 그 새가 아무런 지시도 하지 아니하고 그저 웃는 소리만

끝없이 내게 되면, 나무를 베러 갔던 사람은 그곳에 머물러 벌목을 해도 된다. 그리고 만약 더러운 오물로 그 새가 있는 곳을 더럽히게 되면, 호랑이가 나타나 밤새도록 그곳을 지킨다.

그럴 경우 사람이 그 자리를 떠나지 않고 버티면 곧장 사람을 해친다.

이 새는 낮에는 그 형체가 보인다. 그저 틀림없는 새이다. 그리고 밤에 그 울음소리를 들어 보아도 역시 새임에는 틀림이 없다.

그러나 그 새가 보고 싶어 찾아온 자의 눈에는 문득 사람의 형상으로 보이기도 한다. 그 길이는 석 자 정도이며, 계곡 돌 틈 사이에서 석해(石蟹)를 잡아 이를 불에 구워먹는다. 그때는 사람이 가히 범접해서는 안 된다.

월(越)나라 사람들은 이 새를 월(越)나라 무축(巫祝)의 조상이라 여기고 있다.

· 사후(射侯): 화살을 쏘는 과녁. 후(侯)는 사방 열 자인 방형(方形)의 과녁.
· 돌돌(咄咄): 혀를 차거나 혀를 굴리는 소리.
· 석해(石蟹): 계곡 물속 돌에 붙어 사는 새우.

남해(南海) 밖에 교인(鮫人)이 있는데, 그들은 물고기처럼 물속에 살면서 끝없이 길쌈을 한다.

그리고 그들이 눈에 눈물을 흘리면, 그 눈물이 구슬이 되어 나온다.

· 교인(鮫人): 속칭 인어. 미인어(美人魚). 인신어미(人身魚尾)라 한다.

 여강군(廬江郡)의 탐현(耽縣)과 종양현(樅陽縣), 이 두 현의 경계에 대청(大靑)과 소청(小靑)이 살고 있다.

그래서 그곳 산야에 때때로 그들의 곡(哭)하는 소리가 들린다. 많게는 수십 인이나 되며, 남녀노소의 곡소리가 마치 상여 나갈 때의 울음 같다.

부근의 사람들이 놀라 그곳으로 달려가 보면 사람은 보이지 않는다. 그러나 그들이 우는 곳에는 반드시 사상(死喪)의 사건이 일어난다.

모두들 그 소리가 나되 만약 많이 울면 대가집 장례이며, 그 소리가 적으면 소가집 장례라는 것을 알게 되었다.

 여강군(廬江郡, 廬陵郡)의 큰 산골에 산도(山都)가 있는데, 마치 사람같이 생겼으며 벌거벗고 산다. 그러나 사람을 보면 곧바로 도망 간다.

그들도 남녀의 구분이 있고, 키는 4,5척 정도이며, 휘파람으로 서로를 부른다. 항상 유폐된 컴컴한 곳에 살며, 마치 괴물 이매(魑魅) 같다.

• 이매(魑魅): 도깨비 · 허깨비의 일종.

 한(漢)나라 중평(中平) 연간에 어떤 물체가 강수(江水)에 살고 있었는데, 그 이름을 〈역(蜮)〉이라 하였으며 달리 〈단호(短狐)〉라고도 일컬었다.

능히 입에 모래를 머금었다가 사람에게 내뿜곤 하였는데, 사람이 그 모래에 맞으면 신체의 근육이 당기고 두통과 발열이 일어나며, 심하면 죽음에까지 이른다.

이에 강수에 사는 사람들이 술방(術方)을 써서 이를 치료하였더니, 그 역의 살 속에 모래와 돌이 들어 있는 것이었다.

《시(詩)》에서 소위

　　귀신이나 역이라면
　　내 눈에 보이지도 않으련만.

라고 한 것이 그것이며, 지금 세속에 〈계독(溪毒)〉이라는 것이 그것이다.

선유(先儒)는 남녀가 같은 냇물에서 목욕을 하면 음란한 여자의 기(氣)가 주재하게 되어, 그 난기(亂氣)가 이런 역을 생기게 한다고 여겼다.

· 선유(先儒): 유향(劉向)을 가리킨다.

 한(漢)나라 영창군(永昌郡) 불위현(不韋縣)에 금수(禁水)라는 냇물이 있는데, 그 물에 독기가 있어 오직 11월과 12월에만 건널 수 있다.

정월부터 10월 사이는 건널 수 없다. 건너다가는 즉시 병에 걸리며, 그 독은 사람을 죽음에 이르게 한다.

그 물의 기(氣) 속에는 악물(惡物)이 있으나 그 형상은 보이지 않고, 그 악물이 내는 소리는 마치 무엇인가를 두들겨패는 것과 같다.

나무가 그 소리를 맞으면 부러지고, 사람이 맞으면 상해를 입는다. 그곳 토속(土俗)으로는 이를 〈귀탄(鬼彈)〉이라 한다.

그러므로 그 군에 죄인이 생기면, 그를 금수 곁에 옮겨 놓는다. 그러면 열흘을 넘기지 못하고 모두 죽고 만다.

나의 외부자부(外婦姉夫)인 장사(蔣士)의 집에 어떤 일꾼이 있었는데, 그가 그만 하혈(下血)의 질환에 걸리고 말았다.

이에 의사는 그가 고독(蠱毒)에 걸린 것이라 하여, 양하(蘘荷) 뿌리를 그 사람 몰래 그 자리 밑에 넣어두고 알지 못하도록 하였다. 그리고 미친 듯이 이렇게 소리쳤다.

「나의 고독(蠱毒)을 잡아먹을 자는 바로 장소소(張小小)로다.」

이에 장소소를 불러 오자 병이 사라져 버렸다. 지금도 고독병(蠱毒病)을 치료하는 데 흔히 양하 뿌리를 쓰면 왕왕 효험이 있다. 양하는 〈가초(嘉草)〉라고도 부른다.

• 외부자부(外婦姉夫) : 아내의 형부. 원문의 부(婦)는 연문(衍文).

파양군(鄱陽郡)의 조수(趙壽)에게 견고(犬蠱)가 있었다.

당시 진잠(陳岑)이 조수를 방문할 일이 있어 찾아갔더니, 갑자기 예닐곱 마리의 큰 황견(黃犬)이 쫓아 나와 진잠을 무는 것이었다.

31

뒤에 나의 백모(伯母)가 조수의 부인과 함께 식사를 하다가 그만 피를 토하고 거의 죽기에 이르렀다. 이에 길경(桔梗)을 조각내어 먹였더니 나았다.

고(蠱)에게는 괴물이 붙어 있는데 마치 귀신같이 생겼으며, 요사스런 모습이 변화하여 서로 다른 여러 종류의 물건 형상에 섞인다. 그리하여 혹은 돼지가 되기도 하고, 혹은 벌레나 뱀이 되기도 한다. 그 요괴에 걸린 자는 모두가 각각 그 형상을 알게 된다.

백성들에게 퍼져 나가 그 요괴에게 걸려들면 누구나 죽게 된다.

· 견고(犬蠱): 전염병을 앓는 개의 타액에서 배양되는 독충(毒蟲)이라 한다.
· 길경(桔梗): 도라지.

 형양군(榮陽郡, 營陽郡)에 어떤 요씨(廖氏) 성 집안에서 대대로 고(蠱)를 길러 큰 부자가 된 자가 있었다. 그런데 뒤에 신부를 맞이하게 되었을 때, 그만 고를 기른다는 사실을 말해 주지 않았다.

그러던 어느 날 집안 사람들이 모두 외출하고 오직 그 신부만이 집을 지키게 되었는데, 신부가 보니 집 안에 큰 항아리가 하나 있는 것이었다. 신부는 호기심 끝에 무엇이 들어 있는가 하고 열어 보았다. 그랬더니 그 속에 큰 뱀이 들어 있는 것이었다. 신부는 이에 뜨거운 물을 끓여 그 항아리에 부어 죽여 버렸다.

식구들이 돌아오자 그 신부는 있었던 일을 낱낱이 고하였고, 온 가족은 놀라 두려움에 떨었다.

그로부터 얼마 후, 그 집안에 역질이 번져 거의가 죽고 말았다.

수신기

13

 태산(泰山)의 동쪽에 예천(澧泉)이라는 샘이 있는데, 그 형태는 우물 정(井)자처럼 생겼으며 그 본체는 돌로 되어 있다.

그 샘물을 마시려는 자는 누구나 반드시 자신의 마음과 뜻을 깨끗이 하고 꿇어앉아 읍을 해야 한다. 그리고 나면 샘물이 날아오르듯이 솟아오르며, 그에게 족할 만큼 양이 맞추어진다. 그러나 혹 더러운 몸과 마음으로 다가서면 샘물이 나오지 않는다.

이는 아마 신명(神明)이 사람의 뜻을 살피기 때문이 아닌가 한다.

· 예천(澧泉): 단물이 나는 약수샘.

 두 개의 화산(太華山·少華山)은 본래 하나의 산이었다. 이 산이 하수(河水)를 가로막고 있어 하수가 그곳을 지날 때면 돌아서 흘러야 했다.

이에 황하(黃河)의 신인 거령(巨靈)이 손으로 그 산을 쳐서 그 꼭대기를 잘라 없애고, 발로는 그 아래를 밟아 분리시켜 그 가운데를 둘로 나누어 물이 쉽게 흐르도록 하였다.

지금도 그 화산의 꼭대기에서 그 하신(河神)의 손자국을 볼 수 있는데, 그 손가락과 손바닥의 모습이 고스란히 남아 있다. 그리고 수양산(首陽山) 아래에는 그의 발자국이 지금까지도 그대로 남아 있다.

그래서 장형(張衡)은 〈서경부(西京賦)〉에서

거령 비희의
높은 손바닥 자국 먼 발바닥 자국
황하의 굽은 물 바르게 폈네.

라고 노래하였던 것이다.

한(漢)나라 무제(武帝)가 남악(南嶽, 衡山)에서 지내던 제사를 여강(廬江) 첨현(灊縣)에 있는 곽산(霍山)으로 옮겨 지냈다.

그러나 그 곽산의 꼭대기에는 물이 없었다.

그 사당 안에 네 개의 큰 솥이 있었는데, 가히 40곡(斛) 정도의 물이 들어갈 정도였다. 제사를 지낼 때가 다가오면, 그에 맞추어 그 솥에 물이 가득하여 사용하기에 풍족하였다. 그러나 제사가 끝나면 빈 솥이 되고 마는 것이었다.

또한 그 솥에는 티끌이나 나뭇잎이 날아들어 더럽히는 경우가 없었다. 이렇게 50년 동안 매년 네 차례씩 제사를 지냈다.

뒤에 그 제사를 1년에 세 차례로 줄이자, 네 개의 솥 가운데 하나가 저절로 깨어지고 마는 것이었다.

번구(樊口)의 동쪽에 번산(樊山)이 있다.

날이 가물어 그 산을 태우면, 즉시 큰비가 내린다. 지금도 왕왕 그와 같은 영험이 나타난다.

안징재(顏徵在)가 공자(孔子)를 낳은 공상(空桑)이라는 곳은 지금은 공두(孔竇)로 불리며, 노(魯)나라 남산(南山)에 있는 하나의 굴이다.

그 굴 밖에 두 개의 돌이 있는데, 마치 집을 지었던 큰 기둥처럼 똑바로 서 있으며 그 높이가 몇 길이나 된다. 노나라 사람들이 음악을 연주하며 노래 부르고 제사를 지내는 곳이다.

그 굴에는 물이 없다. 그런데 매번 제사 때가 되어 그 앞을 물을 뿌려 청소하면서 고하면, 문득 맑은 샘물이 그 돌 사이에서 저절로 흘러 나와 일을 두루 처리하기에 족하게 되는 것이다. 제사가 끝나면 샘물도 역시 그친다.

그러한 영험은 지금까지도 계속되고 있다.

상동군(湘東郡) 신평현(新平縣)에 용혈(龍穴)이 하나 있는데, 가뭄이 들면 사람들이 함께 냇물을 막아 그 물이 굴에 가득 차도록 한다. 그 굴에 물이 가득 차면 즉시 큰비가 퍼붓는다.

· 상동군(湘東郡): 신평현(新平縣)에 용혈(龍穴)이 하나 있는데, 가뭄이 들면 사람들이 함께 냇물을 막아 그 물이 굴에 가득 차도록 한다. 그 굴에 물이 가득 차면 즉시 큰비가 퍼붓는다.

진(秦)나라 혜왕(惠王) 27년, 나라에서 장의(張儀)로 하여금 성도(成都)에 성을 쌓게 하였다. 그런데 성이 자꾸 무너지는 것이었다.

그때 홀연히 큰 거북이 강 위로 떠오르더니, 동쪽 내성(內城) 남쪽까지 기어가서는 죽는 것이었다.

장의가 무당에게 물었더니, 무당이 이렇게 일러 주었다.

「거북이 기어간 길을 따라 성을 쌓으시오.」

이에 그 말대로 성을 쌓아 완성하였다. 그래서 그 성을 〈구화성(龜化城)〉이라 명명하였다.

 유권현(由拳縣)은 진(秦)나라 때의 장수현(長水縣)이다. 진시황(秦始皇) 때에 이런 동요가 퍼져 나갔다.

성문에 핏자국이 나면
성이 무너져 호수가 된다네.

그때 어떤 노파가 이런 동요를 듣고 아침마다 그 성문으로 가서 살펴보았다. 이에 수문장이 그 노파를 잡아 포박하려 하자, 노파가 매일같이 찾아오는 까닭을 말해 주었다.

뒤에 그 수문장이 개의 피를 성문에 발라두었더니, 노파가 그 피를 보고서 얼른 도망 가 버렸다.

그러자 갑자기 큰 물이 그 현을 다 삼킬 듯이 밀려오는 것이었다.

현의 주부(主簿)가 다른 관리에게 명하여 들어가 현령에게 보고토록 하였다.

그러자 현령이 그 관리를 보고 물었다.

「그대는 어찌하여 갑자기 물고기로 변하였는가?」

이에 그 관리가 이렇게 대꾸하였다.

「명부(明府)께서도 역시 물고기 모습인데요.」

드디어 그 고을이 물에 잠겨 호수가 되고 말았다.

· 명부(明府) : 태수(太守)·현령(縣令)에 대한 호칭. 부군(府君), 혹은 명부군(明府君)이라고도 부른다.

　　　진(秦)나라 때 무주(武周)라는 요새에 성을 쌓아 호적(胡狄)을 방비하고자 하였다. 그런데 성이 거의 완성 단계에 이르면 무너지곤 하는 것이었다. 그때 멀리서 말이 달려와 그 성을 반복하여 돌았다.

부로(父老)들이 이상하게 여겨 그 말의 발자국을 따라 성을 쌓았더니, 성은 이에 더 이상 무너지지 않았다. 그리하여 그곳을 〈마읍(馬邑)〉이라 이름하였다.

그 옛 성은 지금의 삭주(朔州)에 있다.

　　　한(漢)나라 무제(武帝)가 곤명지(昆明池)를 팔 때 아주 깊이 파들어갔으나 모두가 검은 회토(灰土)만 나올 뿐 흙이 나타나지 않는 것이었다.

하지만 온 조야(朝野)의 누구도 그 이유를 알 수가 없었다. 이에 동방삭(東方朔)에게 물었더니, 동방삭이 이렇게 대답하였다.

「저는 어리석어 이런 것을 알기에는 부족합니다. 나중에 서역(西域) 사람에게 물어보시면 알 수 있을 것입니다.」

무제는 동방삭도 모르는 것이라 여겼기 때문에 다른 사람에게는 물어보나마나라고 생각하였다.

그뒤 후한(後漢) 명제(明帝) 때, 서역의 어떤 도인(道人)이 낙양(洛陽)에 이르렀다. 그때 옛날 동방삭이 했던 말을 기억하고 있던 자가 무제 때 검은 회토만이 나온 사건을 그에게 묻자, 도인이 이렇게 설명하였다.

「불경(佛經)에『천지의 대겁년(大劫年)이 바뀌는 때에 온 천하가 모두 다 타리라』하였습니다. 그것은 옛날 세상이 잿더미로 변했을 때의 나머지 재흙(灰土)입니다.」

이에 동방삭의 말에 뜻이 있었음을 알게 되었다.

· 도인(道人): 승(僧).
· 대겁(大劫): 불교에서 겁(劫)은 시간의 단위. 천지(天地)의 일성일멸(一成一滅)을 일겁(一劫)이라 한다. 그 천지(天地)가 훼멸(毁滅)할 때에 큰불이 일어나므로 이를 〈겁소(劫燒)〉라 한다.

임범현(臨汜縣)의 요씨(廖氏)는 대대로 장수하는 집안이었다. 그런데 뒤에 그들이 다른 곳으로 이사하여 살았더니, 그 자손들이 모두 잔폐하거나 요절하는 것이었다.

그러는 한편 다른 사람들이 요씨의 옛집에 살게 되었고, 그들은 몇 대를 이어 오면서 장수를 누렸다.

이에 그 집의 위치와 관련이 있음을 알기는 하였지만, 그 구체적인 원인은 알 수가 없었다.

그러다가 그 집 우물물 빛깔이 붉은 것을 이상히 여겨 우물 둘레를 파보았더니, 옛사람이 그곳에 단사(丹砂) 수십 곡(斛)을 파

묻어 두었던 것이다. 그리하여 그 단사의 액이 우물로 흘러 들어 갔고, 그 물을 마시게 되어 장수를 누렸던 것이다.

· 단사(丹砂): 주사(朱砂). 광물질의 일종으로 단약(丹藥)에 쓰인다. 이를 복용하면 장수(長壽)한다고 믿었다.

 강동(江東)에 여복(餘腹)이라는 이름의 물고기가 있다.

옛날 오왕(吳王) 합려(闔閭)가 강을 건널 때 회(膾)를 먹고 그 나머지를 물속에 던졌는데, 그 살점이 모두 물고기로 변했던 것이다.

지금 그 강의 물고기 중에 〈오왕회여(吳王膾餘)〉라는 이름을 가진 것이 있다. 길이는 수 촌이며, 크기는 젓가락만하고, 모습은 역시 회를 떠놓은 것 같다.

 팽월(蟛蚏)은 게의 일종이다. 가끔 사람의 꿈에 나타나 스스로를 〈장경(長卿)〉이라 칭한다.

지금도 임해군(臨海郡) 사람들은 팽월을 흔히 〈장경〉이라 부른다.

· 장경(長卿): 한(漢)나라 때 부(賦)의 대가(大家)인 사마상여(司馬相如) 의 자(字)가 장경(長卿)이었다.

남방(南方)에 사는 곤충으로 이름이 돈우(蜳蝸)라는 것이 있다. 일명 칙촉(蜘蠋), 또는 청부(靑蚨)라고도 한다.

그 생김새는 매미 비슷하나 약간 크며, 맛은 매우면서도 훌륭하여 가히 먹을 만하다. 그 곤충은 새끼를 낳으면 반드시 풀잎에 의지하여 기르며, 크기는 누에만하다.

그 새끼를 잡으려 하면, 그 어미가 즉시 날아오되 원근을 가리지 않는다. 비록 몰래 숨어 그 새끼를 잡으려 해도, 그 어미는 사람의 숨은 곳을 알아낸다.

그 어미의 피로 동전 81문을 바르고, 그 새끼의 피로 다시 동전 81문을 발라 이를 시장에 나가 물건을 사는 데 쓰되, 혹은 어미의 피를 바른 돈을 먼저 쓰건, 혹은 새끼의 피를 바른 돈을 먼저 쓰건 그 돈이 다시 날아서 주인에게 돌아온다. 이렇게 계속해서 돌려써도 끝없이 되돌아온다.

그래서 《회남자술(淮南子術)》에는 이를 되돌아오는 돈이라 하여, 이름을 〈청부(靑蚨)〉라 하였다.

・청부(靑蚨): 곤충 이름. 어백(魚伯)・무우(蟱蝸)라고도 한다.

땅벌 중에 과라(蜾蠃)라는 것이 있는데, 지금 세상에서는 인옹(蛆蟰)이라 부른다. 허리가 가늘게 생긴 종류이다. 그 벌은 생겨나면서부터 수컷만 있고 암컷은 없으며, 교배도 하지 않고 새끼도 낳지 않는다.

항상 상충(桑蟲)이나 부종(阜螽)이라는 애벌레를 잡아다가 기르는데, 그들이 자라서 자기의 새끼가 되는 것이다.

어떤 사람은 이를 〈명령(螟蛉)〉이라고도 부른다. 《시(詩)》에

　나방이 알을 슬면
　나나니벌이 업어 주지.

라고 한 것이 바로 이것이다.

·과라(蜾蠃): 나나니벌. 첩운어의 물명(物名). 곤충 이름. 포로(蒲盧)라
　고도 하며, 명령(螟蛉) 등의 유충에 알을 낳아 기생토록 한다. 포로(蒲
　盧)·인옹(蝘蟟)·명령(螟蛉) 모두 곤충 이름의 쌍성첩운어.
·상충(桑蟲): 뽕나무하늘소〔天牛〕의 유충. 유제(蝤蠐).
·부종(阜螽): 메뚜기〔蝗蟲〕 일종의 유충.
·명령(螟蛉): 나비·나방류의 유충으로서 빛이 푸른 것.

　　나무에 좀이 슬어 벌레가 생기고, 그것이 날개
가 생기어 나비가 된다.

　　고슴도치는 가시가 많다. 그 때문에 서로 자기
들끼리 등을 넘어가거나 밟고 올라서거나 들쳐
올리는 일이 없다.

곤륜산(崑崙山)의 큰 구릉(丘陵)은 땅의 머리이다. 이는 하느님이 인간 세계로 내딛는 첫 도성(都城)이다. 그 때문에 그 밖은 약수(弱水)를 깊이 흐르게 하여 끊어 놓았으며, 그 둘레는 염화산(炎火山)으로 둘러쳐 놓은 것이다.

산 위에는 조수·초목이 있으나, 그들 모두 화염 속에서 생육하고 있다. 그래서 화한포(火澣布)라는 옷감이 있다. 또 이 옷감은 그 산속의 초목 껍질이나 줄기의 껍질로 짠 것이거나, 아니면 그 속에 사는 조수의 깃털로 짠 것이다.

한(漢)나라 때, 서역(西域)에서 옛부터 이 옷감을 헌상해 왔었으나 중도에 그만 그러한 조공이 끊어지고 말았다. 그래서 위(魏)나라 초까지만 해도 사람들이 그런 옷감이란 있을 수 없다고 의심하였다.

게다가 위(魏)나라 문제(文帝)가 화성(火性)이 지나치게 혹렬(酷烈)하면 생명체의 기를 함유할 수 없는 것이라 여겨《전론(典論)》이라는 책을 지었다. 그 글에서 그는 그런 일이란 있을 수 없다고 밝혀, 그 때문에 똑똑한 자들의 전문(傳聞)조차 끊어지고 말았다.

이어서 위(魏)나라 명제(明帝)가 즉위하자, 삼공(三公)에게 조서(詔書)를 내려 이렇게 말하였다.

「선제께서 일찍이《전론》을 지으셔서 불후의 격언을 남기셨다. 그 내용을 사당 문 밖과 태학(太學)의 돌에 새겨서 석경(石經)과 함께 전하여 후세에 영원토록 보여 주어라.」

그런데 서역에서 사신이 와서 화완포(火浣布)로 짠 가사(袈裟)를 헌상하여 그 존재가 증명되자, 비석에 새겼던 글을 갈아 없애 버렸다. 결국 천하의 웃음거리가 되고 말았던 것이다.

• 약수(弱水): 부력이 없는 강(江)으로 깃털조차 뜨지 못하고 가라앉는다는 전설 속의 강(江).

• 화한포(火澣布): 화완포(火浣布). 불 속에서도 타지 않는다는 옷감.

• 석경(石經): 돌에다 경문(經文)을 새긴 것. 여기서는 『희평석경(熹平石經)』을 뜻하는 듯하나, 이는 동한(東漢) 때 세워진 것이다.

무릇 쇠붙이의 성질은 하나이다.

5월 병오일(丙午日) 일중(日中)에 주조하면 양수(陽燧)가 되고, 11월 임자일(壬子日) 자정에 주조하면 음수(陰燧)가 된다.

(이는 병오일에 주조하면 양수가 되어 화성(火性)을 취할 수 있고, 임자일 자정에 주조하면 음수가 되어 수성(水性)을 취할 수 있다는 뜻이다.)

• 양수(陽燧): 태양광을 취하여 불을 얻던 기구. 구리로 만든 오목거울로 쑥을 비벼 불을 얻었다.

• 음수(陰燧): 달빛 아래에서 이슬을 얻던 기구. 구리로 거울을 만들어 사용하였다고 한다. 〈방제(方諸)〉라고도 부른다.

한(漢)나라 영제(靈帝) 때 진류군(陳留郡)의 채옹(蔡邕)이 여러 차례 글을 써서 임금에게 상주(上奏)하여, 그만 임금의 뜻을 거스르게 되었다. 게다가 임금 곁의 총신(寵臣)들조차 채옹을 혐오하게 되자, 채옹은 자신이 화를 면할 수 없을 것이라 여겨 강해(江海)로 도망쳐

버렸다. 그리하여 그는 멀리 오군(吳郡)과 회계군(會稽郡)까지 발길을 남기게 되었다.

그가 오군에 이르자, 오 땅 사람 중에 오동나무를 땔감으로 하여 밥을 짓느라고 아궁이에 불을 지피는 자가 있었다. 채옹은 그 오동나무 타는 불길의 소리를 듣고서 이렇게 감탄하였다.

「이는 틀림없이 훌륭한 재목이다.」

그리고는 그 나무를 달라 하여 이를 깎아 거문고를 만들었다. 과연 아름다운 소리가 났다.

그런데 그 나무는 이미 꼬리 부분이 타다 만 것이었다. 그래서 거문고의 이름을 〈초미금(焦尾琴)〉이라 하였다.

 채옹(蔡邕)이 일찍이 가정(柯亭)이라는 곳에 이르러 보니, 그곳에는 대나무를 서까랫감으로 쓰고 있었다.

채옹이 이를 자세히 쳐다보고는 이렇게 말하였다.

「훌륭한 대나무로다.」

그리고 그것을 취해서 피리를 만들었는데, 소리가 아주 맑았다.

혹은 이렇게 전한다.

채옹이 오(吳) 땅 사람에게 이렇게 말하였다.

「내 일찍이 회계(會稽)의 고천정(高遷亭)을 지나다가, 그 정자의 동쪽 건물 제16번째 대나무 서까래를 보니 가히 피리를 만들 만하였다. 그래서 그것을 취해 피리를 만들었더니, 과연 특출한 소리가 났다.」

14

옛날 고양씨(高陽氏) 때에 같은 어머니에게서 난 자녀들이 부부가 되자, 황제가 이를 예에 어긋난다 하여 공동산(峒峒山)의 들로 추방해 버렸다. 그들은 서로 껴안은 채 죽고 말았다.

그러자 신조(神鳥)가 불사초(不死草)로 덮어 주었다.

7년 후 그들 남녀는 한몸으로 다시 태어났는데 머리가 둘, 손발이 넷씩인 모습이었다. 이들이 〈몽쌍씨(蒙雙氏)〉이다.

고신씨(高辛氏) 때에 어떤 노부인이 왕궁에 살고 있었는데, 오랫동안 귀를 앓았다. 그러다가 의원에게 가서 치료를 하였더니, 그 속에서 딱딱한 껍질을 가진 벌레를 꺼내었다. 누에고치만한 크기였다.

그 부인이 떠난 후, 이를 바가지 속에 넣어 쟁반으로 덮어두었다. 그랬더니 잠시 후 그 벌레가 개로 변하는 것이었다. 그 무늬는 다섯 가지 빛깔이었다. 이에 이름을 〈반호(盤瓠)〉라 하고, 드디어 거두어 길렀다.

당시 융오족(戎吳族)이 강성해져서 자주 변경을 침범하였다. 장군을 보내어 토벌하였지만, 그 우두머리를 사로잡을 수가 없었다. 이에 천하에 능히 융오의 장군 머리를 베어 올 자를 모집하게 되었다. 금 천금과 만호(萬戶)의 읍을 봉하며, 자신의 어린 딸까지 주겠노라고 내걸었다.

그러자 뒤에 반호가 머리 하나를 물고서 궁궐을 찾아왔다.

임금이 자세히 보니 바로 융오족이었다.

이를 어찌하면 좋은가?

이렇게 걱정하자, 군신들이 말하였다.

「반호는 축물(畜物)입니다. 그에게 관직을 내릴 수도, 사람을 주어 그 아내로 삼게 할 수도 없습니다. 비록 공을 세웠다 하나, 시상(施賞)을 내릴 수는 없습니다.」

어린 딸이 이 말을 듣고서 임금에게 이와 같이 품고하였다.

「대왕께서 이미 저를 주겠노라고 천하에 허락하였습니다. 반호가 적장의 머리를 물고 와서 나라의 해를 제거해 주었습니다. 이는 하늘이 명하여 그렇게 한 것입니다. 어찌 개의 지혜나 힘으로 될 일이겠습니까!

임금된 자는 말을 중히 여기고, 패권을 다투는 자는 믿음을 중히 여깁니다. 여자라는 미미한 존재라 해서 천하의 누구나가 알도록 한 약속을 저버린다면, 이는 나라의 화근이 될 것입니다.」

그러자 임금이 두려워 그 뜻을 좇아 어린 딸로 하여금 반호를 따라가도록 하였다.

반호는 그 여자를 이끌고 남산(南山)으로 올라갔다. 그곳은 초목이 무성하여 사람의 흔적이라고는 찾아볼 수 없는 곳이었다.

이에 여자는 화려한 궁중의 옷을 벗어 버리고, 노비들처럼 머리를 묶고 농사지을 때의 옷으로 갈아입었다. 그리고 반호를 따라 산을 넘고 골짜기로 들어서서, 어떤 석실(石室) 하나를 정해 집으로 삼았다.

한편 임금은 딸을 불쌍히 여겨 사람을 보내어 찾아보도록 하였다. 그러자 갑자기 비바람이 몰아치며 산악이 진동하고 구름이 캄캄하여 찾아갔던 자들이 다가갈 수가 없었다.

그렇게 3년이 지나 그들은 6남6녀를 낳았다.

반호가 죽은 후, 그 아들 딸들은 서로 짝을 이루어 부부가 되어 나무껍질로 길쌈을 하고 풀열매로 물을 들여 오색의 화려한

의상을 해입었으며, 이를 재단하여 모두가 꼬리 모양의 옷을 지어 입었다.

뒤에 그 어머니가 돌아와 임금에게 알리자, 임금이 사신을 보내어 그 아들딸들을 맞아오도록 하였다. 그런데 그때는 하늘이 비를 내려 가로막지 않는 것이었다.

그들의 의복은 요란한 짜임이었고, 쓰는 말도 이상하여 알아들을 수가 없었다. 음식을 먹을 때도 땅에 앉아 먹으며, 산을 좋아하고 도회지는 싫어하였다.

이에 임금은 그들의 뜻에 따라 명산광택(名山廣澤) 지역을 하사하여 〈만이(蠻夷)〉라 이름 붙여 주었다. 이 만이들은 겉으로는 멍청한 듯하였으나, 안으로는 아주 총명하였다. 그리고 자기 땅에 사는 것을 편안히 여기며, 옛것을 중시하였다. 또한 이상한 기(氣)를 하늘로부터 받아, 임금도 보통의 율법이 아닌 다른 법률로 그들을 대우하였다.

그들에게는 농사나 장사를 할 때나 관문을 통과할 때도 증명세나 세금 따위를 부과하지 않았다. 그리고 그곳 읍의 군장(君長)들 모두에게는 인수(印綬)를 하사하였다.

또한 그들은 수달(水獺) 가죽으로 모자를 만들어 썼는데, 이는 그들이 수달처럼 물을 떠돌며 먹을 것을 찾기 때문이었다.

지금 양주(梁州)·한중군(漢中郡)·파군(巴郡)·촉군(蜀郡)·무릉군(武陵郡)·장사군(長沙郡)·여강군(廬江郡) 등에 사는 이족(夷族)들이 바로 이들이다.

이들은 찹쌀을 물고기와 섞어 나무그릇에 넣고 두드리면서 소리지르며 반호에게 제사를 지내는 풍습이 있다. 그 풍습은 지금까지도 전해 오고 있다.

그래서 세상 사람들은 이렇게 말하고 있다.

「다리를 다 드러내고 치마를 옆으로 걸쳐 입은 이들은 반호의 자손이다.」

고리국(槀離國) 임금의 시비(侍婢)가 임신을 하자, 임금이 이를 죽여 없애려 하였다. 그러자 그 시비가 이렇게 말하는 것이었다.

「달걀 크기만한 어떤 기(氣)가 하늘로부터 내려왔습니다. 그래서 제가 임신을 하게 된 것입니다.」

그리고 뒤에 아이를 낳자, 이를 돼지우리 속에 버렸다. 그랬더니 돼지들이 입김을 불어 보호해 주는 것이었다. 이에 다시 마구간으로 옮겨 버렸더니, 말들 역시 입김을 불어 보호하였다. 그 때문에 그 아이를 죽일 수가 없었다.

임금은 그가 하늘의 아들이라고 의아히 여겨, 이에 결국 그 어머니로 하여금 거두어 기르도록 하였다. 그의 이름이 〈동명(東明)〉이다.

그리하여 그로 하여금 말을 기르게 하였다.

그런데 동명이 활을 잘 쏘자, 임금이 자신의 나라를 빼앗을까 두려워하여 그를 죽이려 하였다.

이에 동명이 도망하여 남쪽으로 시엄수(施掩水)에 이르러 활로 물을 쳤다. 그러자 물고기와 자라 들이 떠올라 다리를 만들어 동명이 건널 수 있게 해주었다. 그리고 나서 물고기와 자라 들이 흩어져 버리자, 뒤쫓던 병사들은 건널 수가 없었다.

이에 동명은 부여국(夫餘國)에 도읍하여 임금이 되었다.

・시엄수(施掩水): 엄시수(掩施水)의 오기(誤記). 물 이름.

옛날 서(徐)나라의 어떤 궁녀가 임신 끝에 알을 낳자, 이를 상서롭지 못하다 여겨 물가에 버렸다.

그런데 〈곡창(鵠蒼)〉이라 부르는 어떤 개가 그 알을 물고 다시 돌아오는 것이었다. 그리하여 드디어 그 알에서 아이가 태어나 결국 서나라의 사군(嗣君)이 되었다.

나중에 곡창이 죽음에 이르자 뿔이 나고, 꼬리가 아홉 개나 나왔다. 사실은 황룡(黃龍)이었던 것이다.

이를 서나라 땅 향리에 장사지냈으며, 지금도 구롱(狗壟)이라는 무덤이 남아 있다.

· 사군(嗣君): 임금의 자리를 이을 사람. 뒤에는 태자(太子)·왕자(王子)로 불렸다.
· 황룡(黃龍): 임금의 자리를 이을 신분을 상징한다. 황(黃)은 중앙(中央).

투백비(鬪伯比)는 아버지를 일찍 여의어, 그 어머니를 따라 외삼촌 집에서 자랐다. 그가 나중에 장성하여 운(妘) 땅의 운자(妘子)의 딸과 사통하여 자문(子文)을 낳았다.

운자의 아내는 시집도 가지 않고 아이를 낳은 딸을 수치스럽게 여겨, 그 손자를 산속에 갖다 버렸다.

그런데 운자가 사냥을 나갔다가, 호랑이가 어떤 아이에게 젖을 먹이는 모습을 보게 되었다. 돌아와 자기 아내에게 들려 주자, 그 아내가 이렇게 설명하였다.

「이는 우리 딸이 투백비와 사통하여 낳은 아들입니다. 내 이를 수치스럽게 여겨 산속에 갖다 버렸습니다.」

운자는 이에 아이를 다시 데려다 길렀고, 그 딸을 백비의 배필로 짝지어 주었다.

초(楚)나라 사람들은 그 자문을 〈곡오토(穀烏菟)〉, 즉 호랑이 젖을 먹고 자란 아이라는 초나라 말로 불렀다.

그는 나중에 초나라 재상에까지 올랐다.

· 곡오토(穀烏菟): 초(楚)나라 말로 곡(穀)은 〈젖을 먹다〉, 오토(烏菟)는 어토(於菟)로도 쓰며 〈호랑이〉, 따라서 〈호랑이 젖을 먹고 자란 아이〉라는 뜻이 된다.

 제(齊)나라 혜공(惠公)의 첩인 소동숙(蕭同叔)의 딸이, 혜공을 알현하고 나서 임신이 되었으나 자신의 신분을 천히 여겨 감히 이 사실을 알리지 못하였다.

산기(産期)가 이르자 그녀는 섶을 가지고 들로 나가, 그 섶을 깔고 경공(頃公)을 낳았다. 그러하고도 그녀는 감히 그 아이를 거두어 기를 수 없다고 여겼다.

그랬더니 살쾡이가 젖을 먹이고, 전응(鸇鷹)이 날개로 덮어 살려내는 것이었다. 이에 어떤 사람이 이를 발견하고 거두어 길렀으며, 그러한 까닭에 아이 이름을 〈무야(無野)〉라 하였다.

이가 바로 나중에 경공(頃公)이 된 것이다.

· 전(鸇): 매의 일종. 신풍(晨風)이라고도 한다.

원일(袁釰)이라는 자는 강족(羌族)의 호걸이다.

진(秦)나라 때였다. 그가 붙들려 노예가 되었다가 도망쳤을 때, 진나라 사람들이 이를 추격하였다. 그는 급박해지자 그만 어떤 굴 속으로 몸을 숨기게 되었다.

이에 추격하던 자들이 그 굴에 불을 지르자, 어떤 호랑이 같은 형상이 나타나 그 굴의 입구를 막아 주는 것이었다. 그래서 더 이상 그를 죽일 수가 없었다.

강족의 여러 사람들이 이를 신비롭게 여겨 추대하여 임금으로 삼았다. 그뒤에 그들 민족과 부락이 불꽃처럼 흥성하게 되었다.

후한(後漢) 때 정양태수(定襄太守) 두봉(竇奉)의 아내가 아들 두무(竇武)를 낳았는데, 그를 낳을 때 뱀 한 마리도 같이 낳았다. 두봉은 이 뱀을 들에 놓아 살려 주었다.

두무는 자라서 천하의 준재라는 이름을 날렸다.

그 어머니가 죽어 장례를 치르게 되어, 아직 묻지 않은 채 빈객이 모여 있을 때였다. 큰 뱀 한 마리가 풀숲에서 나와서는 곧장 관 아래로 가더니 똬리를 틀고 고개를 숙였다 들었다 한 후, 그 머리로 관을 두드리는 것이었다.

그리고 피눈물을 흘리는데, 그 모습이 매우 애통해하는 듯하였다. 그러더니 조금 후 사라져 버렸다.

당시 사람들은 이를 두씨 집안의 상서로움이라 여겼다.

 진(晉)나라 회제(懷帝) 영가(永嘉) 연간에, 한씨
(韓氏) 성의 어떤 노파가 밭에 나갔다가 큰 알을
하나 발견하여 이를 가져와 길렀더니 아이가 태
어났다. 그 이름을 〈궐아(橛兒)〉라 하였다.

그가 막 네 살이 되었을 무렵, 유연(劉淵)이 평양(平陽)에 성을
쌓고 있었는데 제대로 이루어지지 못하였다. 그래서 능히 성을
쌓을 수 있는 자를 모집하였다.

궐아가 이에 응모하였다. 그리고는 뱀으로 변해 노파에게 자신
이 기어가는 곳으로 따라오면서 횟가루로 표시를 하라는 것이었
다. 그러면서 노파에게 이렇게 일렀다.

「그 횟가루의 표시대로 성을 쌓으면, 성은 즉시 완성 될 수 있
습니다.」

마침내 그의 말대로 하자, 유연이 이를 괴이히 여겨 그만 그
궐아를 산속의 굴에 던져넣어 버렸다. 그 꼬리 몇 촌이 밖으로
드러나자, 부하가 이를 칼로 쳐 잘라 버렸다. 그랬더니 갑자기 그
굴 속에서 샘물이 솟아나, 그 물이 모여 못이 생겼다. 그래서 그
이름을 〈금룡지(金龍池)〉라 하였다.

 진(晉)나라 원제(元帝) 영창(永昌) 연간, 기양현
(暨陽縣)의 임곡(任谷)이라는 사람이 농사일을 하
다가 나무 밑에서 쉬고 있었다.

그때 홀연히 어떤 사람이 우의(羽衣)를 입고 나타나 자신에게
음사(淫事)를 벌이는 것이었다. 그러더니 잠시 후 어디로 사라졌
는지 알 수가 없었다.

임곡은 그만 이 일로 남자임에도 임신이 되어 달이 차 아이를

낳게 되었다. 그때 그 우의를 입은 자가 다시 나타나 칼로 임곡의 음부(陰部)를 베어 뱀 한 마리를 출산시키더니 사라져 버리는 것이었다.

임곡은 이 일로 그만 거세당한 남자가 되어 버렸다. 그리하여 궁궐로 찾아가 자신이 겪은 일을 진정하고서, 궁중에 머물러 환관(宦官)이 되었다.

·우의(羽衣): 깃털옷. 도사나 신선을 뜻한다.

 옛부터 이런 이야기가 전한다.

태고(太古) 시대에 어떤 사람이 멀리 원정을 가게 되어, 그 집 안에는 아무도 없고 오직 딸 하나와 수말 한 필만이 남아 있었다.

딸은 그 말을 아주 친하게 여기며 잘 돌보아 주었는데, 궁벽한 시골에 살다 보니 그 아버지가 그리워 장난삼아 말에게 이런 농담을 하였다.

「네가 능히 우리 아버지를 모시고 돌아와 준다면, 내 장차 너에게 시집을 가겠노라.」

말은 이 말을 알아듣고서 고삐를 끊고 내달아 지름길로 그 아버지 있는 곳으로 달려갔다. 아버지는 말을 보자 놀랍기도 하고 기쁘기도 하여 우선 그 말에 올랐다. 그러자 말이 자기가 왔던 길을 바라보며 슬피 울기를 그치지 않는 것이었다.

이에 그 아버지가 이렇게 중얼거렸다.

「이 말이 이유 없이 이렇게 온 걸 보면, 우리 집에 어찌 아무런 사고가 없을 수 있겠는가?」

그리하여 급히 말을 타고 돌아왔다. 그리고는 축생(畜生)이지만 아주 보통과 다른 점이 있다고 여겨 꼴도 더 많이 주며 후하게 길렀다.

　그런데 말은 먹이는 먹으려 들지 않고, 매번 그 딸이 드나들 때면 문득 희로(喜怒)의 감정을 떨쳐 일으키는 것이었다.

　그런 일이 한두 번이 아니자, 아버지가 이를 괴이히 여겨 몰래 그 딸에게 물어보았다. 딸은 아버지에게 사실을 고하고, 틀림없이 그러한 이유 때문일 것이라 하였다.

　아버지는 걱정이 되어 이렇게 일렀다.

　「절대로 입 밖에 내지 말라. 가문의 치욕이 될까 두렵다. 그리고 출입도 하지 말라.」

　그리고는 몰래 엎드려 큰 활로 그 말을 쏘아죽이고는, 그 가죽을 벗겨서 뜰에 널어 말렸다. 아버지가 출타중이었을 때, 그 딸이 이웃집 여자와 그 말가죽이 있는 곳에서 놀면서 발로 가죽을 밟고는 이렇게 말하였다.

　「너는 축생이야. 그런데 어찌 사람을 취하여 아내로 삼으려 하였느냐? 이렇게 죽어 가죽까지 벗기게 된 것은 네 스스로 자초한 일이니, 어찌 스스로 그렇듯 고통스러운 짓을 하였느냐?」

　그 말이 미처 끝나기도 전에 그 말가죽이 궐연(蹶然)히 일어나더니, 그 여자를 둘둘 말아 어디론가 사라져 버렸다.

　이웃집 여자는 황망하고 두려웠으나 어떻게 구해 낼 수가 없었다. 그래서 달려가 말려간 여자의 아버지에게 고하였다. 아버지가 달려와 이리저리 찾아보았지만 이미 사라지고 없었다.

　그로부터 며칠이 흐른 후, 큰 나뭇가지 사이에 그 여자와 말가죽이 걸려 있는 것이었다. 그러더니 모두가 누에로 변해 그 나무를 둘러싸고 실을 토하여 고치가 되었는데, 그 고치의 실들은 아주 가지런하고 두껍고 커서 보통 고치와 달랐다.

이웃집 여자가 이를 가져다 길러 몇 배의 소출을 거두었다. 그래서 그 나무를 〈상(桑)〉이라 이름하였다. 〈상(桑)〉은 〈상(喪)〉이다.

이로부터 백성들이 다투어 그 나무를 심기 시작하였으며, 지금 세상에서 기르는 누에가 바로 그것이다. 〈상잠(桑蠶)〉이라 말하는 것은, 고대 누에가 계속 남겨서 이어 주었다는 뜻이다.

〈천관(天官)〉의 내용을 상고해 보면, 진(辰)은 마성(馬星)이다. 그리고 《잠서(蠶書)》에서는 이렇게 풀이하고 있다.

『대화(大火)에 해당하는 2월에는 누에씨를 목욕시켜 종자를 가려낸다.』

이렇게 보면 누에와 말은 동기(同氣)이다. 《주례(周禮)》의 교인(校人, 馬質)의 직책은 〈두번째의 누에치기를 금지시키는 일〉을 관장한다.

그리고 정현(鄭玄)의 주에는 『동일한 물건을 동시에 둘 다 크게 하지 말라. 두번째 누에를 금지하는 것은, 그것이 말을 상하게 하기 때문이다』라고 하였다.

한(漢)나라 때의 예(禮)는 황후(皇后)가 몸소 뽕을 따고 잠신(蠶神)에게 제사를 지내며, 그 잠신을 이렇게 높여 불렀다.

「울유부인(菀窳婦人), 우씨공주(寓氏公主)이십니다.」

여기서 공주라 한 것은 여자를 존칭한 것이며, 울유부인이란 옛날 누에치는 법을 처음 시작한 사람을 말한다.

그러므로 세상에 지금 혹 누에를 〈여아(女兒)〉라 칭하는 것은, 옛부터 내려오는 유풍에 의해 부르는 이름이다.

· 상(桑): 상자상야(桑者喪也). 이는 유향(劉向)의 이론으로 고대 성훈(聲訓)의 일종. 쌍성, 첩운, 혹은 음이 같을 경우 이를 서로 호훈(互訓)

하는 방법. 누에는 죽어서 실을 남겨 준다는 뜻 정도이다.
- 진(辰): 이십팔수(二十八宿) 중의 방수(房宿). 모두 4개의 별이 있어 천사(天駟)라 하였다. 그 때문에 진(辰)을 마성(馬星)이라 한 것이다.
- 대화(大火): 별 이름. 심수(心宿)의 두번째 별. 『월당대화(月當大火)』는 2월을 가리키며, 2월 초저녁에 대화성(大火星)이 동방에 처음 보이기 시작하였다.
- 교인(校人): 임금의 말을 관장하는 직책.
- 우씨공주(寓氏公主): 역시 잠신(蠶神)의 이름.
- 여아(女兒): 누에를 부르던 당시의 속어(俗語).

　　유궁후예(有窮后羿)가 서왕모(西王母)에게 불사약을 청하였다. 그런데 그의 아내 항아(嫦娥)가 이를 훔쳐 가지고 달로 달아나 버렸다.

항아가 떠나면서 무당 유황(有黃)에게 점을 치게 되었는데, 유황이 이렇게 점괘를 일러 주었다.

「길하도다. 펄펄 나는 귀매(歸妹)로다. 장차 홀로 서쪽으로 가서 하늘 속의 회망(晦芒)을 만나리라. 두려워할 것도 놀랄 것도 없다. 뒤에 장차 크게 창성하리라.」

항아는 드디어 달에게 자신의 몸을 의탁하였다. 이것이 바로 섬저(蟾蠩), 즉 달 속의 두꺼비이다.

- 귀매(歸妹):《주역(周易)》의 괘(卦) 이름. 태하진상(兌下震上)으로 〈여자가 시집가다〉·〈다른 곳으로 가다〉의 뜻을 나타낸다.
- 회망(晦芒): 어두움.
- 섬저(蟾蠩): 섬여(蟾蜍). 원래는 쌍성어의 연면어 물명(物名). 두꺼비〔癩蛤蟆〕.

 설타산(舌唾山)에는 적제(赤帝)의 딸이 죽어 괴상한 풀로 변한 식물이 있다. 그 풀은 잎이 아주 울창하고 무성하며 그 꽃은 노란색이고, 그 열매는 마치 토사(兎絲)같이 생겼다.

그래서 그 괴이한 풀을 먹은 자는, 항상 남에게 아름답게 보여 사랑을 받게 된다.

· 토사(兎絲): 기생식물의 일종으로 쑥이나 칡덩굴 위에 자라는 덩굴기 생식물.

 형양현(滎陽縣) 남쪽 1백여 리쯤에 난암산(蘭巖山)이 있는데, 그 봉우리가 1천 길이나 된다. 항상 한 쌍의 학이 흰 깃을 하얗게 반짝이며 낮이고 밤이고 그림자까지 짝을 이루어 날았다 앉았다 한다.

이렇게 그 사연이 전해 오고 있다.

「옛날 어떤 부부가 이 산속에 수백 년을 함께 은거하여, 결국 한 쌍의 학이 되어 서로 산속을 끊임없이 날며 살았다. 그런데 어느 날 그 중 한 마리가 사람에게 죽음을 당하고 말았다. 그러자 남은 한 마리가 언제나 슬피 울어, 그 울음소리가 지금까지도 바위 골짜기에서 울려 나온다. 그 학의 나이가 얼마나 되었는지는 아무도 알지 못한다.」

 예장군(豫章郡) 신유현(新喩縣)에 어떤 남자가 있었다. 어느 날 밭에 나갔다가 예닐곱 명의 여자들을 보게 되었는데, 모두가 털옷을 입고 있는 것이었다.

이에 그들이 새인 줄 모르고 포복하여 다가가서는 여자들이 벗어 놓은 털옷 하나를 몰래 가져다가 숨겨 놓았다.

그리고 잠시 후 그 새들 가까이로 다가가자 새들이 각각 날아 올라갔는데, 그 중 한 마리만이 날아가지 못하는 것이었다. 남자는 그를 취하여 자신의 아내로 삼아 딸 셋을 낳았다.

어머니가 된 그는 뒤에 딸을 시켜 아버지에게 그 사정을 물어보도록 하여, 그 옷이 볏가리 밑에 숨겨져 있음을 알아내고 이를 찾아 입고 날아가 버렸다.

뒤에 그가 다시 나타나 세 딸을 맞으러 왔고, 그 딸들 역시 모두 날아가 버렸다.

 한(漢)나라 영제(靈帝) 때 강하군(江夏郡) 황씨(黃氏) 집안의 어머니가 반수(盤水)에서 목욕을 하다가, 그 물속에 들어가 한참 동안 기동(起動)을 아니하더니 큰 자라로 변하는 것이었다.

이에 비녀(婢女)가 놀라 달려가 집안 사람들에게 이를 알렸다.

그러나 온 식구들이 달려왔을 때, 그 자라는 몸을 틀어 집 밖의 깊은 못으로 사라져 버린 뒤였다. 그뒤 때때로 그 자라가 출현하였다. 그런데 처음 목욕할 때 은비녀를 꽂은 그 모습의 머리 그대로였다.

이에 황씨 집안에서는 대대로 감히 자라고기를 입에 대지 않았다.

위(魏)나라 황초(黃初) 연간, 청하군(淸河郡)의 송사종(宋士宗)의 어머니가 여름 날 욕실에서 목욕을 하면서 집안 식구들에게 모두 나가 있으라 하였다. 그리고는 혼자서 욕실에 오래도록 있는 것이었다.

이에 집안 식구들이 그 어머니의 뜻을 알 수 없어 벽을 뚫고 들여다보았다. 그랬더니 사람 모습은 보이지 않고, 욕조의 물속에 큰 자라가 들어 있는 것이었다.

드디어 문을 열고 온 식구가 몰려 들어갔다. 그러나 그 자라는 사람과 아무런 응대도 없었다. 당초 그 어머니는 은비녀를 꽂고 있었는데, 그 비녀가 머리에 그대로 있는 것이었다. 이에 식구들이 서로 돌아가며 그 자리를 지키고 울었지만 어쩔 방도가 없었다.

어디로 떠나고 싶어하는 자라의 눈치를 깨달아 영원히 그 자리에 붙들어 둘 수도 없었다. 며칠을 지켜보다가 점점 경계가 해이해지자, 그 자라는 스스로 물건을 잡고 기어 나와 집 밖을 벗어나서 아주 빠른 모습으로 내닫는 것이었다. 그를 뒤쫓았지만 따를 수가 없었다. 드디어 자라는 물속에 잠겨 들어가 버렸다.

그로부터 며칠이 지나자, 갑자기 그 어머니가 돌아와서는 집 둘레를 돌며 평소와 똑같이 하는 것이었다. 그리고는 도대체 아무런 말도 남기지 않은 채 다시 사라져 버렸다.

사람들이 송사종에게 응당 상례를 치르고 상복을 입어야 한다고 하였다. 그러나 송사종은 어머니의 모습은 비록 변하였지만 살아 있다고 여겨 끝내 치상(治喪)은 하지 않았다.

이 이야기는 강하군(江夏郡) 황씨(黃氏) 집안의 어머니 사건과 비슷하다.

오(吳)나라 손호(孫皓)의 보정(寶鼎) 원년 6월 회일(晦日, 29일), 단양군(丹陽郡) 선건(宣騫)의 어머니 나이 여든이었는데, 역시 목욕을 하다가 큰 자라로 변하였다.

그 상황은 앞서의 황씨와 같았다.

이에 선건의 네 형제는 그 문을 닫고 이를 호위하며, 집 안에 큰 구덩이를 파고서 그 속에 물을 쏟아부었다.

그러자 자라가 그 구덩이로 들어가 헤엄치며 놀더니, 하루이틀이 지나자 목을 길게 뽑고는 멀리를 내다보는 것이었다.

결국 그 자라는 문이 조금 열리는 틈을 엿보고 있다가, 그만 구르듯이 빠져 나가 깊은 못으로 뛰어들어 다시는 그 모습을 나타내지 않았다.

한(漢)나라 헌제(獻帝) 건안(建安) 연간, 동군(東郡)의 민가에 괴이한 일이 발생하였다.

아무런 이유 없이 옹기가 저절로 떨리면서 꽝꽝 소리를 내었는데, 마치 어떤 사람이 두드리는 것 같기도 하였다. 그리고 쟁반이나 책상 앞에 있던 것이 갑자기 없어지기도 하고, 닭이 알을 낳으면 즉시 어디로 사라져 버리는 것이었다.

이런 현상이 몇 년 동안 계속되자, 그 집 주인은 매우 무섭고 떨렸다. 이에 좋은 음식을 듬뿍 만들어서 뚜껑을 덮어 방에다 갖다 놓고 몰래 집 안의 문 사이에 숨어 엿보았더니, 과연 그 괴이한 물체가 다시 찾아왔다. 소리도 예전과 같았다.

그 소리가 들리자, 그는 얼른 문을 걸어 잠그고 온 방안을 돌아다니며 찾아보았다. 그러나 도대체 보이지 않는 것이었다. 이에 몽둥이를 들고 마구 휘둘렀다. 한참 후 방안 귀퉁이에서 무언가 맞는 것이 있었다. 그리고 그 맞은 물체의 신음 소리가 들렸다.

「아이구! 아이구! 죽어도 싸지!」

그곳을 열고 들여다보니 한 늙은이가 있었는데, 가히 1백여 세 남짓하였다. 그런데 그의 말은 도대체 조리가 맞지 않았으며, 모양새 또한 자못 짐승과 같았다.

드디어 그를 추문(推問)하자, 그는 몇 리 밖의 어느 집에 사는 늙은이였다. 그 집에 물어보았더니 이렇게 말하는 것이었다.

「그 노인을 잃어버린 지 이미 10여 년이나 지났습니다.」

그 집에서는 노인을 찾게 되자 슬프기도 하였지만 한편 기쁘기도 하였다. 그런데 그 노인이 다시 없어졌다.

들리기로 진류군(陳留郡)과 경계 지역에서도 이와 똑같은 괴이한 일이 있었다 한다. 당시 사람들은 모두가 그것 역시 그 노인이 저지른 사건으로 여겼다.

· 추문(推問): 자세히 물어봄. 사정을 알아봄.

수신기

15

진(秦)나라 시황제(始皇帝) 때에 왕도평(王道平)이라는 자가 있었다. 장안(長安) 사람으로 어릴 적 당숙해(唐叔偕)의 딸과 같은 마을에 살았다. 그 딸의 이름은 당부유(唐父喩. 혹 唐文楡)였으며 용모가 아름다웠다. 그들은 나중에 부부가 되기로 서약한 사이였다.

그런데 왕도평이 정벌(征伐)에 차출되어 멀리 남국(南國)까지 내려가 9년이 되도록 돌아올 수가 없었다.

당부유의 부모는 딸이 장성하자 기다리다 못해 유상(劉祥)이라는 자와 빙례를 치르고, 그의 아내로 시집보내려 하였다.

딸은 왕도평과의 약속을 중히 여겨 이를 거부하였지만, 부모의 핍박을 면할 수 없어 결국 유상에게 시집을 가고 말았다.

그로부터 3년이 흘렀지만, 그 딸은 전혀 기쁜 낯을 보이지 않았다. 항상 왕도평만을 그리워하다가 분함과 원통함이 깊어지자, 끝내 그 우울함에서 벗어나지 못하고 그만 죽고 말았다.

죽은 지 다시 3년이 지나, 왕도평이 집으로 돌아와 그 이웃에게 물었다.

「그 여자는 지금 어디 있습니까?」

「그 여자는 그대와 결혼할 뜻을 가지고 있었으나, 부모의 성화를 이겨내지 못하고 유상에게 시집을 갔는데 지금은 이미 죽었습니다.」

이웃의 이러한 답변에 왕도평이 다시 물었다.

「그 무덤은 어디에 있습니까?」

그리하여 이웃의 안내로 그 여자의 묘소를 찾아간 왕도평은 부르짖으며 소리쳐 울었다. 그리고 그 여자의 이름을 세 번 부르고, 무덤을 돌며 슬픔을 가누지 못하는 것이었다. 그러더니 이렇게 말하였다.

「나와 너는 하늘과 땅을 두고 맹세하여 서로의 몸을 종신토록 보전하리라 하였지. 그러나 어찌 알았으랴. 관(官)에서 나를 묶어 그 멀고 아득한 곳으로 보내어, 너의 부모로 하여금 너를 유상에게 시집보내게 할 줄을!

이미 우리 둘의 처음 약속은 이룰 수가 없게 되었고, 생사의 다른 길로 영원한 결별이로다. 그러나 너에게 영험이 있다면, 나로 하여금 너의 살았을 때 얼굴을 보게 해주려무나. 만약 신령이 없다면 모든 것이 여기서 끝이로다.」

말을 마치고, 다시 슬피 울었다. 그리고 머뭇거리는 사이 그 여자의 혼이 무덤 밖으로 나와서는 왕도평에게 이렇게 묻는 것이었다.

「어디 갔다 오셨습니까? 그렇게 오래도록 서로 헤어져 있을 수밖에 없었던가요! 그대와 부부가 되기로 맹세하여 종신토록 함께 하길 결약했건만, 부모님이 강하게 핍박하여서 할 수 없이 유상에게 시집을 갔었습니다. 그리고 3년이 되도록 낮이나 밤이나 그대 생각에 끝내 한이 맺혀 죽게 되었지요.

그리하여 지금은 인간 세계와 명계로 우리 둘은 각기 다른 길에 서 있습니다. 그렇지만 그대 생각은 깊고깊어 지금도 잊지 못하고 있습니다. 그러던 차에 그대가 다시 와서 서로 위로함을 간구하는군요. 저의 몸은 아직 썩지 않았습니다. 다시 환생하여 그대와 부부가 될 수 있습니다. 어서 급히 무덤을 열고 관을 부수어 주십시오. 내 즉시 살아나가겠습니다.」

왕도평은 그 말을 자세히 듣고 나서 무덤의 문을 열고, 그 여자를 어루만지며 들여다보았다. 과연 그 여자는 다시 살아났다. 이에 물건을 정리하고, 도평을 따라 집으로 돌아왔다.

그런데 그 남편 유상이 이 소식을 듣고 놀랍고 괴이히 여겨, 주현(州縣)의 관가에 가서 고발을 하였다. 관가에서는 법률을 찾아 이를 판결하려 하였지만 그런 일을 판결하는 조문이 없었다.

이에 사실을 기록하여 임금에게 주상(奏上)하였다. 임금은 그 여자를 왕도평의 아내로 삼으라는 판결을 내렸다. 그 둘은 1백30세의 수를 누렸다.

실로 정성(精誠)이 천지를 관통하여 이와 같은 감응을 얻게 된 것이다.

· 남국(南國): 남쪽 지역. 강남이남(江南以南).

 진(晉)나라 혜제(惠帝) 때, 하간군(河間郡)의 어떤 남녀가 서로 사랑하여 둘이 부부가 되기로 약속하였다. 그런데 얼마 후 남자가 군대를 가게 되었고, 몇 년을 돌아올 수 없게 되었다.

이에 여자의 집안에서 다른 곳으로 시집을 보내려 하였다. 딸은 이를 거부하였으나, 부모가 강핍(强逼)하자 어쩔 수 없이 시집을 가기로 하였다.

그리고 얼마 후 죽고 말았다.

그 남자가 군대에서 돌아와 여자의 소재를 물었다. 여자의 집에서 사실을 갖추어 설명해 주자, 그가 그 무덤을 찾아가 울면서 그 애절함을 다 쏟았다. 그러다 그 그리움을 이겨낼 수가 없어, 그 무덤을 파고 관을 열었다. 그랬더니 그 여자가 다시 살아나는 것이었다. 이에 여자를 업고 집으로 돌아왔다.

며칠을 잘 보살피자, 그 여자는 옛날의 상태를 회복하게 되었다. 뒤에 그의 남편이 이 소문을 듣고 찾아와 아내를 돌려 달라고 요구하였다.

그는 돌려 주기를 거부하며 이렇게 일렀다.

「그대의 부인은 이미 죽었습니다. 천하에 죽은 사람이 다시 살아났다는 소리를 들어본 적이 있습니까? 이는 하늘이 나에게 내려 준 것입니다. 그대의 아내가 아닙니다.」

이에 결국 소송이 벌어졌지만, 군현(郡縣)에서는 판결을 내릴 수가 없어 정위(廷尉)에게 올렸다. 그때 비서랑(秘書郎) 왕도(王導)가 이렇게 주청(奏請)하였다.

「정성이 지극하여 천지가 감동한 것입니다. 그래서 죽은 자가 다시 살아난 것입니다. 이는 보통 있을 수 있는 일이 아닙니다. 그래서 보통의 예로 판결을 해서는 안 됩니다. 청컨대 관을 열고 살려낸 자에게 돌려주어야 할 것입니다.」

이에 조정에서 그의 의견을 따랐다.

· 정위(廷尉): 사법형옥(司法刑獄)을 관장하던 관직. 구경(九卿)의 하나.
· 비서랑(秘書郎): 도서전적과 문서를 관리하던 관직.

 한(漢)나라 헌제(獻帝) 건안(建安) 연간, 남양군(南陽郡)에 가우(賈偶)라는 사람이 있었다. 자는 문합(文合)이었다. 그가 병들어 죽자, 당시 저승사자가 그를 데리고 태산(太山)으로 갔다. 그랬더니 사명신(司命神)이 장부를 들추어보다가 그 사자에게 이렇게 호통을 치는 것이었다.

「모군(某郡)의 문합을 불러 오라 하였더니, 어찌 엉뚱하게 이자

를 불러 왔느냐? 어서 속히 돌려보내라.」

이렇게 하여 살아난 그가 되돌아 나왔더니, 해가 이미 서산에 기울어 있었다. 이에 성곽 밖의 나무 아래에서 밤을 보내게 되었다.

그때 한 젊은 여자가 홀로 길을 가고 있는 것을 발견하고 문합이 물었다.

「그대는 의관(衣冠)집 딸 같은데, 어찌 홀로 도보로 길을 가고 있습니까? 이름은 무엇이며 누구입니까?」

그러자 여자가 이렇게 대답하였다.

「저는 삼하(三河) 사람으로 아버지는 익양(弋陽)의 현령이십니다. 어제 저승사자에게 불려갔다가 오늘 인간으로 되살아 집으로 돌아가는 길입니다.

그런데 마침 해가 져서 과전이하(瓜田李下)의 공연한 오해로 비웃음을 살까 두려워하고 있습니다. 그대의 모습을 보니 틀림없이 어진 인물로 여겨져, 이렇게 이곳에 머물러 그대 곁에서 의지해 밤을 보냈으면 합니다.」

문합은 좋아서 이렇게 대답하였다.

「그대 심정에 즐거움을 느낍니다. 원컨대 오늘 밤 남녀의 정을 나누었으면 합니다.」

그러자 여자가 이렇게 거절하였다.

「저는 고모뻘의 여러 여자들에게 이렇게 들었습니다. 여자란 정절을 곧게 지키는 것이 덕이요, 몸을 결백하게 하는 것으로 이름이 나야 한다구요.」

문합이 반복해서 말을 걸었지만, 그 여자는 끝내 지조를 지켜 마음을 움직이지 않았다. 이튿날 날이 밝자 그들은 각자의 갈 길을 갔다.

문합이 죽은 지 이미 이틀이나 되어 상례(喪禮)가 거의 끝나염(殮)을 하게 되었을 때, 그의 얼굴을 보니 혈색이 도는 것이었다. 이에 그 심장 아래를 문지르자 조금씩 따뜻한 기운이 생기더니, 잠시 후 다시 소생하게 되었다.

뒤에 문합은 자기가 겪은 일이 사실인지 알아보려고 익양엘 찾아가 명함(修刺)을 적어 현령을 알현하였다. 그리고 물었다.

「귀하의 따님은 죽었다가 다시 소생하지 않았습니까?」

그리고는 그 여자의 생김새와 옷의 빛깔·말씨 등을 반복해서 그 본말(本末) 사정을 설명하였다. 이에 현령이 방으로 들어가 자신의 딸에게 물어보았더니, 그가 말한 바와 모두 같은 것이었다.

현령은 크게 경탄하며, 마침내 그 딸을 문합에게 주어 짝을 맺게 하였다.

· 사명신(司命神): 사람의 생명을 결정짓는 신(神).
· 의관(衣冠): 사족(士族)을 뜻한다.
· 과전이하(瓜田李下): 남에게 혐의를 받기 쉬운 장소, 또는 경우. 이 구절은 의심을 받지 않도록 미리 방비한다는 말.
· 수자(修刺): 오늘날의 명함과 같다.

한(漢)나라 건안(建安) 4년 2월, 무릉군(武陵郡) 충현(充縣)의 이아(李娥)라는 부인이 그 나이 예순에 병으로 죽어 성 밖에 묻힌 지 이미 14일이 지났을 때였다.

이아의 이웃집에 살던 채중(蔡仲)이라는 자가, 이아의 집이 부자이므로 틀림없이 그 무덤에 금과 보물을 함께 묻었을 것이라 여겨, 몰래 그 무덤을 도굴하여 금을 훔치려고 도끼를 들고 관을 부수었다.

　몇 번 도끼질을 하자, 이아가 관 속에서 이렇게 말하는 것이었다.

「채중! 내 머리는 잘 보호해 주게!」

　채중은 깜짝 놀라 물러서 급히 뛰쳐 나갔다. 그런데 때마침 그 현의 관리가 이를 보고서, 드디어 그를 잡아다가 법대로 처리하였다. 그의 죄는 기시(棄市)에 해당하는 것이었다.

　이아의 아들이 어머니가 살아났다는 말을 듣고서 무덤으로 달려가 집으로 모시고 돌아왔다. 무릉군의 태수는 이아가 죽었다가 다시 살아났다는 소문을 듣고, 그를 불러다가 사정을 물어보았다.

　이아는 이렇게 설명하였다.

「사명신(司命神)이 저를 잘못 불렀다는 말을 들었습니다. 풀려날 시간이 되자 되돌아가라고 하더군요. 그래서 서문(西門) 밖을 나오다가, 마침 저의 외사촌오빠인 유백문(劉伯文)을 만나 깜짝 놀라 서로 위로하고 안부를 물으며 울고 슬퍼하였습니다.

　제가 오빠에게 이렇게 말하였지요.『백문, 나는 그만 어느 날 잘못 불려 왔다가 지금 이렇게 되돌아가는 길입니다. 돌아가는 길도 모르고, 혼자서는 더욱이 갈 수가 없습니다. 나를 위해 함께 길을 안내하여 가줄 수 없겠습니까? 게다가 내가 불려 온 지 이미 10여 일이 넘었고, 내 몸 또한 집안 사람들에 의해 매장되었습니다. 돌아간들 어떻게 땅속에서 나갈 수 있겠습니까?』

　그러자 오빠가 이렇게 말하였습니다.『이는 마땅히 이곳 신들에게 물어보아야 한다.』

　그리고 문지기를 그 저승의 호조(戶曹)에게 보내어 물어보도록 하였습니다.『사명신께서 어느 날 무릉의 여자 이아를 잘못 불러 지금 이렇게 되돌아가려고 합니다. 그러나 이아는 여기서 며칠을 보낸 탓으로 그 시신은 장례를 치렀고, 빈렴(殯殮)도 끝난 상태입니다. 어떤 방법으로 저 세상으로 나갈 수 있겠습니까? 게다가 여자의 약한 몸으로 홀로 가야 하니, 그의 반려가 있어야 하지 않을까요? 이 여자는 나의 외사촌동생입니다. 편안히 갈 수 있게 해주었으면 다행이겠습니다』

그러자 저승의 호조에서 이렇게 답을 내렸습니다.『지금 무릉의 서쪽 경계 지역에 이흑(李黑)이라는 남자가 역시 되살아나서 돌아가게 되었으니, 그와 함께 동행하면 될 것이다. 아울러 이흑에게 부탁하여 그 이웃집의 채중으로 하여금 이아의 무덤을 파도록 일러 놓았다』

이리하여 저는 그곳을 출발할 수 있었습니다. 그런데 백문과 이별할 때, 그 오빠가 제게 이런 심부름을 시켰습니다.『편지 한 통을 내 아들 유타(劉他)에게 전해 주어라』

그래서 저는 드디어 이렇게 이흑과 함께 돌아올 수 있었던 것입니다. 모든 사실과 상황은 이와 같습니다.」

태수는 이를 듣고 나서 개연히 탄식하였다.

「천하의 일이란 정말 알 수 없도다!」

이에 도굴하였던 채중에 대해서는 이렇게 표문(表文)을 써서 올렸다.

『채중이 비록 무덤을 파헤쳤으나, 이는 귀신이 시킨 일입니다. 그런 일을 하지 않으려 해도 형세로 보아 부득이한 일이었으니, 마땅히 관용을 베풀어 주십시오』

조서에 의해 살려 주도록 허가가 왔다.

태수는 그의 말에 대한 사실 여부를 시험해 보고 싶었다. 그래서 즉시 관리를 말에 태워 군 서쪽 변경으로 보내어 이흑을 수소문하였다. 과연 이흑을 찾아 물어보았더니 이흑의 말도 같았으며, 유백문이 그 아들 유타에게 편지를 보냈다고 하였다.

유타는 그 편지의 종이가 바로 자신의 아버지인 유백문이 죽었을 때 무덤에 넣은 상자 속에 든 문서 중의 하나라고 기억해 내었다. 그 문서에는 글씨가 그대로 남아 있었으나 무슨 내용인지는 알 수가 없었다.

이에 비장방(費長房)에게 해독을 청하였더니, 비장방이 이렇게 풀이하였다.

「타에게 고한다. 나는 이곳 부군(府君)을 따라 문서를 배분하러 길을 나서게 된다. 8월 8일 일중(日中) 때면 무릉성(武陵城) 남쪽 구수(溝水)가에 다다라 잠시 쉬게 될 것이다. 너는 그날 그 시간에 반드시 그곳으로 나오너라.」

그 시기가 되자, 온 집안 식구를 다 데리고 성 남쪽의 그곳에 가서 기다렸다. 잠시 후 과연 유백문이 나타났으나, 사람 소리와 말 울음소리만이 은은히 들릴 뿐이었다. 구수 가까이 다가가자, 문득 사람을 부르는 소리가 들렸다.

「타야! 이리 오너라. 너는 내가 이아를 통해 보낸 편지를 받았느냐?」

「예, 받았습니다. 그래서 이곳에 온 것입니다.」

그러자 유백문은 차례로 집안 식구들을 불러 물어보면서 그 슬픔을 이기지 못하였다. 그리고 이렇게 말하였다.

「산 자와 죽은 자는 길이 달라 자주 너희들의 소식을 얻어들을 수가 없구나. 내 죽은 후 아들과 손자가 이렇게 많아졌구나!」

한참 후 다시 유타에게 이런 목소리가 들렸다.

「오는 봄에 큰 병이 돌게 될 것이다. 너에게 이 환약(丸藥)을 하나 주노니 이를 문설주에 바르거라. 그러면 내년에 일어날 그 못된 병을 물리칠 수 있을 것이다.」

말을 마치자 홀연히 사라졌으며, 끝내 그 모습을 나타내 보이지 않았다. 이어서 봄이 오자 과연 무릉에 큰 역질이 돌았고, 대낮에 귀신이 보이기도 하였다. 그러나 오직 유백문 후손의 집안만은 귀신이 감히 찾아오지 못하였다.

비장방은 그 약을 들여다보고 이렇게 말하였다.

「이는 방상시(方相氏)의 뇌(腦)이다.」

· 기시(棄市): 고대의 형벌. 참수하여 시장(市場)에 전시하는 것.
· 호조(戶曹): 여기서는 저승 세계의 관직으로 혼백의 호적을 관리하는 기구.
· 방상(方相): 방상시(方相氏). 고대 구역피사(驅疫避邪)의 신(神). 민간에서 이 형상을 만들어 대문에 걸어두는 풍습이 있었다. 우리 풍속의 처용(處容) · 제웅 · 제용과 같다.

 한(漢)나라 진류군(陳留郡) 고성현(考城縣)에 사후(史姁)라는 이가 있었다. 자는 위명(威明)이며, 어려서 병을 앓아 죽음에 이르렀을 때, 그 어머니에게 이렇게 일렀다.

「저는 죽었다가 다시 살아날 것입니다. 저를 묻으실 때 대나무 막대기를 그 무덤 위에 꽂아 주십시오. 그리고 그 막대기가 부러지거든 무덤을 파고 저를 꺼내 주십시오.」

이에 그가 죽어 묻을 때 그의 말대로 막대기를 꽂아두었다. 이레 만에 가서 보았더니 그 막대기가 과연 부러져 있는 것이었다. 그리하여 무덤을 파고 꺼내었더니 이미 살아 있었다. 그리고 그는 그대로 우물가로 달려가 목욕을 하고, 지난날과 똑같이 생활하는 것이었다.

뒤에 이웃집 배를 타고 호미를 팔러 하비(下邳)로 갈 일이 있었다. 그러나 그만 기한 내에 다 팔지 못하고 말았다.

그러자 사후가 이렇게 말하였다.

「집에 다녀와야겠습니다.」

사람들은 그 먼길을 다녀온다는 말을 믿으려 들지 않았다.

「천리나 먼길을 어떻게 금방 다녀올 수 있단 말인가?」

그러자 사후가 이렇게 자신하였다.

「하룻밤 사이면 곧 되돌아올 수 있습니다.」

사람들이 그에게 편지를 주어 전달하도록 하여 이를 사실인가 검증해 보려 하였다. 과연 그는 하룻밤 사이에 다녀왔고, 편지도 전달되었다.

고성현(考城縣)의 현령은 강하군(江夏郡) 맹현(鄳縣) 사람 가화(賈和)였다. 그의 누이가 병이 들어 시골에 살고 있었는데, 그 소식을 급히 알고 싶어 사후에게 가서 살펴봐 달라고 부탁하자, 그가 3천 리나 되는 먼길을 이틀 밤 사이에 다녀와 보고해 주기도 하였다.

 회계(會稽) 사람 하우(賀瑀)의 자는 언거(彦琚)이다. 일찍이 병을 앓아 사람을 알아보지 못할 정도였는데, 그의 심장만은 아직 온기가 있었다.

그런데 죽은 지 사흘 만에 다시 소생해서 이렇게 말하는 것이었다.

「저승사자가 저를 하늘로 데려가서 그곳 관부(官府)를 보여 주었습니다. 다시 골방으로 들어갔더니 그 방에 층층의 시렁이 있었습니다. 그 맨 꼭대기에는 도장이 있었고, 중간에는 검(劍)이 있었습니다. 저에게 갖고 싶은 것을 고르라 하였지만, 제 키가 작아 꼭대기층에 닿을 수 없어 대신 검을 들고 나왔습니다.

그랬더니 문지기가 무엇을 가지고 나왔느냐고 묻기에,『검을 가지고 나왔다』고 하였지요. 그러자 그가 이렇게 말하더군요.『도장을 가지고 나오지 않은 게 한스럽군요. 그것만 있으면 온갖 귀신을 다 지휘할 수 있는데. 검이라고 하는 것은 토지신을 부릴 수 있을 뿐입니다』」

그의 병이 다 낫자, 과연 어떤 귀신이 나타나서는 자신을 토지신[社公]이라 칭하였다.

· 관부(官府): 관청. 저승 세계의 관청.
· 사공(社公): 토지신(土地神). 토지공(土地公).

 대양(戴洋)의 자는 국류(國流)이며, 오흥군(吳興郡) 장성현(長城縣) 사람이다.

그 나이 12세에 병으로 죽었다가 5일 만에 다시 소생하여 이렇게 말하였다.

「내가 죽자 하늘이 나에게 주장리(酒藏吏)라는 벼슬을 시키면서 부록(符錄)을 주고, 아울러 많은 관리들로 하여금 내 휘하를 따르도록 하였습니다. 그리하여 이들을 이끌고 봉래산(蓬萊山)· 곤륜산(崑崙山)·적석산(積石山)·태실산(太室山)·여산(廬山)· 형산(衡山) 등을 돌아다녔습니다. 그리고 얼마 후 나를 인간 세계로 되돌려보내더군요.」

대양은 점후(占候)에 뛰어난 해석을 하여, 오(吳)나라가 장차 망할 것을 알고서 병을 핑계로 벼슬에 나가지 않고 고향으로 되돌아왔다.

　그가 오는 길에 뇌향(瀨鄕)에 이르러 노자사(老子祠)를 지나게
되었다. 그곳은 지난날 자신이 죽어서 심부름 다니며 보았던 곳
이었다. 그런데 옛날 물건들을 다시 볼 수가 없는 것이었다.

　이에 그곳의 관리인 응봉(應鳳)에게 물어보았다.

　「지난 20여 년 전, 일찍이 어떤 사람이 말을 타고 동쪽으로 가
면서 이 노자사를 지나게 되었지요. 그때 그는 말에서 내리지 않
고 지나다가, 저 다리에 이르기 전에 말에서 떨어져 죽은 일이
있지요?」

　응봉이 그런 일이 있다고 하였다. 응봉에게 물어본 일은 거의
가 대양이 겪었던 일 그대로였다.

・주장리(酒藏吏): 관직 이름. 궁궐의 술을 관장하는 직책.
・부록(符錄): 도가(道家)의 비서(秘書)를 지칭하는 말.

　　오(吳)나라 임해군(臨海郡) 송양현(松陽縣) 사
람 유영(柳榮)이, 오나라 재상 장제(張悌)를 따라
양주(揚州)에 이르게 되었다. 그때 유영은 그만
병으로 배 안에서 죽어 이틀이나 지나 있었다. 군사들은 이미 언
덕으로 올라가 버려 누구 하나 그 시신을 관리할 수가 없었다.

　그때 갑자기 부르짖는 소리가 크게 들렸다.

　「누가 군사(軍師, 張悌)를 묶어 간다! 누가 장제를 묶어 간다!」

　그 소리는 심히 격앙되어 있었고, 유영은 다시 살아났다. 사람
들이 그에게 묻자, 유영이 이같이 설명하였다.

　「내가 하늘에 올라 북두성(北斗星) 문 아래에 이르자, 갑자기

어떤 사람이 장제를 묶어 오는 것이 보였습니다. 가슴이 두근거려 나도 모르게 『무슨 일로 군사 장제를 묶는가!』라고 소리쳤습니다.

그러자 문지기의 부하들이 내게 화를 내면서 꾸짖더니, 나를 되돌아가게 하였습니다. 이에 너무나 무섭고 떨려 입에서 그런 말들이 튀어 나왔을 뿐입니다.」

그날 장제는 전사하고 말았다.

유영은 진(晉)나라 원제(元帝) 때까지도 살아 있었다.

· 군사(軍師): 직책 칭호.
· 북두성(北斗星): 사람의 죽음을 결정하는 별.

 오(吳)나라 부양현(富陽縣) 사람인 마세(馬勢)의 부인은 성이 장씨(蔣氏)였다.

동네의 어떤 사람이 병으로 죽음에 이르렀을 때, 그 장씨 부인은 문득 황홀경 속에서 며칠을 깊은 잠에 빠져들었다. 그리고 꿈속에서 어떤 병자가 죽는가를 보게 되었다.

이에 깨어난 후, 그 여자는 여러 가지 일을 털어 놓았다. 집안 사람들이 이를 믿지 않자, 그녀는 다른 사람들에게 이렇게 말하였다.

「모씨가 병이 들었을 때, 내가 그를 죽이려 하였습니다. 그런데 강한 혼이 노하여 대들어 죽이기가 쉽지 않았습니다. 그래서 얼른 죽지 않고 시간을 끈 것입니다.

내가 다시 그의 집에 들어갔더니 그 집 시렁에 쌀밥이 있었고, 몇 가지의 물고기 반찬도 있었습니다. 내가 잠시 부엌으로 가서 놀고 있었는데, 그 집 비녀가 아무런 이유 없이 나를 못살게 구는 것이었습니다. 그래서 내가 그 비녀의 등뼈를 냅다 쳐서 기절시켰습니다. 한참 후에야 그 비녀는 다시 깨어났습니다.」

그 장씨 부인의 오빠가 병이 들자, 어떤 검은 옷을 입은 자가 나타나 그 여자로 하여금 오빠를 죽이게 하였다. 장씨 부인이 그를 향해 살려 달라고 애걸하자 끝내 손을 쓰지 않았다.

그 여자는 깨어난 후 오빠에게 이렇게 말하였다.

「틀림없이 살아날 것입니다.」

진(晉)나라 함녕(咸寧) 2년 12월, 낭야(瑯邪)에 안기(顔畿)라는 자가 있었다. 그 자는 세도(世都)였으며, 병이 들어 의원 장차(張磋)를 찾아가 치료를 받다가 그만 그 집에서 죽고 말았다.

염습하여 입관한 지 이미 꽤 오랜 시간이 흘러, 그 집안 사람이 찾아와 장례를 치르게 되었다. 그런데 그 상여의 깃발이 떠나려 할 때마다 나무에 칭칭 걸려 풀어낼 수가 없는 것이었다. 사람들이 모두 이를 불쌍히 여겼다.

그러자 이번에는 상여꾼이 갑자기 넘어지며 안기의 말이라 하면서 이렇게 일렀다.

「나는 수명으로 보아 아직 죽을 때가 되지 않았습니다. 다만 약을 너무 많이 복용하여 오장이 상했을 뿐입니다. 지금 의당 다시 살아날 것이니, 삼가 나를 파묻지 말아 주시오.」

그 아버지가 이를 듣고서 손뼉을 치며 이렇게 빌었다.

「만약 네 생명이 남아 있다면 의당 다시 살아나야지. 그것이 어찌 골육(骨肉)이 바라는 바가 아니겠느냐? 지금 집으로 돌아가

자. 너를 묻지 않으마.」

그제서야 깃발이 풀리는 것이었다.

집에 이르러 그의 아내가 꿈을 꾸었다.

「내 당장 살아나야 하니 어서 관을 열어 주시오.」

이에 그의 아내가 이를 얼른 알렸다. 그리고 그날 저녁 그의
어머니와 집안 식구들이 모두 꿈을 꾸었는데, 역시 관을 열어 달
라는 것이었다. 그렇지만 그의 아버지만은 이를 미심쩍게 여기고
듣지 않았다.

그러자 그의 아우 안함(顔含)이 당시 어린 나이였지만 개연히
이렇게 탄식하였다.

「보통이 아닌 일은 옛부터 있어 왔습니다. 지금 혼령이 이곳에
이르러 관을 열어 달라고 고통을 호소하고 있는데, 일단 열어 보
는 것과 끝까지 열지 않고 그의 의견을 저버리는 것, 어느편이
옳은 일입니까?」

이에 아버지가 그의 의견을 따라 함께 모인 자리에서 관을 열
었다. 과연 아들이 살아 있다는 흔적이 보였다. 그는 나오려고 손
톱으로 관을 긁어 손가락과 손톱이 온통 상처투성이였으며, 숨소
리는 아주 희미하여 살았는지 죽었는지 분명치가 않았다.

이에 급히 솜에 물을 묻혀 그 입에 짜넣어 주자, 능히 삼키기
시작하는 것이었다. 그리하여 여럿이 그를 끌어내었다.

그를 양호(養護)하기를 몇 달 만에 음식도 점점 많이 먹고 눈
을 떠서 사람을 쳐다볼 수도 있게 되었으며, 손발 또한 굴신(屈
伸)할 수 있었으나 아직 완전히 성한 사람만은 못하였다.

게다가 말을 하지 못하였으며, 먹고 싶은 음식이 있으면 집안
사람의 꿈을 빌어 전달하였다. 이렇게 한 지 10여 년, 집안 사람
들은 그를 받들어 보호하는 데 싫증이 났고, 게다가 일상생활도

처리할 수 없는 지경이 되었다.

그러자 그 동생 안함이 인간사의 일을 모두 끊고 자신이 몸소 나서서 형을 보살피며 봉양하였다. 이리하여 그 이름이 주당(州黨)에 널리 알려졌다.

그러나 뒤에 안기는 다시 쇠약해지더니, 마침내 다시 죽고 말았다.

· 주당(州黨): 고을. 주(州)는 큰 행정구역. 당(黨)은 동네. 소문이 널리 퍼졌다는 뜻이다.

 양호(羊祜)의 나이 다섯 살 때, 그 유모에게 자신이 가지고 놀던 금환(金鐶)을 내놓으라고 요구하였다.

이에 유모가 놀라 이렇게 말하였다.

「네가 옛날 가지고 놀던 물건 중에는 그런 것이 없었는데.」

그러자 양호가 즉시 이웃집 이씨(李氏)의 동쪽 담장 뽕나무 밭으로 가서 그 물건을 찾는 것이었다.

주인이 놀라 물었다.

「이는 죽은 내 아들이 잃어버린 것인데, 어찌 네 것이라며 가져가느냐?」

유모가 방금 있었던 일을 갖추어 말하자, 이씨는 비통함을 감추지 못하였다. 당시 사람들이 그 일을 괴이히 여겼다.

· 금환(金鐶): 금고리 · 금팔찌 따위. 혹은 금반지라고도 한다.

한(漢)나라 말기 관중(關中)에 대란이 일어난 틈을 타 어떤 자가 전한(前漢) 때의 궁인(宮人) 무덤을 도굴하였더니, 그 궁인이 아직도 살아 있는 것이었다.

이에 그녀를 꺼내 주자 평소와 같이 살아서 나갔다.

위(魏)나라 곽후(郭后)가 그 궁녀를 아끼고 사랑하여 궁내에 살도록 등록시켜 항상 자신의 곁에 있도록 하였다. 그리고는 한나라 때의 궁중 일을 흥미롭게 물어보았다. 그녀의 말은 너무나 명료하고 모두가 순서와 조리에 맞았다.

곽후가 죽은 후, 그 궁녀는 곡읍(哭泣)을 너무 과하게 하여 드디어 죽고 말았다.

위(魏)나라 때 태원(太原)의 어떤 사람이 남의 무덤을 파고 관을 열었더니, 그 관 속에 산 부인이 들어 있었다. 그녀를 꺼내어 말을 주고받아 보니 틀림없이 살아 있는 자였다. 이에 그녀를 서울로 보냈다.

그가 죽고 난 후의 당시 사건들에 대해 물어보았지만, 그녀는 아무것도 알지 못하였다.

그 무덤 곁에 심어져 있는 나무는 가히 30년은 되었다.

모르겠도다. 이 부인은 그 30년을 땅속에서 살았단 말인가? 어찌 하루 아침에 훌쩍 살아나 그 무덤을 파는 자와 맞닥뜨렸단 말인가?

 진(晉)나라 때 두석(杜錫)이라는 이가 있었다. 그 자는 세하(世嘏)였다. 그가 죽어 집안 사람이 장례를 치를 때, 그 집 비녀(婢女) 하나가 그만 잘못하여 무덤에서 빠져 나오지 못하였다.

그로부터 10여 년이 흐른 후 부장(祔葬), 즉 아내가 죽어 같이 묻으려고 그 무덤을 열었더니 그 비녀가 그때까지 살아 있는 것이었다.

그러면서 그 비녀가 이렇게 말하였다.

「처음에는 캄캄하여 마치 눈앞에 아무것도 보이지 않는 것 같더니, 잠시 후 점점 다시 깨어났습니다.」

그녀에게 물어보았더니, 스스로 하룻밤 자고 일어났을 뿐이라고 하였다.

당초 그 비녀가 묻혔을 때의 나이는 열대여섯 살이었다. 무덤을 열었을 때도 그 비녀의 몸체는 옛날과 같았다. 그녀는 다시 열대여섯 살로 세상에 나와, 시집가서 아이까지 낳았다.

· 부장(祔葬): 합장(合葬). 부부를 함께 묻음.

 한(漢)나라 환제(桓帝)의 풍귀인(馮貴人)은 병으로 죽었다.

그런데 영제(靈帝) 때 어떤 도적이 그녀의 무덤을 도굴하였더니 이미 30여 년이 지났는데도 그 얼굴빛이 옛날과 같았고, 다만 그 살이 조금 차가웠을 뿐이었다.

도적들은 그 귀인을 시간(尸姦)까지 하였는데, 결국 도적들이 자기들끼리 싸우고 죽이는 일이 생겨 나중에 그 일이 발각되고 말았다.

그뒤 두태후(竇太后)의 집안이 피살되자, 풍귀인을 복위시켜 황제의 무덤에 배식(配食)하려 하였다.

그러자 하비(下邳)의 진구(陳球)가 이렇게 건의하였다.

「그 귀인은 비록 선제(先帝)께서 사랑하던 여자이나, 그 시체가 이미 더럽혀졌습니다. 지존(至尊)의 황제와 함께 배향(配享)할 수 없습니다.」

이리하여 다시 두태후를 황제와 배식하였다.

· 풍귀인(馮貴人) : 귀인(貴人)은 궁중 여인의 등급 칭호. 풍귀인(馮貴人) 은 환제(桓帝)의 귀인(貴人)이었다.
· 시간(尸姦) : 시체를 간음함.
· 배식(配食) : 배향(配享), 부제(祔祭), 종묘(宗廟)에 제왕(帝王)과 합제 (合祭)하는 것. 두태후(竇太后)를 배식(配食)하였으나, 그 집안이 왕실 에 죄를 짓고 피살당하자 대신 풍귀인(馮貴人)을 배식(配食)하자는 주장을 폈다.
· 지존(至尊) : 지극히 높은 자. 황제(皇帝)를 뜻한다.

 오(吳)나라 손휴(孫休) 때 수장(戍將) 하나가 광릉(廣陵)의 여러 무덤을 파헤쳐, 그 무덤의 석판(石版)으로 성을 쌓았다. 그 때문에 파괴된 무덤이 많았다.

뒤에 다시 큰 무덤 하나를 팠더니 그 안이 지하 궁전으로 이층 누각이 있었으며, 호선(戶扇)이 모두 문추(門樞)에 의해 돌게 되어 있어 개폐가 가능하였다. 그리고 그 네 주위는 순찰도로[徼道] 까지 있어 수레가 지날 만하였으며, 그 높이는 말을 타고 지날

정도였다.

게다가 구리로 주조하여 만든 동인(銅人) 수십 개가 있었으며 그 키는 5척, 모두가 큰 관(冠)에 붉은 옷을 입고 검을 찬 채 영좌(靈坐)를 향해 시열(侍列)하고 있었다.

그리고 그 동인들의 등뒤 벽면에는 그들의 관직 이름이 새겨져 있었는데, 전중장군(殿中將軍) 또는 시랑(侍郎)·상시(常侍) 등으로 나타나 있어 공후(公侯)의 무덤 같았다.

그 관을 부수어 보니, 그 속에 사람이 들어 있었다. 머리털은 이미 반백(班白)이었으나 의관은 선명하였으며, 얼굴과 몸은 살아 있는 사람과 같았다. 관 속에는 운모(雲母)가 한 척 남짓 두껍게 쌓여 있었으며, 흰 옥벽(玉璧) 30개로 그 시신의 밑받침을 삼고 있었다.

이에 병사들이 함께 그 죽은 자를 꺼내어 무덤벽에 기대어 세워 놓았더니, 옥이 하나 나왔다. 길이는 한 자 정도, 모양은 마치 동과(冬瓜) 같았는데, 그것이 죽은 자의 품속에서 튀어나와 땅에 떨어지는 것이었다.

그리고 시신의 두 귀와 콧구멍은 황금으로 막혀 있었으며, 모두가 대추 크기만하였다.

· 수장(戍將): 변방을 지키던 장수.
· 호선(戶扇): 무덤 속의 문짝.
· 문추(門樞): 돌쩌귀.
· 교도(徼道): 순찰과 경비를 위해 만든 도로. 통로.
· 상시(常侍): 수종관(隨從官)의 일종으로 문서(文書)·조령(詔令) 등을 관장한다.
· 운모(雲母): 광물 이름. 포편(薄片)의 투명한 물질로 되어 있다.
· 동과(冬瓜): 박과에 속하는 일년생 만초(蔓草). 열매는 수박 비슷한데

맛이 좋음. 동아.

한(漢)나라의 광천왕(廣川王)은 무덤을 파헤치기를 좋아하였다.

그가 난서(欒書)의 무덤을 파헤쳐 보았더니, 관구(棺柩)와 맹기(盟器) 들이 모두 썩어 남아 있는 것이 없었다. 오직 흰 여우 한 마리가 사람을 보자 놀라 달아났다. 좌우 사람들이 이를 잡으려고 쫓아갔지만 잡지 못하고, 그 여우의 왼쪽 다리에 상처만 입혔을 뿐이었다.

그런데 그날 저녁 광천왕의 꿈에 한 사나이가 나타났다. 수염과 눈썹이 모두 희었다.

그는 광천왕에게 다가와 이렇게 말하였다.

「무슨 까닭으로 나의 왼쪽 다리를 다치게 하였는가?」

그러면서 지팡이로 임금의 왼쪽 다리를 두드리는 것이었다. 임금이 깨어나자 다리가 붓고 아프더니 종기가 생겼으며, 죽을 때까지 낫지 아니하였다.

• 맹기(盟器): 명기(明器)와 같다. 죽은 자를 위해 무덤에 부장하는 각종 그릇 및 용(俑). 기물(器物).

 옛날 전욱씨(顓頊氏)에게 세 아들이 있었는데, 죽은 후 역귀(疫鬼)가 되었다.

하나는 강수(江水)에 살면서 학질을 퍼뜨리는 학귀(瘧鬼)가 되었고, 하나는 약수(若水)에 살면서 망량귀(魍魎鬼)가 되었으며, 나머지 하나는 사람들 집에 살면서 어린아이를 잘 놀라게 하는 소귀(小鬼)가 되었다.

이에 매년 정월 방상시(方相氏)에게 명하여, 나례(儺禮)를 베풀어 역귀(疫鬼)들을 몰아내도록 하였다.

· 나례(儺禮): 고대 악귀(惡鬼)를 몰아내는 의식(儀式). 북을 치며 춤도 곁들였다. 우리 나라에도 고려(高麗) 때 처용(處容)의 형상으로 매년 납월(臘月) 나례(儺禮)를 치렀다는 기록이 있다.

 만가(挽歌, 輓歌)라고 하는 것은, 상가(喪家)의 음악으로 상엿줄을 잡은 이들이 서로 창화(唱和)하는 소리이다.

만가의 가사로는 〈해로(薤露)〉와 〈호리(蒿里)〉 두 장(章)이 있으며, 이는 한(漢)나라 때 전횡(田橫)의 문인(門人)이 지은 것이다. 당시 전횡이 자살하자, 문인들이 이를 애도하여 슬피 불렀던 노래이다.

내용은 인생은 마치 해(薤, 염교풀)에 맺힌 이슬처럼 햇볕에 쉽게 사라지는 것이요, 역시 사람이 죽으면 그 혼백이 호리(蒿里)라는 곳으로 돌아간다는 뜻이다.

그 때문에 두 가지 만가가 있는 것이다.

· 만가(挽歌): 장례 의식에서 부르는 상여꾼의 노래.
· 해로(薤露): 옛날의 만가(挽歌). 원래 일곡이장(一曲二章)이었으나, 한 (漢) 무제(武帝) 때 이연년(李延年)이 두 곡으로 나누었다 한다. 해로 (薤露)는 왕공(王公)·귀인(貴人)의 만가(挽歌)로, 호리(蒿里)는 사대 부(士大夫)와 서인(庶人)의 만가(挽歌)로 사용하였다. 해로(薤露)는 풀 잎에 맺힌 이슬이라는 뜻으로 인생(人生)의 덧없음을 노래한 것이다.
· 호리(蒿里): 역시 만가(挽歌). 호리(蒿里)는 원래 사람이 죽어서 가는 저승 세계의 마을이라 한다.

 완첨(阮瞻)의 자는 천리(千里)이며, 평소 귀신 이란 없다는 〈무귀론(無鬼論)〉을 고집하였는데, 그 어떤 사물로도 그의 고집을 꺾을 수가 없었다.

그는 이 이론으로 족히 유계(幽界)와 명계(明界)에 대한 그릇된 사고들을 변정(辨正)할 수 있다고 자부하였다.

그런데 홀연히 명리(名理)에 능통하다는 어떤 손님이 완첨을 찾아와 날씨에 대한 일상적인 이야기가 끝나자, 애오라지 명리 (名理)에 대한 담론이 벌어졌다. 그 손님은 재변(才辨)이 아주 뛰 어났다.

완첨은 그와 한참 이야기를 나누다가 귀신에 대한 문제에 이 르자, 반복하여 자신의 논리를 펴느라 심한 곤혹을 치를 정도였 다. 결국 그 손님은 완첨의 논리에 굴복하고 말았다.

그러자 그 손님이 얼굴을 붉히며 이렇게 말하였다.

「귀신이란 고금의 성현들도 누구나 함께 그 존재를 인정하여 전해 주고 있는 바입니다. 그런데 그대는 어찌하여 홀로 귀신이 없다고 하오? 바로 내가 그러한 귀신이오!」

그리고는 그 형체를 변화시켜 보이더니 금세 사라져 버렸다.

이에 완첨은 아무 말도 하지 못하였으며, 그 의색(意色) 또한 너무나 처절하였다. 1년쯤 지나 완첨은 병으로 죽고 말았다.

· 명리(名理): 위진시대(魏晉時代)에 흥행하던 변명석리(辨名析理)의 학문. 청담이론(淸談理論).
· 재변(才辨): 재능과 변별력. 위진시대(魏晉時代)에 사람을 평가하는 중요한 기준이었다.

오흥군(吳興郡)의 시속(施續)은 심양군(尋陽郡) 독군(督軍)이었으며, 언변에 능하였다. 그에게 제자가 하나 있었는데, 그 제자 역시 이론을 따지는 데 뛰어나 항상 귀신은 없다는 〈무귀론(無鬼論)〉을 고집하였다.

그러던 어느 날 홀연히 홑옷에 백겹(白袷) 차림의 어떤 손님이 찾아와 그 제자와 담론을 벌이다가, 드디어 귀신의 문제를 언급하게 되었다.

해가 기울도록 논쟁이 오가다가, 그 손님이 결국 굴복하고는 이렇게 말하였다.

「그대의 말은 교묘하나 논리는 충분치 못하오. 내가 바로 귀신이오. 눈 앞에서 보고도 귀신이 없다고 하겠소?」

그러자 제자가 물었다.

「귀신이 무엇 하러 이곳에 왔소?」

「사명을 받고 그대를 잡으러 왔소. 기한은 내일 식사 시간 때까지오.」

이 말에 제자는 살려 달라고 애걸복걸하였다.

그러자 귀신이 다시 물었다.

「그대와 닮은 사람 어디 없소?」

이에 제자가 이렇게 일러 주었다.

「시속(施續)의 부하 도독 중에 나와 닮은 자가 있소.」

그리하여 둘은 즉시 그곳을 찾아가 도독과 마주 앉았다. 귀신이 손에 철착(鐵鑿)을 꺼냈는데, 그 크기가 한 자쯤 되었다. 이를 그 도독의 머리에 얹어 놓더니, 귀신이 망치를 들어 내리쳤다.

그러자 그 도독이 이렇게 말하였다.

「내 머리에 약간의 통증이 느껴지오.」

그러다가 극심히 아프다고 하더니 한 식경(食頃)에 그만 죽고 말았다.

· 식경(食頃): 한 참. 때와 때 사이 정도의 시간[아침에서 점심, 혹은 점심에서 저녁 사이쯤의 시간].

　　　장제(蔣濟)의 자는 자통(子通)이며, 초국(楚國) 평아현(平阿縣) 사람이다. 위(魏)나라에 벼슬하여 영군장군(領軍將軍)에 올랐다.

그런데 그 아내의 꿈속에 죽은 아이가 나타나 울면서 이렇게 말하는 것이었다.

「산 자와 죽은 자의 길이 서로 다르다고는 하나 제가 살아 있을 때는 경상(卿相) 집안의 자손이었는데, 지금은 지하에서 태산(泰山)의 졸개가 되어 초췌하고 곤고함을 말로 다 표현할 수가 없습니다.

지금 태묘(太廟)의 서쪽에 살면서 행사 때 노래를 부르는 손아

(孫阿)라는 자가, 곧 이곳 음계로 불려 와 태산령(泰山令)의 높은 직책을 얻게 될 것입니다. 원컨대 어머니께서 아버지께 말씀드려 그 손아가 죽기 전에 한번 만나 저의 사정을 부탁드려서, 저를 좋은 직책으로 옮겨갈 수 있도록 해주십시오.」

말이 끝나자, 어머니가 놀라 잠을 깼었다. 이튿날 그 꿈속의 사실을 남편 장제에게 이야기하자, 장제가 이렇게 말하였다.

「꿈이란 허상(虛像)이오. 괴이쩍게 여길 것이 못 되오.」

그런데 그날 저녁에 다시 아이가 어머니의 꿈속에 나타났다.

「저는 새로운 상관(新君)이 될 손아를 모시러 가는 길에 지금 태묘 아래에서 쉬고 있습니다. 아직 출발하지 않은 잠깐의 짬을 내어 지금 이렇게 집에 와서 어머니께 말씀드리는 것입니다.

그 신군(新君), 즉 손아를 내일 일중(日中)이면 모시고 떠나야 합니다. 떠나는 그때는 제가 할 일이 많아 다시 찾아뵐 틈이 없습니다. 이제 여기서 영영 이별입니다. 아버지는 기질이 강직하셔서 깨우쳐 드리기가 어렵습니다. 그 때문에 어머니께 호소하는 것이니, 원컨대 다시 아버지께 말씀드려 주십시오. 어찌 시험삼아 한번 사실인가 알아보는 것조차 아까워하시느냐구요?」

그러면서 손아의 생김새를 설명해 주었는데, 그 설명이 아주 자세하였다. 날이 밝자, 어머니가 다시 장제에게 말하였다.

「비록 꿈이란 괴이쩍게 여길 만한 것이 못 된다고 말씀하시나, 이 꿈은 어찌 그리 역력한지요. 어찌 시험삼아 한번 알아보는 것조차 아까워하십니까?」

장제는 그제서야 사람을 태묘 아래로 보내어 손아라는 인물을 수소문한 끝에, 과연 그를 찾아내었다. 그의 형상을 짚어 보았더니, 꿈속에서 아이가 말한 것과 똑같았다. 장제는 눈물을 흘리며 이렇게 말하였다.

「하마터면 내 아이의 말을 저버릴 뻔하였구나!」

이에 손아를 만나 그 일을 낱낱이 일러 주었다. 손아는 닥쳐올 죽음에 대해서는 전혀 두려워하는 기색이 없고, 도리어 자신이 죽어서 태산령이 된다는 사실에 즐거워하며, 오직 장제의 말이 사실이 아니면 어쩌나 싶어 걱정할 정도였다.

「만약 귀하의 말대로만 된다면, 그것은 바로 저의 소원입니다. 그런데 귀하의 아들께서 어떤 직책을 원하는지 알 수가 없군요.」

이 말에 장제는 이같이 말하였다.

「지하세계의 즐거운 직책이라면 알아서 그런 직책을 주시면 됩니다.」

「네, 가르침을 받들어 모시겠습니다.」

손아의 시원스런 대답에 장제는 후한 상을 내려 주었다. 말을 마치고 그를 돌려보낸 다음, 장제는 그것이 사실인지 어서 증험해 보고 싶어 자신의 휘하 군사들을 태묘 아래로 보내어 10보마다 한 명씩 배치한 후, 그에 관한 소식을 자신에게 전달 보고토록 하였다.

진시(辰時, 7시~9시)가 되자 손아가 심통(心痛)이 생겼다는 보고가 왔고, 사시(巳時, 낮 9시~11시)에 극심한 고통이 시작되었으며, 일중(日中, 12시)에 손아가 죽었다는 보고가 들어왔다.

그러자 장제가 이렇게 말하였다.

「비록 내 아이의 불행을 애통해하고 있었으나, 그 죽은 아이에 대하여 알고 난 것은 다행이로다.」

그리고 한 달 뒤쯤 아이가 다시 어머니의 꿈에 나타났다.

「이미 녹사(錄事)로 전보되었습니다.」

· 태산(泰山): 태산부군(泰山府君). 저승에서 인간의 생명을 관장하는

곳. 074[4-4] 참조.

· 태묘(太廟): 천자(天子) · 제후(諸侯)의 조상 위패를 모신 사당(祠堂).

· 태산령(泰山令): 귀신 세계의 직책.

· 녹사(錄事): 문서를 관장하는 직책. 여기서는 귀직(鬼職).

 한(漢)나라 영지현(令支縣)에 고죽성(孤竹城)이 있으며, 이는 고대 고죽군(孤竹君)의 나라이다.

영제(靈帝) 광화(光和) 원년, 요서(遼西) 사람이 요수(遼水)에 관이 떠오르는 것을 보고 이를 작두로 부수어 버리려 하자, 그 관 속에서 사람의 소리가 들렸다.

「나는 백이(伯夷)의 아우이며, 고죽국의 임금이다. 바닷물이 나의 관곽(棺槨)을 헐어 이렇게 표류하고 있는 것이다. 너희들은 나를 부수어 무얼 하려는가?」

그 사람이 두려워 감히 부수지 못하고 사당을 세워 제사지내 주었다. 그러나 그곳 관리와 백성들 중에 그 관을 열어 보고자 하였던 이들은 누구나 아무런 병이 없는데도 죽고 말았다.

온서(溫序)의 자는 공차(公次)이며, 태원(太原) 기현(祁縣) 사람이다.

그가 호군교위(護軍校尉)에 임명되어 농서군(隴西郡)을 순행하러 갔다가, 그만 외효(隗囂)의 군대에게 붙잡히고 말았다. 외효의 무리는 그를 살려둔 채 항복을 받으려 하였다.

이에 온서가 크게 노기를 품고 부절(符節)로 맞서 그들을 죽이자, 적들이 달려들어 그를 죽여 버리려 하였다. 그때 적들 중에 순우(荀宇)라는 자가 이를 제지하며 말하였다.

「의사(義士)란 죽음으로 절의를 지키려 하는 자이다.」

그리고 그에게 검을 내려 주며 스스로 죽으라 하였다.

온서는 검을 받아들고 자신의 수염을 입안에 넣어 문 다음 이렇게 탄식하였다.

「이 수염까지 진흙에 더럽힐 순 없다.」

그리고는 검에 엎어져 죽어 버렸다.

황제(光武帝)가 이를 가련히 여겨, 그를 낙양성(洛陽城) 곁에 묻고 무덤을 써주었다.

그의 맏아들 온수(溫壽)가 인평후(印平侯, 鄩平侯의 잘못)의 가상(家相)이었는데, 꿈에 아버지 온서가 나타나 이렇게 말하는 것이었다.

「너무 오랫동안 나그네로 있자니 고향 생각이 나는구나.」

온수는 이에 관직을 버리고, 임금에게 상서를 올려 아버지의 유골을 거두어 고향에 묻어 드리겠다고 하였다. 황제가 이를 허락하였다.

・호군교위(護軍校尉): 관직(官職) 이름. 무관(武官)을 선발하는 직책.
・가상(家相): 가재(家宰). 집안일을 도맡아 해주는 직책.

 한(漢)나라 남양군(南陽郡) 문영(文穎)의 자는 숙량(叔良, 叔長)이며, 건안(建安) 연간에 감릉부승(甘陵府丞)의 직책에 올랐다.

그가 군의 경계 지역을 지나다가 한 곳에 투숙하게 되었는데, 야삼경 무렵 꿈에 어떤 자가 나타나 그 앞에 무릎을 꿇고 이런

부탁을 하는 것이었다.

「옛날 저의 부친이 저를 이곳에 묻었습니다. 그런데 물이 들어와 저의 관목(棺木)이 물에 잠겨 반쯤은 물에 차 있습니다. 그 때문에 추워서 견딜 수가 없습니다.

마침 귀하가 이곳에 계시다기에 이렇게 찾아와 도움을 얻고자 합니다. 내일 잠시 시간을 내서서 저를 높고 건조한 곳으로 옮겨 주시면 다행으로 여기겠습니다.」

그리고는 그 귀신이 옷을 들어 문영에게 보여 주었는데, 모두가 젖어 있었다. 문영은 창연하여 잠에서 깨어나 여러 좌우에게 말하였다.

그러자 그들 중 하나가 별것 아니라며 이렇게 말하였다.

「꿈은 거짓입니다. 어찌 괴이쩍게 여길 만하리요?」

문영이 다시 잠이 들었다. 그런데 새벽녘쯤 되어 그자가 또 꿈에 나타나 이렇게 말하는 것이었다.

「제가 궁고(窮苦)한 상황을 귀하께 말씀드렸는데, 어찌 조금도 불쌍히 여기는 바가 없습니까?」

문영이 꿈속에서 물었다.

「그대는 누구요?」

「저는 본래 조국(趙國) 사람이었는데, 지금은 죽어 왕망씨(汪芒氏)의 신계(神系)에 속하여 있습니다.」

「그럼 그대의 관은 지금 어디에 묻혀 있소?」

이에 귀신은 이렇게 자세히 일러 주었다.

「지금 귀하가 쉬고 있는 장막(帳幕)에서 북쪽으로 10여 보, 물가의 오래 된 버드나무 아래가 바로 제가 있는 곳입니다. 하늘이 곧 밝게 되면, 이제 더 이상 귀하의 꿈에 나타날 수가 없습니다. 귀하께서 틀림없이 잘 헤아려 주십시오.」

「알았소.」

그리고 문영은 홀연히 잠에서 깨어났다. 날이 밝아 출발할 준비가 끝나자, 문영이 무리에게 말하였다.

「꿈이 비록 괴이쩍게 여길 만한 것이 못 된다고들 하지만, 이 꿈은 어찌 그리도 확연한가?」

좌우가 그제서야 나섰다.

「잠깐이면 될 일을 뭐 그리 아까우리요. 사실인가 증험해 보면 될 일 아니겠습니까?」

이에 문영은 즉시 일어나 10여 인을 데리고 물길을 따라 올라갔다. 과연 오래 된 버드나무 한 그루가 있었다.

「이것이다.」

그리하여 그 아래를 파들어 갔더니 얼마 되지 않아 관이 나타났다. 심하게 썩고 허물어진 상태로 반쯤은 물에 잠겨 있었다.

문영이 좌우에게 말하였다.

「방금 그대들에게 어젯밤 꿈을 들려 주었을 때, 그대들은 헛된 것이라 하였지. 그러나 세속에 전하는 모든 것은 사실 영험스럽지 아니한 것이 없다네!」

그리고 그 관을 옮겨 장례를 치러 주고 떠났다.

한(漢)나라 구강군(九江郡)의 하창(何敞)이 교지자사(交趾刺史)가 되어, 창오군(蒼梧郡) 고요현(高要縣)을 순시하러 나섰다가 곡분정(鵠奔亭)이라는 곳에서 밤을 보내게 되었다. 아직 한밤중이 되지 않았을 때, 어떤 여자가 누대에서 내려와 이렇게 호소하는 것이었다.

「저의 성은 소씨(蘇氏)이며, 이름은 아(娥), 자는 시주(始珠)라

합니다. 본래 광신현(廣信縣)에 살았으며, 수리(修里) 사람입니다. 어려서 부모를 여의고 형제도 없이 같은 현의 시씨(施氏) 집안으로 시집을 갔었지요. 그런데 운명이 기박하여 남편은 죽었지만, 그래도 여러 종류의 비단 1백20필과, 치부(致富)라는 이름을 가진 몸종 하나가 있었습니다.

저는 외롭고 곤궁하며 파리하고 연약한 몸으로 스스로 살아갈 길이 없어 비단을 팔려고 이웃 현에 가게 되었습니다. 그래서 같은 현의 왕백(王伯)이라는 남자로부터 소가 끄는 수레 한 대를 임차하였습니다. 그 값은 1만 2천 냥이었습니다. 저는 수레에 비단을 싣고 몸종인 치부에게 고삐를 잡게 하여, 지난해 4월 10일 이 정자 밖에 도착하였습니다.

그날은 이미 날도 어두워지고 행인도 끊어져 더 이상 길을 재촉하지 못하고, 이곳에 머물러 밤을 보내게 되었습니다.

그런데 치부가 갑자기 복통을 일으켜 제가 정장(亭長)의 집으로 따뜻한 국물과 물을 얻으러 달려갔습니다. 그러자 정장 공수(龔壽)라는 자가 창을 잡고 저희들 수레로 다가와 제게 물었습니다.

『부인은 어디서 오는 길이오? 수레에는 무슨 물건이 실려 있소? 남편은 어디 있소? 어찌 홀로 길을 가고 있소?』

이에 제가 되물었지요.

『무얼 그리 수고스럽게 캐묻습니까?』

그러자 공수가 저의 팔을 잡고 이렇게 추근거렸습니다.

『젊은이는 색을 좋아하지. 한 번 놀아 보자』

저는 두렵고 무서웠습니다. 그래서 이를 거부하자, 공수가 칼로 저의 옆구리를 찔렀습니다. 단 한번에 저는 그 자리에서 곧 죽고 말았습니다. 게다가 그는 치부까지 찔러 그녀 역시 죽고 말았습니다.

공수는 누대 아래에 구덩이를 파 밑에는 저를 넣고, 그 위에 치부까지 던져 묻어 버린 후 재물을 다 가져갔습니다. 소는 죽이고 수레는 불질러 버렸으며, 그 수레의 축과 쇠뼈는 이 정자의 동쪽에 있는 빈 우물에 던졌습니다.

저는 원통한 죽음에 황천(皇天)에 대고 통곡하였지만, 어디에 호소할 곳이 없었습니다. 이에 명철하신 사군(使君)께 다가와 말씀드리는 것입니다.」

하창이 물었다.

「지금 너의 시신을 발굴한다면, 무엇으로 증거를 삼을 수 있겠는가?」

여자가 말하였다.

「저는 위아래 옷이 모두 흰색이며, 신발은 파란 실로 짠 것이온데 아직 썩지 않았습니다. 제 고향 마을에 물어보아 주시고, 제 해골이나마 남편 곁으로 돌아가게 해주시기를 원합니다.」

땅을 파보니 과연 그와 같았다.

하창은 이에 말을 달려 관부로 돌아가서, 관리를 파견하여 그 공수를 잡아들였다. 그리고 그를 추문(推問)하여 자복까지 받아내었다. 또한 광신현(廣信縣)으로 사람을 보내어 사실인지를 물어보았더니, 소아(蘇娥)가 일러 준 말과 똑같았다. 그리하여 공수의 부모형제도 모두 붙들려 옥에 갇히게 되었다.

하창은 공수의 죄악에 대하여 이렇게 표(表)를 올렸다.

「보통의 법률에는 사람을 죽인 자에 대하여 그 가족까지 주살하지는 않습니다. 그러나 공수의 죄악은 너무나 끔찍합니다. 게다가 몇 년을 숨기고 있었습니다. 이는 임금의 법으로도 능히 사면시킬 수가 없습니다.

하물며 귀신으로 하여금 그 사실을 호소케 한 것은 천년에 한

번 있을까말까 한 사건입니다. 청컨대 그 가족을 모두 참수하여 귀신까지는 속일 수 없다는 것을 밝혀, 음계(陰界)의 주벌에 일조를 가하도록 해주십시오.」

임금도 그의 보고를 허락하였다.

· 교지(交趾): 한(漢)나라 십삼자사부(十三刺史部)의 하나. 지금의 광동(廣東) 광서(廣西) 지역. 원서에 교주(交州)로 실려 있으나, 이는 오기(誤記)이다.
· 사군(使君): 한(漢)나라 때의 자사(刺史)에 대한 존칭.

 유수구(濡須口)에 큰 배가 있는데, 이 배는 전복된 채 물속에 잠겨 그 물이 줄어들면 모습이 드러나 보인다.

동네 노인들이 「이 배는 조공(曹公, 曹操)의 배」라 하였다.

일찍이 어떤 어부가 그 배 곁에서 밤을 지내게 되어, 자기의 배를 그 큰 배에 묶어두었다. 그런데 그 배에서 피리와 현악기의 음악이 들릴 뿐만 아니라, 향기 또한 대단히 강하게 풍기는 것이었다.

그 어부가 막 잠이 들었을 때, 꿈속에 어떤 이가 나타나 그를 내쫓으며 이렇게 말하였다.

「관기(官妓) 가까이 접근하지 말라.」

이런 사연이 전해 오고 있다.

「조조가 기녀들을 싣고 노닐던 배가 여기에 전복한 것이다.」

그 배는 지금도 그대로 있다.

하후개(夏侯愷)의 자는 만인(萬仁)이며, 병으로 죽었다.

그의 친척 아이 구노(苟奴)에게, 평소 그 하후개의 귀신이 자주 나타나 보였다.

하후개가 자주 집으로 돌아와 말을 가져가려 하기도 하고, 또 자신의 아내를 꾸짖기도 하였다. 또한 위가 평평한 두건을 쓰고 홑옷을 입은 채, 살아 있을 때와 똑같이 서쪽 벽에 있는 큰 평상(平床)에 앉아 사람들에게 차를 내오라고 시키기도 하였다.

제중무(諸仲務)에게 현이(顯姨)라는 딸이 하나 있었는데, 이 딸을 미원종(米元宗)에게 시집보내어 그의 아내가 되었다. 그런데 그 현이가 집에서 아이를 낳다가 그만 죽고 말았다.

당시의 풍속에 아이를 낳다 죽은 이에게는, 그 얼굴에 먹으로 점을 찍도록 되어 있었다. 그러나 현이의 어머니는 죽은 딸의 얼굴에 차마 그렇게 할 수 없다고 하였다. 그리하여 제중무가 몰래 그 얼굴에 점을 찍었다. 아무도 본 사람이 없었다.

미원종이 시신현(始新縣)의 현승(縣丞)이 되어 꿈을 꾸니, 그 아내가 침상으로 올라오는데 새로 화장한 얼굴에 검은 점이 분명하게 보이는 것이었다.

· 현승(縣丞): 현령(縣令)의 좌리(佐吏). 보좌관.

 진(晉)나라 때 신채왕(新蔡王) 사마소(司馬昭, 司馬紹의 오기)가 청사(廳事)에 평독거(平犢車)를 매어두었다. 그런데 밤에 아무런 이유 없이 그 수레가 재실(齋室)로 들어와 벽에 부딪히더니, 다시 물러가는 것이었다.

뒤에 다시 그 수레 안에서 서로 시끄럽게 부르고 치고받는 소리가 사방으로부터 자주 들려 오는 것이었다.

사마소는 이에 무리를 모아 활 등의 전투장비를 설치해 놓고, 소리나는 부분을 표적으로 한꺼번에 쏘도록 하였다. 그랬더니 귀신들이 그 활 소리에 맞추어 화살을 서너 대씩 맞고는 모두 고꾸라져 땅에 처박히는 것이었다.

· 청사(廳事): 관부의 사무를 보는 곳.
· 평독거(平犢車): 작은 송아지가 끄는 수레.
· 재실(齋室): 재계(齋戒)를 위하여 기도하는 곳.

 오(吳)나라 적오(赤烏) 3년, 구장현(句章縣)의 양도(楊度)가 여요(餘姚)를 향해 가고 있었다.

밤길을 가고 있을 때, 어떤 젊은이가 비파를 든 채 함께 태워 달라기에 양도는 별생각 없이 이를 허락하였다. 그는 수레에 탄 채 비파로 수십 곡의 음악을 연주하였다. 그리고 음악이 끝나자, 혀를 빼물고 눈을 찢어 양도를 놀라게 하고는 떠나 버리는 것이었다.

양도가 다시 20리쯤 갔을 때, 이번에는 어떤 노인이 자신의 성명을 왕계(王戒)라고 밝히면서 태워 달라고 하였다.

양도가 함께 타고 가면서 조금 전의 이야기를 들려 주었다.

「귀신이 비파를 연주하는데 아주 뛰어났습니다. 그 소리가 심히 구슬펐지요.」

그러자 왕계라는 자가 이렇게 말하였다.

「나 역시 연주에 능하지요.」

바로 방금 전의 그 귀신이었다. 또다시 눈을 찢으며 혀를 빼물어, 양도는 놀라 거의 죽을 지경이었다.

 낭야(瑯琊)의 진거백(秦巨伯)은 그 나이 예순이었는데, 일찍이 술을 마시고 밤길을 가다가 봉산묘(蓬山廟)를 지나게 되었다. 그때 갑자기 두 손자가 나타나 자신을 맞이하여 1백여 보쯤 부축해 가다가 느닷없이 목을 잡고 땅에 처박는 것이었다.

「이 늙은 놈, 네가 아무날 나를 때렸지. 내 지금 너를 죽여 버리겠다.」

진거백이 생각해 보니, 과연 그날 손자에게 매를 든 사실이 있었다. 진거백이 이에 죽은 척하자, 그대로 거백을 방치하고는 사라져 버렸다. 거백이 집으로 돌아와 두 손자를 징치할 참이었다.

그러자 두 손자가 깜짝 놀라 머리를 조아리며 이렇게 설명하였다.

「자손된 자로서 어찌 그런 일이 있을 수 있겠습니까? 아마도 귀매(鬼魅)가 아닌가 합니다. 청컨대 다시 한 번 시험해 보시지요.」

거백이 느끼는 바가 있어, 며칠 뒤 다시 거짓으로 취한 척하고 그 사당을 지나갔다. 그러자 과연 또다시 두 손자가 나타나 거백을 부축하는 것이었다. 거백이 얼른 그들을 붙들었다. 귀신들은 꼼짝할 수가 없었다.

그리하여 집으로 끌고 가 보았더니 둘은 허수아비였다.

거백이 이를 불에다 태웠더니, 배와 등이 모두 그슬러 터졌다. 이에 그 허수아비를 마당에 꺼내 놓았는데, 밤에 둘 다 도망치고 말았다. 거백은 아예 이들을 죽여 버리지 못한 것을 후회하였다.

한 달 후쯤, 다시 술에 취한 척 거짓으로 밤길을 가게 되었다. 그래서 이번에 만나면 죽여 없앨 참으로 칼을 품고 집을 나섰다.

집안 사람들은 이를 알지 못했다. 밤이 깊도록 할아버지가 귀가하지 않자, 두 손자는 할아버지가 또다시 그 귀신에게 곤욕을 치르지나 않을까 걱정이 되어 이에 함께 마중을 나갔다. 그런데 그 두 손자는 귀신으로 오인되어 그만 찔려 죽고 말았다.

• 봉산묘(蓬山廟): 봉래산(蓬萊山) 신선(神仙)을 모신 사당(祠堂).

 한(漢)나라 무건(武建, 建武의 잘못) 원년, 동래군(東萊郡)에 지씨(池氏) 성을 가진 자가 있었는데, 그는 가끔 집에서 술을 직접 빚어 먹었다.

그러던 어느 날 세 명의 이상한 손님을 보게 되었다. 그들 셋이 함께 국수와 밥을 가지고 와서는 술을 달라 하여 먹더니, 다 마시고는 가버렸다.

잠시 후, 어떤 사람이 와서 귀신 셋이 술에 취해 수풀 속에 있는 것을 보았다고 말하였다.

오(吳)나라 선주(先主, 孫權)가 무위영(武衛營)의 위병 전소소(錢小小)를 죽였는데, 그 죽은 전소소의 모습이 큰 거리에 나타나 심부름꾼 오영(吳永)을 고용하여, 그로 하여금 편지를 거리 남쪽에 있는 사당에 갖다 주고 목마(木馬) 두 필을 빌려 오라는 것이었다.

목마를 빌려 온 후 전소소가 술을 머금어 뿜어 주자 모두가 좋은 말로 바뀌더니, 안장과 굴레까지 완전히 갖추어지는 것이었다.

· 선주(先主): 오(吳)나라의 개국(開國) 군주(君主)인 손권(孫權). 재위 B.C. 222~252년.

남양군(南陽郡)의 송정백(宋定伯)이 젊었을 때 밤길을 가다가 귀신을 만났다. 그 귀신에게 누구냐고 묻자, 귀신이 이렇게 대답하였다.

「나는 귀신이다.」

그리고 이번에는 귀신이 물었다.

「너는 또 누구냐?」

송정백은 이에 거짓으로 속여 대답하였다.

「나도 귀신이다.」

「어디로 가는 길이냐?」

「완시(宛市)로 가는 길이다.」

「나 역시 완시로 가는 길이다.」

이런 귀신의 대답에 함께 몇 리를 갔을 때, 귀신이 다시 물었다.

「걸음이 너무 느리다. 서로 돌아가며 업어 주기로 하자. 어떤가?」

이에 정백이 말하였다.

「매우 좋은 생각이다.」

귀신이 먼저 정백을 업고 몇 리쯤 가다가 이상해서 물었다.

「그대는 너무 무겁다. 혹시 귀신이 아닌 것 아니냐?」

정백이 얼른 이렇게 둘러댔다.

「나는 방금 귀신이 되어 그 때문에 아직 무겁다.」

이번에는 정백이 귀신을 업을 차례가 되었는데, 귀신은 거의 무게가 없었다. 이렇게 두세 차례 지나고 정백이 물었다.

「나는 귀신이 된 지 얼마 되지 않아 귀신으로서 두려워하거나 꺼려할 일이 무엇인지 모른다. 무엇인가?」

그러자 귀신이 이렇게 일러 주었다.

「오직 사람의 침을 싫어한다.」

그리고 다시 길을 걷다가 이번에는 물을 만났다. 이에 정백이 귀신에게 먼저 건너라고 하고서 가만히 들어 보니, 도대체 물 소리가 들리지 않는 것이었다. 그런데 정백이 건너게 되자 차박차박 물 소리가 났다. 귀신이 이상히 여겨 물었다.

「어찌 물 소리가 나는가?」

정백이 다시 둘러댔다.

「죽은 지 얼마 되지 않아 물을 건너는 데에 아직 익숙하지 못하다. 나를 이상히 보지 말라.」

그리고는 완시에 거의 이르게 되었을 때, 정백이 귀신을 어깨 위에 둘러메고 급히 죄어 버렸다. 귀신이 소리를 질렀다. 그 소리가 쌕쌕하더니 내려 달라고 하였다. 그러나 정백은 더 이상 그의 말을 들어 주지 않았다.

그리고 지름길로 완시에 이르러 그를 땅에 내려 놓았다. 그랬더니 귀신이 한 마리 양으로 변하는 것이었다. 정백은 이를 팔아 버렸다.

그러나 그 양이 다시 귀신으로 변할까 걱정이 되어, 그에게 침을 뱉었다. 그리고 1천5백 냥을 벌어 떠나 버렸다.

당시 석숭(石崇)이 이런 말을 하였다.

「정백이 귀신을 팔아 1천5백 냥을 벌었도다.」

 오왕(吳王) 부차(夫差)의 막내딸 이름은 자옥(紫玉)이며, 나이 열여덟에 재주가 뛰어나고 모습이 아름다웠다.

당시 소년 중에 한중(韓重)이라는 자가 있었는데, 나이 열아홉에 도술[학문]이 높았다. 자옥은 그 한중을 사랑하여 몰래 서로 편지를 보내 소식을 전하며, 그의 아내가 되겠노라고 약속한 상태였다.

그런데 한중이 제로(齊魯) 지역으로 공부를 하러 가게 되어, 그가 떠나면서 부모에게 부탁하여 그 여자에게 구혼을 해두라고 하였다.

그러나 임금은 노하여 딸을 주지 않았고, 자옥은 그 일로 기(氣)가 맺혀 죽고 말아 창문(閶門) 밖에 묻히게 되었다.

3년 만에 한중이 돌아와서 부모에게 그 일을 캐묻자, 부모가 이렇게 설명해 주었다.

「임금께서 크게 화를 내었고, 자옥은 그 일로 기가 맺혀 죽어 이미 땅속에 묻히고 말았단다.」

한중은 슬피 울며 애통해하고는, 제수(祭需)를 갖추어 그 여자의 무덤을 찾아가 조문하였다. 그러자 자옥의 영혼이 무덤에서 나와 한중 앞에 나타났다. 그리고 눈물을 흘리면서 이렇게 이야기하였다.

「지난날 그대가 떠난 후, 그대 부모로 하여금 임금에게 구혼을 청하라 하였었지요. 그때까지만 해도 저는 이 큰 소원이 이루어지리라 여겼습니다. 그러나 이별한 후 이런 운명에 처할 줄을 어찌 알았으리요!」

자옥은 이에 왼쪽을 돌아보며 목을 굽히고 이렇게 노래를 불렀다.

남산에 있는 까마귀 잡겠다고
북산에 그물을 쳤네.
까마귀 높이 날아 사라지니
그 그물 어디에 쓸꼬!
본래 그대를 따르렸더니
안 된다는 참언, 어찌 그리 많았던지.
슬픔이 맺혀 병이 되고
이 목숨 죽어 황천에 묻혔다오.
운명이 이루어 주지 않는 일
원통해한들 무엇하오!
새들 중의 우두머리
그 이름 봉황새.
하루에 수컷을 잃고
3년을 슬피 사네.
비록 많은 새 있다 하나
짝 될 자 있으랴.
그래서 비루한 이 모습 다시 나타나
그대의 빛난 모습 만날 뿐이라오.
몸이 멀수록 마음은 가까운 법,

어찌 잠시라도 그대를 잊었으랴!

노래가 끝나자, 자옥이 눈물을 줄줄 흘리며 한중에게 무덤으로
들어가자고 하였다. 이에 한중이 이렇게 말하였다.

「산 자와 죽은 자의 길은 다르다 하였소. 나는 죄가 많아 그대
의 청을 들어 줄 수가 없소.」

그러자 자옥이 물었다.

「산 자와 죽은 자의 길이 다르다는 것은 저 역시 알고 있습니
다. 그러나 여기서 지금 이별하고 나면, 영원히 다시 만날 날을 기
약할 수가 없습니다. 그대는 제가 귀신으로서 그대에게 화를 미치
게 할까봐 두려워하는 것입니까? 저는 모든 성심 성의를 다하여
그대를 받들어 모시려 하는데, 어찌 믿어 주지 않습니까?」

한중은 그 말에 감동하여 그녀를 따라 함께 무덤으로 들어갔
다. 자옥은 음식을 차려 놓고 사흘 밤낮을 머물며 그에게 부부의
예를 다하였다. 그리고 그가 떠날 때가 되자, 자옥이 지름이 한
촌쯤 되는 명주(明珠)를 한중에게 떠나는 선물로 주었다.

「인간 세상에서의 이름도 이미 사라졌고 소원조차 끊어졌으니,
제가 다시 무슨 말을 하리요! 시간이 변하고 계절이 바뀌어도 자
중자애하시옵소서. 만약 우리 집에 가거든 저의 아버지 대왕께
안부나 전하여 주십시오.」

이에 한중은 무덤을 나와 임금을 찾아갔다. 그리고 그간에 있
었던 일을 낱낱이 설명하였다. 그러자 임금이 크게 화를 내었다.

「내 딸은 이미 죽었다. 그런데 다시 유언비어를 만들어 그 혼
령을 욕되게 하다니. 이는 무덤을 도굴하여 물건을 훔쳐 놓고, 그
것을 귀신에게 의탁해 핑계를 대는 것이로다.」

그리고는 한중을 잡아들였다.

한중은 그곳을 도망쳐 나와 자옥의 무덤에 이르러 그 사실을 하소연하였다. 그러자 자옥이 다시 나타나 이렇게 말하였다.

「걱정하지 마십시오. 지금 제가 직접 대왕을 찾아가 말씀드리겠습니다.」

임금이 얼굴을 다듬고 머리를 빗다가 갑자기 자옥을 보았다. 임금은 놀라 희비가 엇갈렸다.

「어떻게 해서 살아왔느냐?」

자옥은 무릎을 꿇고 앉아 이렇게 사뢰었다.

「지난날 서생(書生) 한중이 찾아와 저 자옥에게 구혼하였을 때, 대왕께서 이를 허락치 않으셨습니다. 그리하여 저 자옥은 이름이 훼멸되고 절의가 끊어져 스스로 죽고 말았습니다. 그런데 한중이 멀리서 다시 돌아와서는 제가 죽었다는 소식을 듣고, 제물을 갖추어 제 무덤을 찾아와 조문하며 슬퍼하였습니다.

그의 독실한 정이 이렇게 끝까지 이어짐에 감동해 결국 그와 다시 만날 수 있었습니다. 그래서 그에게 명주를 주었던 것입니다. 그는 결코 무덤을 파헤친 것이 아니니, 원컨대 그를 추측만으로 다스리는 일이 없도록 해주십시오.」

오왕의 부인이 이 소리를 듣고서 달려가 그녀를 껴안았다. 그러나 자옥은 마치 연기 같은 허상일 뿐이었다.

· 제로(齊魯): 제(齊)나라와 노(魯)나라 땅. 지금의 산동반도(山東半島) 일대로 고대(古代) 유학(儒學)이 흥성하였던 곳.

 농서군(隴西郡)의 신도도(辛道度)라는 자가 옹주(雍州)로 공부하러 가는 길에, 그 옹주성 못미처 4,5리쯤에서 큰 저택 하나를 만났는데, 그 문 앞에 청의(靑衣)를 입은 여자가 홀로 서 있었다.

신도도가 그 문 앞에 이르러 저녁밥이나 좀 얻어먹을 수 없겠느냐고 물었다. 이에 청의의 여자가 안으로 들어가 진녀(秦女)에게 고하자, 그 진녀가 신도도를 불러들이도록 하였다.

신도도가 그 큰 저택 안으로 들어갔더니, 진녀는 서쪽 자리에 앉아 있었다. 신도도가 자신의 성명과 사는 곳을 밝혔다.

말이 끝나자 그를 동쪽 자리에 앉으라 하고, 이에 음식을 차려 주었다. 식사를 마치자, 진녀가 신도도에게 이렇게 말하였다.

「저는 진(秦)나라 문왕(文王)의 딸입니다. 조국(曹國)과 빙례(聘禮)가 이루어졌으나, 남편을 만나기도 전에 불행히 저는 죽고 말았습니다. 제가 죽은 지 이미 23년이 흘렀건만 홀로 이 집에 살고 있습니다. 오늘 그대가 찾아와 주셨으니, 원컨대 그대와 부부가 되고 싶습니다.」

이리하여 사흘 밤낮을 지낸 후, 그 여자가 다시 신도도에게 이렇게 일렀다.

「그대는 살아 있는 사람이요, 저는 귀신입니다. 그대와 더불어 이미 오랜 인연이 있었으나, 이번 만남은 오직 사흘 밤, 더 이상 오래 거할 수가 없습니다. 더 이상 함께 있게 되면 재앙이 따를 것입니다.

여기서 이틀 밤을 보냈으나, 이것으로 우리의 정을 풀 수는 없습니다. 이윽고 우리가 서로 이별하여 흩어지고 나면, 장차 제가 그대에게 무엇을 신표로 삼을 수 있겠습니까?」

그리고는 침상 뒤의 상자를 가져오라 하여 열고는, 금침(金枕)

하나를 신도도에게 주면서 신표로 삼도록 하였다. 이에 이별의 때가 되자, 소매를 놓고 눈물을 흘리면서 청의를 입은 시녀에게 문 밖까지 배웅토록 하였다.

신도도가 문을 나서서 몇 걸음 걷기도 전에 그 큰 저택은 보이지 않고, 오직 하나의 무덤만이 있을 뿐이었다. 신도도는 그때 황망히 내달았다. 그런데 그 금침만은 품안에 그대로 있었으며, 이상한 것으로도 변하지 않은 채 그 모양 그대로였다.

신도도는 진(秦)나라를 찾아가 그 금침을 팔려고 시장에 내놓았다. 때마침 진나라 왕비가 동쪽으로 유람을 나왔다가, 신도도가 팔려고 내놓은 그 금침을 보고는 의아히 여겨 어디서 난 것이냐고 힐문하였다.

이에 신도도가 사실을 갖추어 말하자, 왕비가 이를 듣고 나서 눈물을 흘리며 그 슬픔을 이겨내지 못하였다.

그러나 역시 어딘가 의심스러웠다. 그래서 사람을 보내어 그 무덤을 파 관을 열어 살펴보도록 하였다. 부장하였던 다른 물건은 모두 원래대로 있었으나, 오직 그 금침만은 보이지 않았다. 또한 시신을 풀어 조사해 보았더니 교정(交情)을 나눈 흔적이 완연하였다.

왕비는 비로소 이를 믿게 되었다. 그리고 이렇게 탄식하였다.

「내 딸은 정말 신령하구나. 죽은 지 이미 23년이 되었는데도 아직 살아 있는 사람과 교왕(交往)이 있으니, 그대는 정말 나의 진짜 사위로다.」

그리하여 신도도를 부마도위(駙馬都尉)로 봉하고, 금백거마(金帛車馬)를 하사하여 본국으로 되돌려보내 주었다.

이런 일이 있은 이래, 후인들이 사위를 〈부마(駙馬)〉라 부르게 되었다. 지금의 〈국서(國婿)〉라 하는 것도 역시 부마를 일컫는 말이다.

- 청의(靑衣): 시녀. 비녀(婢女). 천한 복장을 뜻한다.
- 금침(金枕): 금으로 만든 베개, 혹은 장식물.
- 부마도위(駙馬都尉): 관명(官名). 한(漢) 무제(武帝) 때 처음으로 설치하였다. 원래는 종실(宗室)·외척(外戚)·제공자(諸公子)를 관할 호위하던 관직(官職). 위진(魏晉) 이후에는 황제(皇帝)의 사위만을 가리키는 뜻으로 좁아졌다. 실관(實官)은 아니다.

한(漢)나라 때 담생(談生)이라는 자가 있었었는데, 그 나이 마흔이 되도록 장가를 들지 못하고 항상 《시경(詩經)》을 읽으며 감격해하곤 하였다.
그러던 어느 한밤에 나이 열대여섯쯤의 어떤 여자가 나타났는데 그 용모와 얼굴빛, 그리고 그 옷차림이 천하에 비길 바가 없었다. 그런 여자가 담생에게 다가와 부부가 되기를 요구하며, 이렇게 말하였다.

「나는 보통 사람과 다르니, 내 모습을 보겠다고 불을 밝혀 나를 비추어 보는 일은 하지 말아 주십시오. 그러나 3년이 지난 후에는 괜찮습니다.」

둘은 드디어 부부가 되어 아이까지 낳게 되었다. 그 아이가 이미 두 살이 되었을 무렵, 담생은 밤에 아내의 모습을 보고 싶은 욕심을 참아낼 수가 없었다. 이에 밤에 그의 아내가 잠든 틈을 노려 몰래 불을 켜고 비추어 보았다.

그런데 그 허리 위의 살은 사람과 똑같았으나, 허리 이하는 다만 마른 뼈일 뿐이었다.

그때 아내가 이를 알아차리고, 담생에게 이렇게 원망을 하였다.

「그대는 나를 저버렸습니다. 내가 곧 인간으로 살아날 수 있었는데, 어찌 단 1년을 못 참고 끝내 나를 비추어 보신단 말입니까?」

담생이 잘못을 빌었지만, 여자는 눈물을 흘리면서 더 이상 어쩔 수 없노라며 이렇게 말하였다.

「그대와 비록 부부의 대의(大義)는 영원히 끊어지겠지만, 우리 아이를 돌아보니 이렇게 가난해서야 더 이상 데리고 키울 수가 없을 것 같습니다. 그러니 잠시 나를 따라오십시오. 그대에게 재물을 드리겠습니다.」

담생이 그녀를 따라 나섰다. 그랬더니 화려한 저택으로 들어가는 것이었다. 그곳의 물건들은 하나같이 범상한 것들이 아니었다.

그녀는 구슬로 만든 장포(長袍) 한 벌을 주면서 이렇게 말하였다.

「이 정도면 자급(自給)할 수 있을 것입니다.」

그리고 담생의 옷자락 한쪽을 찢어 이는 남겨두고 가도록 하였다.

뒤에 담생이 그 장포를 시장에 내다 팔려고 나갔다. 그리하여 수양왕(睢陽王)의 집에서 이를 사가게 되었는데, 그 값이 천만금이나 되었다.

임금이 그 장포를 보고서 놀라 물었다.

「이는 내 딸의 장포이거늘, 어찌하여 이렇게 시장에 나와 있는가? 이는 틀림없이 무덤을 파헤쳐 가져온 것이리라.」

그리고는 담생을 잡아 취조하였다.

담생이 사실대로 이야기를 하였지만 임금은 믿지 아니하였다. 결국 딸의 무덤을 살펴보도록 하였으나, 그 무덤은 조금도 손상이 없었다. 이에 무덤을 파고 살펴보았더니, 관 뚜껑 아래에 과연 담생의 찢겨진 옷자락이 있었다.

그리하여 그 아이를 불러 자세히 살펴보도록 하자, 그 여자의 시신이 틀림없는 자기 어머니라는 것이었다.

임금은 그제서야 이를 믿게 되었다. 그리하여 즉시 담생을 불러 후한 예물을 내리고, 자신의 사위로 인정하였다. 그리고 표表를 올려 그 아이를 낭중(郎中)으로 삼아 주었다.

· 대의(大義): 여기서는 부부지의(夫婦之義).
· 낭중(郎中): 관직(官職) 이름. 진한(晉漢) 때에는 근시지관(近侍之官).

 노충(盧充)이라는 자는 범양(范陽) 사람이다. 그의 집에서 서쪽으로 30리 되는 곳에 최소부(崔少府)의 무덤이 있었다.

노충이 그 나이 20세 되던 해의 동지(冬至) 하루 전날 집을 나서서 서쪽으로 사냥을 나갔다가, 노루 한 마리를 발견하고 활을 들어 쏘아 이를 맞히었다. 그런데 그 노루가 넘어졌다가 다시 일어나 달아나 버리는 것이었다. 노충이 이를 뒤쫓아 얼마나 멀리 따라갔는지도 잊고 있을 때였다.

그때 갑자기 길 북쪽 1리쯤에 큰 대문이 보이는 것이었다. 기와집이 사방으로 세워져 있어 마치 부사(府舍) 같았다. 사슴은 더 이상 보이지 않았다. 다만 그 문 속에서 어떤 문졸 하나가 이렇게 창(唱)을 하였다.

「손님, 어서 오십시오.」

이에 노충이 물었다.

「여기가 무슨 부(府)입니까?」

「최소부의 부입니다.」

그러자 노충이 망설이며 이렇게 물었다.

「저는 옷차림도 이렇게 남루한데, 어찌 소부 같은 분을 뵐 수가 있겠습니까?」

그때 어떤 사람이 새로이 나타나 새옷 한 벌을 가져다 주면서 이렇게 전하였다.

「부군(府君)께서 이를 그대에게 가져다 드리라 하십니다.」

이에 노충이 옷을 다 갈아입고 들어가 소부를 뵙고 자신의 성명을 밝혔다. 드디어 주연이 베풀어져 술과 안주가 몇 번 돌자, 소부가 노충에게 이렇게 말하였다.

「존경하는 그대 부친[府君]께서는 우리 집을 비천한 가문이라 여기지 않고 계십니다. 제가 최근에 그분께서 보내신 편지를 받고, 이에 저의 어린 딸을 그대의 아내로 삼겠노라고 구혼하시기에 그대를 맞아 서로 만나게 된 것입니다.」

그러면서 편지를 노충에게 보여 주었다.

노충은 자기 아버지가 돌아가실 때 비록 어리기는 하였지만, 아버지의 필적은 알아볼 수가 있었다. 이에 크게 한숨을 쉬며 그 어떤 말로도 이를 거절할 수가 없다고 여겼다.

최소부가 안에다 대고 명령하였다.

「노랑(盧郞)이 이미 왔다. 어서 딸에게 화장을 잘 하도록 일러라.」

그리고 노충에게 다시 이렇게 말하였다.

「그대는 동쪽 사랑(舍廊)으로 가시오.」

황혼녘이 되자, 안에서 이렇게 아뢰는 말이 들렸다.

「신부의 화장이 이미 끝났습니다.」

노충이 동쪽 사랑채에 다다르자, 여자가 이미 수레에서 내려 자리 끝에 서 있어 함께 배례를 하게 되었다. 시간은 연사흘 계속되었으며, 계속해서 잔치가 벌어졌다.

사흘의 혼례가 끝나자, 최소부가 노충에게 일렀다.

「그대는 이제 돌아가도 좋습니다. 내 딸은 아이를 가졌습니다. 만약 아들을 낳으면 마땅히 그 아이를 그대에게 돌려 줄 것이니, 아무런 의심할 필요가 없습니다. 그러나 딸을 낳으면 이곳에 그대로 머물게 하여 내 딸이 친히 기를 것입니다.」

그리고는 밖에 명하여 수레를 엄중히 준비하여 보내 드리라고 하였다. 노충이 이별을 고하고 나오자, 최소부가 중문(中門)까지 배웅해 주며 손을 잡고 눈물을 흘렸다.

문을 나서자, 송아지가 끄는 수레 한 대가 준비되어 있었다. 푸른빛의 소에 수레가 매어 있었다. 그리고 자신이 지난번 입고 왔던 본래의 옷과 활·화살도 그 문 밖에 그대로 있었다.

잠시 후 최소부가 어떤 사람에게 명하여 옷 한 벌을 주며 이렇게 위문토록 하였다.

「인연이 비로소 시작되었으나 이같은 이별은 심히 슬프군요. 지금 다시 옷 한 벌을 드려 피욕(被褥)으로나 쓰도록 하셨습니다.」

노충이 그 수레에 오르자 마치 번개처럼 빠르게 내닫더니, 눈깜짝할 사이에 자신의 집에 다다르는 것이었다. 그 가족들은 사라졌던 노충이 다시 나타나자 서로 희비가 교차되어 캐물었다. 그리하여 노충은 그 최소부가 이미 죽은 자로서 무덤에 묻힌 상태임을 알고, 다시 또 슬픔과 안타까움에 사로잡혔다.

그로부터 4년 후인 3월 3일, 노충이 물가에서 물장난을 치고 있을 때 갑자기 그 물가에 두 대의 독거(犢車)가 나타나 물에 잠겼다 떴다 하는 것이었다. 그러더니 잠시 후 그 수레가 물가로 나왔다. 같이 놀던 친구들도 모두 이를 보았다.

노충이 다가가 수레의 뒷문을 열었더니, 그 속에 최소부의 딸과 세 살 된 어린아이가 함께 타고 있는 것이었다. 노충이 이를 보고서 기쁨을 감추지 못하며 그들의 손을 잡으려 하였다.

그러자 그 여인이 손으로 뒤에 있는 수레를 가리키며 이렇게 말하였다.

「그대는 어서 가서 아버님을 먼저 뵈시지요.」

보았더니 최소부였다. 노충이 다가가 이것저것 안부를 물었다.

여자는 아이를 안아 노충에게 주면서 금원(金鋺) 또한 함께 건네 주었다. 그리고 이러한 시를 읊어 주었다.

> 빛나는 영지 같은 아름다운 자질에
> 광채의 아름다움이 얼마나 훌륭하였던가!
> 꽃 같은 아름다움 당시에 이미 드러났고
> 특이한 그 모습 신기하다 드날렸네.
> 꽃봉오리 머금은 그 모습 피어 보지도 못하고
> 한여름에 그만 서리 만나 꺾였다네.
> 영광과 빛남이 영원히 저세상으로 사라져
> 이세상 그 어디서도 누려 보지 못하였다네.
> 저승과 이승이 서로 만날 줄이야
> 훌륭하신 내 낭군 홀연히 나타났네.
> 그러나 만남은 짧고, 이별은 급하기도 하였으니
> 이 모두 천령(天靈)과 지기(地祇)가 맺어 놓은 일.
> 무엇을 내 사랑 그대에게 풀거나?
> 금원을 드리노니 내 아들 잘 기르소서.
> 부부의 은애가 여기서 끝나노니
> 오장육부가 끊어지고 베어지는 듯하네.

노충이 아이와 금원(金鋺), 그리고 시를 받아들자 갑자기 그 두 수레는 어디로 갔는지 사라져 보이지 않았다. 노충이 아이를 데려오자 모든 사람들이 귀매(鬼魅)라 하여 그를 멀리하고 침을 뱉았지만, 그 아이의 모습은 변함이 없었다.

이에 그 아이에게 물었다.

「누가 너의 아버지인가?」

그러자 아이가 곧바로 노충의 품으로 파고드는 것이었다. 사람들이 처음에는 그를 괴이히 여기고 꺼렸으나, 그 시를 돌려가며 자세히 훑어보고는 개연히 모두 죽은 자와 산 자의 현묘한 교통을 탄식하였다.

노충은 뒤에 수레를 타고 그녀가 준 금원을 팔러 나갔다. 높은 값으로 이를 흥정하며 급히 팔 생각도 없이, 그저 누군가가 그 수수께끼를 알아내 주기를 바랐던 것이다.

그러던 어느 날 갑자기 어떤 노비(老婢)가 그 물건을 알아보고, 집으로 달려가 자신의 주인에게 이렇게 알렸다.

「시중에서 어떤 사람이 수레를 몰고 와 최씨 딸의 관 속에 넣어 주었던 금원을 팔고 있습니다.」

그들 대가집 주인은 바로 최씨의 친이모였다. 그 이모는 자기의 아들을 보내어 사실을 알아보도록 하였다. 과연 그 비녀의 말과 같았다.

그러자 그 아들이 수레에 올라타서 이를 막고는, 자신의 성명을 밝히며 노충에게 물었다.

「옛날 나의 이모가 최소부의 집으로 시집가서 딸을 낳았는데, 그 딸아이가 시집도 가지 못한 채 죽었소. 집안 사람들이 모두 애통해하며, 그 아이의 죽음에 금원 하나를 주어 이를 관 속에 넣었소. 이 금원을 손에 넣게 된 경위를 말해 줄 수 있겠소?」

이에 노충이 사실대로 이야기하자, 그 아들 역시 슬픔을 감추지 못하고 울면서 그 금원을 가지고 돌아가 자기의 어머니에게 알렸다.

그 어머니는 즉시 아들에게 다시 노충의 집으로 가서 그 어린 아이를 맞이하여 오도록 하고서 자세히 살펴보았다. 친척들이 모두 모여 살펴보았더니, 그 아이는 최씨의 딸과 모습이 같았고 노충 또한 닮아 있었다.

그 아이의 생김과 금원이 모두 사실대로 맞아떨어지자, 이모가 이렇게 말하였다.

「나의 이질녀인 그 여자아이는 3월 말에 태어났었지. 그때 그 아이의 아버지〔崔少府〕가 이렇게 말하였었지.『봄날에 났으니 따뜻하도다. 원컨대 아름답고 강하게 크거라』 그리하여 그 아이의 이름을 〈온휴(溫休)〉라고 지었었지. 〈온휴〉는 바로 〈유혼(幽婚)〉이라는 뜻이다. 그 징조를 이미 일찍이 밝힌 셈이로다.」

노충의 아들은 드디어 재목감으로 커서 2천 석의 군수를 역임하였고, 그 자손들 또한 모두 관개(冠蓋)의 벼슬을 누려 지금까지 이어 오고 있다.

그 후손 중에 노식(盧植)의 자는 자간(子幹)이며, 천하에 그 이름을 날렸다.

· 소부(少府) : 관직(官職) 이름. 구경(九卿)의 하나이며, 어의(御衣) · 보화(寶貨) · 진선(珍膳) 등을 관장하였다.
· 부군(府君) : 죽은 아버지나 남자 조상을 높이어 이르는 말.
· 피욕(被褥) : 이불과 요.
· 금원(金鋺) : 금으로 만든 밥공기.
· 대가(大家) : 집 여주인을 높여 부르는 경칭.

- 온휴(溫休): 반절(反切)을 이용한 은어(隱語). 온(溫)자의 성모와 휴 (休)자의 운모를 결합하여 유(幽)자가 되었다. 이로써 유혼(幽婚)이 예정된 것이라 본 것.
- 유혼(幽婚): 인간과 귀신의 혼인.
- 관개(冠蓋): 높은 벼슬을 하여 현달함. 관(冠)은 관리(官吏)의 복장, 개 (蓋)는 높은 벼슬아치가 타는 수레는 두껑〔지붕〕이 있었으므로 칭한 말.
- 노식(盧植): 동한(東漢) 말(末)의 유명한 유학자(儒學者). 영제(靈帝) 때 상서(尚書)를 지냈다.

 후한(後漢) 때, 여남군(汝南郡) 여양현(汝陽縣) 서문정(西門亭)에 귀매(鬼魅)가 있었다. 빈객(賓 客)이 그 서문정에 이르러 잠을 자게 되면 누구 나 죽고 말았다.

그리고 그 악귀에 의하여 죽음을 당한 자는 모두가 머리털이 다 빠지고 정액까지 흘리고 있었다.

그 연유를 물었더니, 이런 사연이 있었다.

「옛날 이 정자에 이미 괴물이 살고 있었지요.

그러나 그후 군(郡)의 시봉연(侍奉掾)인 의록현(宜祿縣)의 정기 (鄭奇)라는 자가 이곳을 지나게 되었습니다. 이 정자에서 6,7리쯤 이르렀을 때, 어떤 맵시 고운 부인이 함께 태워 달라고 하였지요. 정기가 처음에는 난색을 표하였으나, 나중에는 결국 태워 주었답 니다.

그리고 이 정자에 이르자, 급히 그 누대 아래로 달려갔지요.

그러자 정자를 지키는 이졸이 이렇게 일렀습니다.

『누대 위에는 올라갈 수 없습니다.』

그러자 정기가 이렇게 대꾸하였습니다.

『나는 무서움을 모르오.』

때는 이미 어두워져서, 드디어 그 누대에 올라 부인과 함께 밤을 지내게 되었습니다. 그런 뒤 날이 밝기도 전에 정기는 떠나고 말았습니다.

정자의 이졸이 청소를 하러 누대에 올라갔더니, 그 부인이 죽어 시신이 되어 있는 것이었습니다. 이에 크게 놀라 정장(亭長)에게 달려가 보고를 하였습니다.

그러자 정장이 북을 치며 여리(廬吏)들을 불러모아 그 신원을 조사하였더니, 그녀는 바로 서문정 서북쪽 8리쯤에 사는 오씨(吳氏)의 며느리였습니다.

죽고 나서 밤이 되어 빈소를 차리고 불을 밝혔더니, 그 불이 꺼지는 것이었습니다. 다시 불을 켜고 보니, 그 시신이 어디론가 사라져 버렸습니다. 그 집안에서 가져간 것이지요.

그리고 정기는 그곳을 떠나 수 리쯤 갔을 때 복통이 시작되더니, 남돈현(南頓縣) 이양정(利陽亭)에 이르러서는 고통이 극심해져 죽고 말았습니다.

그리하여 그 누대에는 드디어 감히 오르는 자가 없게 되었습니다.」

· 시봉연(侍奉掾): 군수의 부관(副官).
· 여리(廬吏): 정(亭) 아래의 구장(區長)·이장(里長) 등 말단 관리.

 영천군(潁川郡) 종요(鍾繇)의 자는 원상(元常)이었는데, 일찍이 몇 달 동안 조회(朝會)에 참석하지도 않고 태도 또한 평소와 달랐다.

어떤 이가 그 연유를 묻자, 이렇게 설명하는 것이었다.

「항상 어떤 예쁜 부인이 찾아오는데, 그 아름다움이 보통이 아니오.」

묻던 자가 말을 이었다.

「틀림없이 귀신일 거요. 죽여 없애시오.」

그 부인이 나중에 다시 찾아왔다. 그런데 앞으로 다가오지 않고 문 밖에 서 있는 것이었다. 이에 종요가 물었다.

「어찌 그렇게 서 있기만 하오?」

「그대에게 살의(殺意)가 있습니다.」

종요가 말하였다.

「그럴 생각은 없소.」

이리하여 간신히 그녀를 불러들였다. 종요는 마음속으로 그녀를 원망하고 있었지만, 차마 어쩔 수는 없었다. 그래도 결국 그녀를 내리쳐 그 넓적다리에 상처를 입혔다.

이에 부인이 즉시 뛰쳐나가 새 솜으로 피를 닦으며 달아났다. 그러나 그 길에 결국 핏자국이 남게 되었다.

이튿날 종요가 사람을 시켜 그 핏자국 흔적을 따라 찾아갔더니, 큰 무덤에 이르는 것이었다. 관 속에 예쁜 부인이 들어 있었는데, 그 형체가 마치 산 사람 같았다. 백련(白練) 적삼에 붉은 수를 놓은 조끼를 입고 있었는데 그 왼쪽 넓적다리에 상처가 나 있었고, 조끼 속에 있던 솜으로 그 피를 닦은 흔적이 보였다.

· 백련(白練): 흰 비단.

수
신
기

17

 진국(陳國)의 장한직(張漢直)이 남양(南陽)으로 가서 경조윤(京兆尹)을 지낸 연숙견(延叔堅)에게 《좌씨전(左氏傳)》을 배우고 있었다.

그가 집을 떠난 지 몇 달 후, 귀신이 그 누이에게 붙어 오빠 장한직의 말이라고 하면서 이렇게 전하는 것이었다.

「나는 병으로 죽어 시신이 길바닥에 버려져 있으며, 늘 추위와 배고픔이 나를 괴롭힙니다.

두세 켤레의 짚신을 만들어 집 뒤의 닥나무에 걸어둔 것과, 부자방(傅子方)이 나에게 돈 5백 냥을 보내 주어 이를 북쪽 담장 아래에 묻어둔 것을 그만 까맣게 잊고 있었습니다. 또한 이유(李幼)로부터는 소 한 마리를 사두었고, 그 문서는 책상자 속에 들어 있습니다.」

가서 찾아보았더니 모두가 그 말과 같았다.

그런데 장한직의 아내조차도 이를 전혀 모르고 있었던 것이다. 그 누이은 방금 시집에서 친정나들이 온 터여서 더욱이 그러한 사실을 알고 있을 리가 없었다.

이에 집안 사람들 모두가 슬픔을 감추지 못하였으며, 결국 장한직이 죽었음을 인정하지 않을 수 없었다. 부모와 여러 동생들이 최질(衰絰)을 입고서 시신을 찾아 상례를 치르러 나섰다. 그리하여 그가 공부하는 곳인 정사(精舍)로부터 몇 리쯤 떨어진 곳까지 시신을 찾으러 갔다가, 장한직과 10여 명의 서생들이 서로 무리지어 가는 것을 만났다.

장한직은 자기 식구들을 보고서, 그들이 그런 옷차림을 한 것을 이상히 여겼다. 그러는 한편 식구들은 장한직을 보자 귀신이라고 말하며 한참을 슬픔 속에 멍하니 서 있었다.

장한직이 앞으로 다가가 그 아버지께 배례하자, 아버지가 사건의 본말을 이야기해 주며 슬퍼하였다. 그러나 모습을 보게 되어 그나마 기쁘다고 말하였다.

무릇 듣고 본 바의 이와 같은 일이 한두 가지가 아니니, 이는 요물이 저지른 일임을 알 수 있을 것이다.

· 경조윤(京兆尹): 경사(京師)의 태수(太守). 수도(首都)의 장관(長官).
· 최질(衰絰): 상복. 거친 삼베로 만든 옷. 질(絰)은 머리나 허리에 띠는 띠의 일종.
· 정사(精舍): 학사(學舍).

　　　한(漢)나라 진류군(陳留郡) 외황현(外黃縣)에 살던 범단(范丹)의 자는 사운(史雲)이며, 젊어서 위종좌사(尉從佐使)라는 낮은 직책으로 독우(督郵)에게 공문이나 전달하는 그런 임무를 맡고 있었다.

범단은 지절(志節)이 있어 자신이 천하게 심부름이나 하는 낮은 관리임을 부끄럽게 여겼다. 이에 진류의 큰 못에 이르러 타고 가던 말을 죽여 버리고, 자신의 관직으로 인해 쓰고 있던 관과 머리띠를 물에 던져 버렸다. 그리고 거짓으로 강도를 만난 것처럼 하였다.

어떤 귀신이 범단의 집으로 내려와 이렇게 말하였다.

「나는 사운(范丹)입니다. 강도에게 겁살을 당하였습니다. 어서 진류의 큰 못으로 가서 내 옷이나 거두어 주십시오.」

그리하여 식구들이 그곳에 가서 그의 의복과 머리띠를 찾아왔다.

범단은 마침내 남군(南郡)으로 갔다가, 다시 삼보(三輔)를 떠돌면서 당시의 유명한 현인들을 따르며 공부하였다. 그로부터 13년이 지난 후, 그가 집으로 돌아오자 식구들이 몰라볼 정도였다.

진류 사람들이 그의 지행(志行)을 높이 사서, 그가 죽고 나자 호를 〈정절선생(貞節先生)〉이라 하였다.

· 위종좌사(尉從佐使) : 현위(縣尉)의 속관. 낮은 직급.
· 독우(督郵) : 관직 이름. 군수를 대신하여 속현을 감찰하는 임무를 띠었다.

 오(吳)나라의 비계(費季)라는 이가 오랫동안 초(楚) 땅을 나그네로 떠돌았다. 당시에는 가는 곳마다 강도들이 많아 그의 아내가 항상 이를 염려하고 있었다.

비계가 한 번은 동료들과 여산(廬山) 아래에서 유숙하였을 때, 서로 그 집을 언제쯤 떠났는가를 묻게 되었다.

비계는 이렇게 말하였다.

「나는 집을 떠난 지 이미 여러 해가 되었습니다. 떠날 당시 아내와 이별하기에 이르렀을 때, 사랑의 징표로 가지고 다닐 터이니 금비녀를 달라고 말하였지요. 그저 나에게 주나 안 주나 그 뜻을 보려고 하였던 것뿐입니다.

아내가 그것을 내주기에 우선 이를 문미(門楣)에 올려 놓았습니다. 그런데 막상 떠날 때는 이를 아내에게 일러 준다는 것을 깜빡 잊고 말았습니다. 그 비녀는 지금도 아마 그 문미 위에 놓여 있을 것입니다.」

그런데 그날 밤 그 아내의 꿈에 남편 비계가 나타나 이렇게 말하는 것이었다.

「내가 그만 길을 가다 강도를 만나 죽은 지 이미 2년이나 되었소. 만약 내 말을 믿지 못하겠거든 떠날 때 그대에게 받았던 금비녀를 그대로 가져오지 못하고 문미에 올려 놓았으니, 이를 찾아보면 증험이 될 것이오.」

이에 아내가 잠에서 깨어나 문미를 더듬어 그 비녀를 찾아내었다. 그리하여 집안 사람들이 그가 정말 죽었을 거라고 여겨 장례까지 치렀는데, 그후, 1년쯤 지나 비계가 집으로 돌아왔다.

· 문미(門楣) : 문 위에 가로댄 나무.

 여요현(餘姚縣)의 우정국(虞定國)은 의풍이 당당하고 예절바른 인물이었다. 그와 같은 현에 소씨(蘇氏)의 딸이 있었는데, 역시 뛰어난 미모를 자랑하고 있었다.

우정국은 그 여자를 보고는 그만 반해 버렸다.

뒤에 우정국이 소씨를 만나러 갈 일이 생겼을 때, 소씨가 그를 따뜻이 맞이하여 주었다. 그리하여 우정국이 그 집에서 하룻밤을 묵게 되었는데, 밤이 깊어지자 소씨에게 이런 부탁을 하였다.

「훌륭한 따님께서 자색이 뛰어나 마음속으로 심히 사랑하고 있습니다. 이 저녁에 잠시 나와서 나를 만나게 해줄 수는 없을는지요?」

주인은 우정국을 그 고을의 귀인이라고 인정하는 터라 곧 딸을 불러 그를 만나 보도록 하였다. 이리하여 둘 사이에 왕래가

잦아졌다.

그러자 우정국이 소씨에게 이런 제의를 하였다.

「보답할 거리가 마땅치 않습니다. 관부(官府)에 오가며 심부름시킬 사람이 필요하면, 내 귀하를 위하여 아무개를 심부름꾼으로 임명해 드리겠습니다.」

그리고 어떤 사람을 보내 주었고, 소씨는 이를 기쁘게 생각하였다.

그 이후로 일이 있으면 그 사람을 불러 일을 시켰다. 그러다 우정국의 집에 심부름시킬 일이 있어 그를 보냈더니, 우정국이 크게 놀라 물었다.

「내 이 사람을 한번도 본 적이 없는데, 어찌 이런 자가 나를 안다고 보냈지? 이는 틀림없이 요괴이리라.」

소씨가 내막을 자세히 설명하자, 우정국이 이렇게 일렀다.

「제가 어찌 남의 아버지에게 청하여 그 딸과 음사(淫事)를 벌일 그런 인물이겠습니까? 만약 그자가 다시 나타나거든 즉시 쳐죽이도록 하십시오.」

뒤에 과연 그를 잡아 보았더니 요괴였다.

 회남내사(淮南內史)인 주탄(朱誕)의 자는 영장(永長)이며, 오(吳)나라 손호(孫皓) 때 건안태수(建安太守)를 지낸 인물이다.

그 주탄의 급사(給使) 아내에게 귀신병이 있었는데, 그 남편인 급사는 도리어 아내가 다른 사람과 간통을 하고 있다고 의심하였다. 뒤에 그가 출장을 떠난다 하고서 몰래 벽틈을 뚫고 엿보았다.

그러자 그 아내가 마침 베틀에 앉아 베를 짜고 있다가, 멀리 뽕나무 위를 쳐다보면서 그곳을 향해 말을 주고받으며 웃기까지 하는 것이었다.

이에 그 급사가 나무 위를 쳐다보았더니, 그 위에 한 소년이 있었다. 나이는 열네다섯에 푸른색 베옷자락이었으며, 푸른 천으로 머리를 묶은 모습이었다.

급사는 그가 틀림없는 사람이라 믿고 활을 당겨 쏘아 버렸다. 그랬더니 그가 매미[鳴蟬]로 변하는 것이었다. 그 크기가 키[箕]만하였는데, 날개를 펴고 날아가 버렸다.

그리고 아내 또한 그 활소리에 놀라 이렇게 소리쳤다.

「아! 누가 너를 쏜다!」

급사는 그 일을 괴이히 여겼다.

그로부터 꽤 시간이 흐른 후, 그 급사는 어느 날 길 모퉁이에서 두 아이가 나누는 말소리를 들었다.

「어찌하여 너를 다시 보기가 그렇게 어려운가?」

그 중 하나는 뽕나무 위에 있던 바로 그 소년이었는데, 그 소년은 이렇게 대답하는 것이었다.

「지난번 불행히도 사람이 쏜 화살을 맞았다네. 그 상처가 꽤 오래 가더군.」

그러자 다른 아이가 다시 물었다.

「그래 지금은 좀 어떤가?」

이에 그 소년이 이렇게 말하였다.

「주부군(朱府君, 朱誕)이 대들보 위에 숨겨둔 고약을 바른 덕분에 상처가 아물어 가고 있네.」

급사가 이 일을 주탄에게 물었다.

「어떤 녀석이 귀하의 고약을 훔쳐 갔는데, 이를 알고 계십니까?」

주탄이 의아히 여겨 되물었다.

「내 고약을 대들보 위에 둔 지 오래인데, 남이 이를 어찌 알고 훔쳐갔겠는가?」

급사가 다시 설명하였다.

「그렇지 않습니다. 부군께서 직접 살펴보시지요.」

주탄은 이를 믿지 않았지만 혹시나 해서 시험삼아 살펴보았다. 그러나 싸매어 놓은 상태조차 옛날 그대로였다.

「이 소인이 망언을 하고 다니는구나. 고약은 그대로 있는데 무슨 뚱딴지 같은 소리인가.」

하지만 급사는 다시 집요하게 요구하였다.

「시험삼아 열어 보시지요.」

과연 고약은 반쯤이나 없어진 상태였다. 그리하여 이를 풀어 열고 살펴보니 발자국 흔적이 눈에 띄었다. 주탄은 크게 놀라 급사에게 상세히 물었고, 급사는 그 사건의 본말을 있는 대로 갖추어 설명해 주었다.

· 급사(給使): 관료나 귀족의 수종인.

 오(吳)나라 때 가흥현(嘉興縣)의 예언사(倪彦思)가 현의 서쪽 연리(埏里)에 살고 있었다.

그러던 어느 날 홀연히 귀매(鬼魅)가 그 집으로 들어와 사람들과 이야기도 하고 음식도 사람처럼 먹되, 오직 그 형상만 보이지 않는 이상한 일을 당하게 되었다.

예언사의 노비 가운데 몰래 그 집 안주인을 흉보는 이가 있었는데, 그 귀매가 이를 알고서 노비에게 이렇게 겁을 주었다.

「내 지금 당장 주인 마님에게 이르리라.」

그리하여 예언사가 그 노비를 혼내 주자, 더 이상 감히 그 주인을 욕하는 이가 없게 되었다.

그러한 예언사에게 소실(小室)이 하나 있었는데, 이 소실에게 귀매가 들러붙어 있었다. 언사가 이에 도사(道士)를 불러 그 귀매를 쫓아내 달라고 청하였다.

굿이 벌어져 술과 안주가 차려지자, 그 귀매를 변소에 가서 초분(草糞)을 퍼다가 그 음식에 뿌리며 방해를 하였다. 이에 도사가 북소리를 더욱 크게 울리며 여러 신들을 모셔 왔다. 그러자 이번에는 귀매가 복호(伏虎, 변기)를 가져다가 신좌(神座)에 올려 놓고, 이를 불어 호각 소리를 내며 맞섰다.

잠시 후, 도사가 갑자기 등이 차가워짐을 느꼈다. 놀라 옷을 벗어 보니 변기통이 등뒤에 붙어 있는 것이었다. 이에 도사는 더 이상 어쩌지 못하고 지쳐 포기하고 떠나 버렸다.

이에 예언사가 밤에 이불 속에서 아내와 몰래 이야기를 나누다가 그 귀매에 대한 걱정을 하자, 귀매가 곧장 대들보에 올라가 언사를 이렇게 협박하는 것이었다.

「너와 네 아내가 내 얘기를 하고 있구나. 내 지금 당장 너희 집의 이 대들보를 부러뜨려 버리겠다.」

그러더니 이내 쿵쾅거리는 소리가 들렸다.

언사가 이에 대들보가 부러지면 어쩌나 하고 불을 밝혀 비추어 보자, 귀매가 그 불조차 꺼버렸다. 대들보 끊어지는 소리가 갈수록 급해졌다. 언사는 집이 무너질까 겁이 나 식구들을 모두 집밖으로 내보냈다. 그리고 다시 불을 밝혀 대들보를 살펴보았더니, 그 대들보는 아무렇지도 않고 멀쩡한 것이었다.

귀매가 크게 웃으며 언사에게 물었다.

「그래도 내 흉을 보겠는가?」

그 군(郡)의 전농(典農) 벼슬을 지내는 어떤 이가 이를 듣고 이렇게 진단하였다.

「이 귀신은 틀림없는 살쾡이일 것이다.」

이 말에 귀매가 전농을 찾아가 이렇게 협박하였다.

「너는 관(官)의 곡식 약 1백 곡(斛)을 사취하여 몰래 아무 곳에 숨겨 놓고 있다. 관리가 되어 이같은 더러운 짓을 하면서, 감히 나에 대해 이러쿵저러쿵하다니. 내 지금 당장 관에 그 사실을 고하여, 사람들을 데리고 네가 도적질하여 숨겨 놓은 곡식을 찾아내겠다.」

전농이 크게 겁을 내며 사죄하였다. 이로부터는 누구 하나 그 귀매에 대한 이야기를 꺼내지 못하였다.

3년후, 이렇듯 못살게 굴던 귀매가 사라졌는데 어디로 갔는지는 알지 못한다.

·복호(伏虎): 소변기. 그 모습이 호랑이가 엎드린 것과 같아 붙여진 이름.
·전농(典農): 농업을 관장하는 교위(校尉). 둔전(屯田)·전조(田租)·민정(民政)·농상(農桑)을 담당하였다.

 위(魏)나라 황초(黃初) 연간, 어떤 이가 돈구현(頓丘縣)의 변경을 밤에 말을 타고 가다가 도중에 어떤 물건을 하나 발견하였는데, 토끼만한 크기에 두 눈이 마치 거울 같았다. 그런데 그것이 펄쩍 뛰며 말 앞을 막아 서서 더 이상 앞으로 나아가지 못하게 하는 것이었다.

그러자 그가 그만 놀라 말에서 떨어지고 말았다.

이에 그 귀매(鬼魅)가 땅에 떨어진 그를 붙잡고 공포에 떨게 하여, 그는 거의 초주검되기에 이르렀다.

한참 후 다시 깨어나 보니, 그 귀매는 이미 사라져 어디로 갔는지 알 수가 없었다. 그리하여 다시 말에 올라 몇 리쯤 가다가, 이번에는 다행히 사람을 만났다. 서로 통성명을 하고 나서, 그가 이렇게 말하였다.

「조금 전에 이상한 변고를 당하였는데 여차여차하였습니다. 지금 이렇듯 동행을 만나게 되어 참으로 기쁩니다.」

그러자 그와 동행하는 사람도 동감을 표시하였다.

「나도 홀로 가는 길이었는데, 그대를 만나 이렇듯 같이 가게 되어 즐겁기 그지 없습니다. 그대의 말이 걸음이 빠르니 그대가 앞서시오. 내 뒤에서 그대를 따라가겠습니다.」

이렇게 함께 가면서 동행자가 물었다.

「방금 만났었다는 그 물건은 어떻게 생겼기에, 그대를 그렇듯 두려움에 떨게 하였습니까?」

이 질문에 그는 이같이 설명해 주었다.

「그 몸체는 토끼만하였으며, 두 눈은 마치 거울 같았습니다. 그 형상이 아주 험악하였지요.」

그러자 동행자가 이렇게 말하였다.

「그대는 시험삼아 나를 한 번 돌아보시오.」

뒤돌아보았더니 바로 조금 전의 그 귀매였다.

이리하여 그 귀매는 다시 말 위로 올라탔고, 그는 땅에 떨어져 두려워하다가 까무러쳐 버렸다.

그 집안 사람들이 말만 홀로 집으로 돌아온 것을 괴이히 여겨 찾아 나섰다가, 길가에서 그를 찾았다. 하룻밤이 지나서야 깨어난 그가 설명한 내용은 이와 같았다.

원소(袁紹)의 자는 본초(本初)이며, 기주(冀州)를 근거지로 하였다.

그가 죽은 뒤, 하동(河東)에 원소의 혼령이 신(神)이 되어 나타나 이름을 도삭군(度朔君)이라 하였다. 이에 그 백성들이 함께 그를 위해 사당을 세워 주었다. 그리고 사당에 주부(主簿)를 두어, 항상 많은 제수(祭需)를 차려 놓고 복을 빌었다.

당시 진류(陳留)의 채용(蔡庸)이 청하태수(淸河太守)로서 그 사당을 참배하게 되었다. 태수에게는 채도(蔡道)라는 아들이 있었는데, 죽은 지 이미 30년이나 되었다.

그런데 도삭군이 채용을 위해 주안상을 차려 놓고 이렇게 말하는 것이었다.

「그대의 아들이 얼마 전 이곳에 왔는데, 그대를 한 번 뵙고자 합니다.」

잠시 후, 그 아들 채도가 나타났다.

도삭군은 자신의 아버지와 조부가 옛날 연주(兗州)에 살았었다고 하였다.

선비 가운데 소씨(蘇氏) 성을 가진 이가 그 어머니가 병이 나자 사당에 와서 빌었다. 이에 주부가 이렇게 일렀다.

「도삭군이 하늘에서 온 어떤 선비를 만나고 있는 중이니 조금만 기다리십시오.」

그리고 들어 보니 서북쪽에서 북소리를 울리며 도삭군이 나타나는 것이었다. 잠시 후 한 손님이 나타났는데, 검은색 홑옷에 머리에는 오색의 털이 나 있었고, 그 길이는 수 촌쯤 되었다. 그가 떠난 후, 다시 한 사람이 나타났다. 그는 흰색의 베로 짠 홑옷에

높은 관을 썼는데, 그 관이 마치 생선의 머리 같았다. 그가 도삭
군에게 이렇게 말하였다.

「지난번 여산(廬山)에 오셔서 함께 흰 오얏을 먹던 일을 생각
해 보면 먼 옛날이 아닌데, 이미 3천 년이나 되었군요. 세월이 이
렇듯 빠르니 사람을 창연케 하는군요.」

그도 떠나자, 도삭군이 그제서야 찾아온 선비에게 일러 주었다.
「먼저 왔던 분은 남해군(南海君)이랍니다.」

그 선비는 서생(書生)이었고, 도삭군은 오경(五經)에 명통하였
으며, 특히 《예기(禮記)》에 밝았다. 그래서 그 선비와 예(禮)에 대
한 담론을 벌였다. 그러다 선비가 도저히 그를 따를 수 없자, 말
을 바꾸어 그 어머니를 병에서 구제해 달라고 애걸하였다.

그러자 도삭군이 이같이 일러 주었다.
「그대 사는 동쪽에 낡은 다리가 있을 것이오. 허물어진 지가
꽤 오래 되지요. 이 다리는 나그네가 건너는 곳이니, 그 다리를
다시 복구하도록 하시오. 그러면 어머니의 병이 나을 것이오.」

조조(曹操)가 원담(袁譚)을 토벌하려고, 도삭군의 사당으로 사
람을 보내어 비단 1천 필을 바꾸어 오도록 하였다. 도삭군이 이
를 거부하자, 조조는 장합(張郃)을 보내어 그 사당을 부수어 버리
도록 하였다.

그리하여 그들이 1백 리 못미친 곳에 이르자, 도삭군이 군사
수만 명을 파견하여 길을 따라오도록 하였다. 다시 장합의 군대
가 2리 못미친 곳에 왔을 때, 도삭군이 운무를 일으켜 장합의 군
대를 에워싸 사당이 어디에 있는지 찾을 수 없도록 하였다.

그리고 나서 도삭군은 사당의 주부에게 이렇게 일렀다.
「조조의 기가 한참 성한 때이니 피하는 것이 좋겠다.」

뒤에 소씨 성의 선비와 이웃하여 사는 집에 신이 내렸다. 선비는 도삭군의 음성을 알아들었다. 도삭군은 이렇게 말하였다.

「지난날 내가 호지(胡地)에 들어가 3년을 떠돌았소.」

그리고 도삭군은 조조에게 사람을 보내어 담판을 벌였다.

「나의 옛 사당을 중수(重修)하여 다시 세우고 싶소. 그러나 그곳은 지세가 쇠하여 더 이상 거할 만한 곳이 못 되오. 다른 곳에 세웠으면 하오.」

조조가 이를 응낙하였다.

「좋습니다.」

그리고 성(城) 북쪽의 누대를 수리하여 그곳에 거하도록 하였다.

그로부터 며칠이 지난 후 조조가 사냥을 나갔다가 이상한 짐승을 하나 잡았는데, 그 크기가 사슴만하였으며, 다리가 여섯에 빛깔은 눈처럼 희었고 털이 매끄러운 것이 아주 귀여웠다. 조조가 그 머리를 쓰다듬으며 좋아하였으나, 그 이름을 알 수 없었다.

그날 밤 도삭군이 거하는 누대에서 울음소리가 들렸다.

「어린아이들이 밖에 나갔다가 아직 돌아오지 않았다.」

그러자 조조가 손뼉을 치며 좋아하였다.

「옳지, 이놈이 드디어 스스로 노쇠하였다고 실토하는군.」

새벽녘 조조는 수백 마리의 개를 풀어 누대를 에워쌌다. 이에 개들이 그 냄새를 맡고 안팎을 들락거리며 쏘다니자, 당나귀만한 큰 물건이 누대 아래로 스스로 떨어지는 것이었다. 그러자 개들이 달려들어 물어죽여 버렸다.

사당의 신은 이로부터 종적을 감추었다.

· 오경(五經): 역(易) · 시(詩) · 서(書) · 예(禮) · 춘추(春秋).
· 예기(禮記): 십삼경(十三經)의 하나로 예(禮)에 관한 기사를 모은 것.

총49편.

　　임천군(臨川郡)에 소재한 진신(陳臣)의 집은 대
단한 부잣집이었다. 영초(永初) 원년, 진신이 재실
(齋室)에 앉아 있었다. 그의 집 안에 조그만 근죽
(筋竹) 밭이 있었는데, 대낮에 홀연히 어떤 사람이 그 대나무 밭
에 있는 것이 보였다. 키는 한 길 정도에 얼굴 모습은 마치 방상
시(方相氏) 같았다.

　그가 대나무 밭에서 나오더니, 진신에게 얼른 이렇게 일러 주
는 것이었다.

「내가 몇 년을 이 집에 있으면서 너를 지켜 주었는데, 너는 이
를 모르고 있었다. 이제 나는 떠난다. 너로 하여금 이 사실을 알
게 하기 위함이다.」

　그런 일이 있은 한 달 후쯤 그의 집에 큰불이 났고, 노비 또한
거의 다 죽고 말았다. 그리하여 1년 뒤쯤엔 아주 가난한 집으로
전락해 버렸다.

・근죽(筋竹): 대나무 이름.

　　동래군(東萊郡)에 성이 진씨(陳氏)인 한 집안이
있었는데, 그 식구가 1백여 인이나 되었다.
　　어느 날 아침 밥을 짓는데, 솥 속의 물이 도대
체 끓지를 않는 것이었다. 이에 솥 위의 시루를 들고 들여다보았
더니, 그 솥 속에서 갑자기 머리가 하얀 어떤 노인이 뛰쳐나왔다.

그 집에서 놀라 점쟁이를 찾아갔더니, 그 점괘마저 이렇듯 불길하게 나왔다.

「이는 대단히 큰 변괴로서, 응당 멸문(滅門)을 당할 것입니다. 어서 돌아가 큰 무기를 만드십시오. 무기가 다 완성되거든 이를 대문간에 설치해 놓도록 하십시오. 그리고 문을 잠그고 모두 집 안으로 대피해 있으십시오. 그러다가 기마와 휘개(麾蓋)가 들이닥치며 문을 열어 달라고 하는 자들이 있거든, 절대로 응답을 해서는 아니 됩니다.」

이리하여 집으로 돌아와서 힘을 모아 나무를 베어 무기 1백여 개를 만든 다음, 이를 대문 앞 문간에 설치하였다.

그뒤 과연 어떤 사람들이 나타나 불렀지만 반응을 보이지 않았다. 이에 그들의 우두머리가 크게 노하여 문틈을 따라 들어가 보도록 하였다.

그 부하가 문 안을 들여다보았더니, 크고작은 무기가 1백여 개나 설치되어 있는 것이었다. 이에 문을 다시 나와 그 사실을 우두머리에게 설명하자, 그 우두머리가 두렵고 놀라운 모습으로 좌우에게 이렇게 말하였다.

「내 급히 와서 잡아가야 한다고 지시하였건만, 결국 빨리 달려오지 않더니 단 한 사람도 잡아가지 못하게 되었다. 이렇게 해서 어찌 우리 죄를 씻어 달라고 할 수 있겠는가? 여기서 북쪽으로 80리 정도를 가면, 그곳에 식구가 1백3인이나 되는 집이 있다. 그곳에 가서 대신 잡아가도록 하자.」

그로부터 10일 후, 그 집안 사람들이 모두 죽었다. 그 집안 역시 성이 진씨(陳氏)라 하였다.

 진(晉)나라 혜제(惠帝) 영강(永康) 원년, 수도에서 이상한 새 한 마리가 잡혔다. 그러나 그 새의 이름을 아는 자가 아무도 없었다.

조왕(趙王) 사마륜(司馬倫)이 사람을 시켜, 그 새를 가지고 사람들이 오가는 큰 거리로 나가 누가 이 새의 이름을 아는지 알아오도록 하였다.

바로 그날 서궁(西宮)에서 한 어린아이가 그 새를 보더니 혼자서 이렇게 중얼거리는 것이었다.

「복류조(服留鳥)로군.」

새를 가지고 나갔던 자가 돌아와 조왕 사마륜에게 이를 보고하였다.

사마륜은 그를 다시 찾아 데리고 오도록 하였다. 이에 그 아이가 다시 나타나자 데리고 궁전으로 들어갔다. 그리하여 새는 새장 속에 넣어 단단히 가두고, 그 아이 역시 방안에 가두어두었다.

그런데 이튿날 아침 가보았더니 새도 아이도 더 이상 보이지 않았다.

 남강군(南康郡)의 남쪽에 동망산(東望山)이 있다. 어떤 세 사람이 함께 그 산에 들어갔더니, 산 꼭대기에 온통 과수(果樹)만 보이는 것이었다.

온갖 과실이 다 심겨져 있었는데, 줄 맞추어 심겨진 것이 너무나 정연하여 마치 사람이 줄을 지어 가는 것 같았다.

그 중에서도 감자(甘子)가 아주 잘 익어 있었다. 이에 세 사람은 배가 부르도록 이를 실컷 따먹고, 다시 두 개를 품속에 감추었다. 돌아가 사람들에게 보여 주기 위함이었다.

그때 공중에서 이런 소리가 들렸다.

「어서 그 두 개의 감자를 내놓아라. 그래야 너희들이 내려가는 것을 허락하리라.」

· 감자(甘子): 감자(柑子). 귤의 일종.

진첨(秦瞻)은 곡아현(曲阿縣) 팽황(彭皇)의 교외에 살고 있었다.

그런데 마치 뱀처럼 생긴 물체가 갑자기 그의 뇌 속으로 들어가 버렸다. 그 뱀이 다가와 먼저 냄새를 맡더니, 즉시 콧속으로 들어가 그의 머리에 똬리를 틀었다. 느낌은 철렁철렁하며 차가웠다.

그리고 그 뇌 속에서 무엇인가 먹는 듯한 잠잠 하는 소리가 들리더니, 며칠이 지나 다시 나가 버리는 것이었다.

얼마 후 그 뱀이 다시 찾아오자, 그가 손수건으로 코와 입을 틀어막았다. 그런데도 역시 뚫고 들어가는 것이었다.

그러고도 그는 몇 년 동안 다른 무슨 병을 앓지도 않았고, 다만 머리가 무거운 듯한 느낌을 받았을 뿐이었다.

수신기

18

위(魏)나라 경초(景初) 연간, 함양현(咸陽縣)의 관리 왕신(王臣)의 집에 괴이한 일이 일어났다. 아무런 이유 없이 누군가가 손뼉을 치며 서로 부르는 소리가 들려 왔던 것이다. 이에 몰래 엿보았지만 보이는 것은 아무것도 없었다.

그런가 하면 그의 어머니가 밤에 피곤하여 베개를 베고 잠을 청하고 있었는데, 잠시 후 부엌에서 서로 부르는 소리가 들려 왔다.

「문약(文約), 어찌하여 아직 오지 않니?」

그러자 머리 밑 베개에서 이에 응답하는 소리가 들렸다.

「나는 베개에 눌려 있어 갈 수가 없단다. 네가 내게로 와서 나 좀 먹여 주렴.」

이튿날 날이 밝아 살펴보았더니 밥주걱이었다. 이에 주걱들을 모두 모아 태워 버렸더니, 그로부터 더 이상 그 괴이한 일이 일어나지 않았다.

·문약(文約): 주걱귀신 중의 한 이름. 잘못하여 베개에 눌려 있었던 자.

위군(魏郡)의 장분(張奮)이라는 자는 본래 큰 부자였으나, 갑자기 가세가 기울어 재물이 모두 흩어지고 말았다. 그리하여 결국 정응(程應)이라는 자에게 그 집까지 팔게 되었다.

그런데 정응이 그 집에 입주하고 나자, 이번에는 집안 식구들이 모두 병고(病苦)에 시달리는 것이었다. 이에 정응은 다시 이웃 사람 하문(何文)에게 그 집을 팔아 버렸다.

하문은 그 집을 사고 나서, 먼저 큰 칼을 가지고 혼자서 저물 녘 북당(北堂)의 대들보 위에 숨어들었다. 삼경이 되자, 홀연히 한 사람이 나타났다. 키는 한 길 정도였으며, 높은 관에 누런 옷을 입고 있었다.

그가 당(堂) 위로 오르며 이렇게 부르는 것이었다.

「세요(細腰)!」

이에 세요라는 귀신이 응답하자, 그가 다시 물었다.

「어찌하여 집 안에서 산 사람의 기(氣)가 느껴지는가?」

세요가 「그럴 리 없다」고 하자, 그자는 가버렸다.

잠시 후, 또 다른 높은 관에 푸른 옷을 입은 자가 나타났고, 그 다음도 차례로 역시 높은 관에 흰 옷을 입은 자가 나타났다. 그들의 문답은 모두 맨처음 나타났던 그자와 같았다.

새벽이 가까워 오자, 하문은 이에 당 아래로 내려가 조금 전의 그자들과 똑같은 방법으로 불러서 물어보았다.

「누런 옷을 입었던 자는 누구요?」

그러자 세요가 이렇게 대답하였다.

「금(金)입니다. 집의 서쪽 벽 아래에 묻혀 있지요.」

「푸른 옷을 입은 자는 누구요?」

「돈입니다. 집 앞 우물에서 다섯 걸음 되는 곳에 있습니다.」

「흰 옷을 입은 자는 누구요?」

「은(銀)입니다. 담장의 동북 모퉁이 기둥 아래에 있습니다.」

「그럼 당신은 누구요?」

「나는 절굿공이입니다. 지금 부엌 아래에 있습니다.」

날이 밝자, 하문은 그가 일러 준 대로 차례차례 파보았다. 그리하여 금은 5백 근과 돈 1천만 관(貫)을 얻게 되었고, 그 절굿공이는 찾아서 불태워 버렸다.

이리하여 그는 큰 부자가 되었으며, 그 집안도 마침내 청녕(淸寧)함을 얻게 되었다.

· 세요(細腰): 절굿공이. 절굿공이의 허리가 가늘어 붙여진 이름.

 진(秦)나라 때, 무도군(武都郡) 고도현(故道縣)에 노특사(怒特祠)라는 사당이 있었는데, 그 사당 곁에 가래나무 한 그루가 서 있었다.

진(秦)나라 문공(文公) 27년, 그 임금이 사람을 시켜 이 나무를 베어 버리도록 하였다. 그러자 갑자기 큰 비바람이 치며 나무의 베어낸 자리가 다시 달라붙는 것이었다. 하루 종일 베었지만 결국 베어낼 수가 없었다.

문공은 이에 더 많은 병사를 보냈다. 도끼를 들고 달려든 자가 40인이나 되었지만, 그래도 베어낼 수가 없었다. 병사들은 피곤한 나머지 돌아가 쉬었다. 그런데 그 가운데 한 사람이 발을 다쳐 돌아갈 수 없게 되어, 그 나무 밑에 누워 쉬고 있었다.

그러다 어떤 귀신들과 수신(樹神)이 이렇게 말을 나누는 소리를 듣게 되었다.

「그들과 싸우며 버티느라 수고롭지요?」

이에 그 한 사람이 「무슨 수고랄 게 있겠습니까?」라고 하였다.

그러자 곁에 있던 다른 귀신이 이렇게 말하였다.

「진 문공은 틀림없이 중도에 포기하지 않을 것입니다. 그때는 어찌하겠습니까?」

수신이 자신을 보였다.

「진 문공인들 나를 어찌하겠습니까?」

다른 귀신이 그 말을 되받아 물었다.

「진 문공이 만약 3백 인을 피발(被髮)시키고 붉은 실로 나무를 둘러친 다음, 붉은 옷을 입고 횟가루를 그대에게 뿌리면서 베어내면 그래도 견뎌낼 수 있겠습니까?」

그러자 수신이 아무 말을 못하는 것이었다.

이튿날 발을 다쳤던 사람이 자기가 들은 바를 그대로 일러 주었다. 문공은 이에 사람들에게 붉은 옷을 입히고, 도끼로 자른 자리에 횟가루를 뿌리면서 베도록 하였다.

그렇게 해서 나무가 끊어지자, 그 속에서 푸른빛의 소 한 마리가 뛰쳐나와 풍수(豐水)로 뛰어드는 것이었다.

잠시 후, 그 소가 풍수에서 나와 다시 도망치자 기마병을 시켜 추격하였다. 그러나 그 소를 이겨낼 수가 없었다. 이에 기마병이 땅에 떨어졌다가 다시 말에 올라서는 그 묶었던 머리를 풀어 피발(被髮)하자, 소가 두려워하더니 물속으로 뛰어들어 감히 나오지를 못하는 것이었다.

그로 인해 진나라에서는 이때부터 소의 꼬리로 장식한 깃발을 든 〈모두기(旄頭騎)〉라는 부대를 설치하게 되었다.

·노특사(怒特祠): 사당(祠堂) 이름. 우신(牛神)을 섬겼다. 특(特)은 소를 뜻한다.
·피발(被髮): 머리를 풀어뜨림.
·모두기(旄頭騎): 부대 이름. 제왕(帝王)의 의장대 중의 선두 기마부대.

여강군(廬江郡) 용서현(龍舒縣) 육정(陸亭)의 물가에 큰 나무 한 그루가 서 있었다. 높이가 수십 길이었는데, 그 수천 줄기가 넘는 가지 끝에 항상 황조(黃鳥)들이 둥지를 틀고 있었다.

당시 오랜 가뭄이 들자, 동네 어른들이 서로 이렇게 말하였다.

「저 나무는 항상 누런 기운을 보이고 있으니, 혹시 신령이 깃들어 있는 것이 아닐는지요? 저 나무를 상대로 기우제를 지내 봅시다.」

이리하여 술과 포 등 제물을 가지고 찾아갔다.

한편 그 마을에 이헌(李憲)이라는 과부가 살고 있었는데, 밤에 일어나 보니 홀연히 한 부인이 그 방안에 있는 것이었다. 부인은 비단옷을 입고 있었으며, 스스로를 이렇게 소개하였다.

「나는 신수(神樹)의 신인 황조(黃祖)라 합니다. 능히 구름과 비를 내리게 하여 줍니다. 그대는 성품이 정결하니, 내 그대의 살 길을 열어 주겠습니다. 아침이 되면 동네 노인들이 다가와 모두 비를 내리게 해달라고 빌게 될 것입니다. 내 이미 천제(天帝)에게 부탁해 놓았으니, 내일 일중(日中)이면 큰비가 내릴 것입니다.」

이튿날 그 시간이 되자 과연 비가 내렸다.

이리하여 그를 위해 사당을 세웠다. 황조신이 다시 이헌에게 이렇게 일러 주었다.

「여러 고을의 노인들이 모두 여기에 모여 쉬고 있습니다. 나는 마침 물가가 가까우니 약간의 잉어로 그들을 대접하겠습니다.」

말을 마치자, 잉어 수십 마리가 그 신당 아래로 날아와 모이는 것이었다. 앉았던 자들 가운데 누구 하나 놀라고 송연해하지 않은 자가 없었다.

이렇게 한 해 남짓 지나 신이 다시 이같이 일러 주었다.

「장차 큰 전쟁이 일어날 것입니다. 나는 이제 더 이상 이곳에 있을 수가 없어 그대에게 이별을 고하고 떠납니다.」

그리고 옥환(玉環) 하나를 남겨 주면서 다시 일렀다.

「이것을 가지고 있으면 어려움을 피할 수 있을 것입니다.」

뒤에 유표(劉表)와 원술(袁術) 등이 서로 공방전을 벌여 그곳 용서현 백성들이 모두 떠나갔지만, 이헌이 살고 있는 동네만은 그 병화(兵禍)를 입지 않았다.

· 황조(黃鳥): 꾀꼬리. 황작(黃雀).

 위(魏)나라 계양태수(桂陽太守)였던 강하군(江夏郡) 장료(張遼)의 자는 숙고(叔高)이며, 언릉(鄢陵)을 떠나 밭을 사 농사를 지으며 은거하고 있었다.

그의 밭에 10여 아름이나 되는 큰 나무 한 그루가 서 있었는데, 그 가지와 잎이 서로 얽혀 농토 수 묘(畝)가 그늘에 덮여 곡식이 자라지 못하였다.

이에 장료가 사람을 시켜 그 나무를 베어 없애도록 하였다.

몇 번 도끼질을 하였더니, 붉은 액즙이 예닐곱 말이나 쏟아져 나오는 것이었다. 나무를 베던 자가 놀랍고 두려워 돌아가 숙고에게 아뢰었다.

그러자 숙고가 크게 화를 내었다.

「늙은 나무에서 붉은 액즙이 나오는 것이 무어 그리 괴이한 일이란 말인가?」

그리고 친히 찾아가 다시 도끼로 쳤다. 그러자 피가 콸콸 쏟아지는 것이었다. 숙고는 먼저 그 나뭇가지부터 잘라 없애도록 하였다. 그랬더니 그 위에 빈 곳이 하나 있었고, 흰 머리의 노인들이 보였다. 키가 4,5척 정도였는데, 그들이 갑자기 뛰어내려 숙고를 향하여 돌진해 왔다. 숙고는 칼로 이를 받아쳤다.

이렇게 하여 잘라진 머리가 4,5개는 되었고, 그들 모두가 죽었다.

주위 사람들은 놀라 땅에 엎드려 숨도 쉬지 못하고 있었다. 그러나 숙고는 태연한 모습에 조금도 흐트러지지 않은 자세로 천천히 죽은 시신들을 살펴보았다. 그들은 사람도 짐승도 아니었다.

드디어 그 나무를 베어 없앴다.

이것이 소위 말하는 〈목석에 깃든 괴물은 기(夔)와 망량(蝄蜽)이다〉라고 한 것인가? 그해 그는 사공(司空)에 발탁되었고, 시어사(侍御史)·연주자사(兗州刺史)를 역임하게 되었다.

2천 석의 높은 신분으로 고향을 지나게 되자, 그는 제물을 마련하여 조상에게 제사를 지냈다. 대낮에 비단옷을 입고 그 영화에 남들이 부러움을 느낄 정도였지만, 끝내 그에게 다른 요괴스런 일은 일어나지 않았다.

- 사공(司空): 한대(漢末)에는 어사대부(御史大夫)를 사공(司空)이라 칭하였다. 감찰·사법·문서 등을 관장하였다.
- 시어사(侍御史): 어사대부(御史大夫, 司空)의 다음 직위. 어사(御史)를 모셔 그 임무를 수행·보좌하였다.

오(吳)나라 선주(先主) 때, 육경숙(陸敬叔)이 건안태수(建安太守)로 있으면서 사람을 시켜 장수(樟樹, 녹나무)를 베어 없애도록 하였다. 그런데

도끼질을 몇 번 하지도 않았을 때, 갑자기 그 나무에서 피가 쏟아져 나오는 것이었다.

그 나무를 다 베어 버리자, 사람 얼굴에 개의 몸인 물체가 나무 속에서 나왔다.

경숙은 이렇게 설명하였다.

「이놈 이름은 〈팽후(彭侯)〉라고 하지.」

그리고는 이를 삶아먹었는데, 그 맛이 개고기 같았다.

《백택도(白澤圖)》라는 책에는 이렇게 기록되어 있다.

『나무의 정령(精靈)을 〈팽후〉라 한다. 검둥개 같은 모습이나 꼬리가 없고, 삶아서 먹을 수 있다』

 오(吳)나라 때 어떤 가래나무 한 그루가 있었는데, 매우 큰 아름드리에 잎만도 그 너비가 한 길이 넘을 정도였다. 그 늘어진 가지는 수 묘(畝)를 덮을 만하였다.

오왕(吳王)이 이를 베어 배를 만들었다. 그리고 남녀 어린이 30명으로 하여금 이 배를 끌도록 하였더니, 배가 저절로 날 듯이 물 아래로 가면서 남녀 어린이들을 모두 익사시키고 말았다.

지금도 그 배를 띄웠던 호수에 때때로 서로 부르짖고 독촉하는 소리가 들린다.

 동중서(董仲舒)가 장막을 쳐놓고 강송(講誦)을 하고 있을 때, 어떤 손님이 찾아왔다. 동중서는 얼른 그가 사람이 아니라는 것을 알아차렸다.

그 손님이 이렇게 말하였다.

「비가 오려 합니다.」

그러자 동중서가 농담삼아 이렇게 풀이하였다.

「나무에 둥지를 틀고 사는 동물은 바람을 예측하고, 굴속에 사는 동물은 비가 올 것을 미리 알지요. 그대는 호리(狐狸)가 아니면 틀림없이 혜서(鼷鼠)일 것입니다.」

그러자 그 손님이 드디어 늙은 살쾡이로 변하는 것이었다.

· 호리(狐狸): 여우와 살쾡이.
· 혜서(鼷鼠): 검은색의 독이 있는 작은 쥐.

　　　　장화(張華)의 자는 무선(茂先)이며, 진(晉)나라 혜제(惠帝) 때 사공(司空)을 지낸 인물이다.

당시 연(燕)나라 소왕(昭王)의 무덤 앞에 얼룩 여우 한 마리가 살고 있었는데, 그 여우가 몇 해를 두고 변환(變幻)의 요괴를 부리는 것이었다.

마침내 그 여우는 한 서생(書生)으로 둔갑하여 장화를 방문할 참이었다. 이에 여우는 소왕의 무덤 앞을 지나면서 먼저 화표목(華表木)에게 이렇게 물어보았다.

「나의 이 재주와 모습이 장사공(張司空)을 만나 볼 만하오?」

그러자 화표목이 이렇게 만류하였다.

「그대의 묘해(妙解)로 보아 불가능할 것은 없습니다. 그러나 장공은 지모와 도량이 뛰어난 인물이니, 그를 농락(籠絡)하기란 어려울 것입니다. 찾아갔다가는 틀림없이 모욕을 당하고, 나아가 잘 못하면 살아서 돌아오지 못할지도 모릅니다. 그대가 천년 동안 쌓아 온 자질을 잃게 될 뿐더러 나에게도 심한 상처를 주게 될 것입니다.」

여우는 그 말을 듣지 않고, 자신의 명함을 가지고 장화를 찾아 갔다.

장화는 서생으로 변한 그 여우의 총각(總角)으로서의 풍류와 옥같이 흰 모습, 그리고 행동거지, 반짝이는 눈매의 아름다움 등에 반하여 그를 매우 아껴 주었다.

드디어 문장(文章)에 대한 토론이 벌어지자, 옛 학자들의 명성과 실제를 변별하여 분석하는데 장화는 일찍이 들어 보지도 못한 것들이었다.

다시 삼사(三史)에 대하여 토론하고 제자백가의 학술을 탐색하며, 노자(老子)·장자(莊子)의 심오한 부분을 토론하고 《시경(詩經)》의 풍(風)·아(雅)의 절지(絶旨)를 들춰 내며, 십성(十聖)을 포괄하고 삼재(三才)를 꿰뚫으며, 팔유(八儒)·오례(五禮)를 따져드는데 오히려 장화가 막혀 굴복해야 할 부분이 아닌 것이 없었다.

이에 장화가 이렇게 탄식하였다.

「천하에 어찌 이런 젊은이가 있을 수 있단 말인가? 이는 귀매(鬼魅)가 아니면 틀림없이 호리(狐狸)일 것이다.」

그리하여 자리를 다시 청소하고 그를 계속 머물게 하면서, 사람을 시켜 방비하고 호위하여 지키도록 하였다. 그러자 그 서생〔여우〕이 이렇게 불평을 하였다.

「명공(明公)께서는 마땅히 어진 이를 존경하고 무리를 수용하시며 잘하는 이를 칭찬하고 무능한 이를 불쌍히 여기신다더니, 어찌 남의 학문을 이토록 증오하십니까! 묵자(墨子)가 말한 겸애(兼愛)라는 것이 어찌 이와 같단 말입니까?」

말을 마치자, 그는 돌아가겠노라고 하였다. 그러나 장화가 사람을 시켜 문을 지키게 해두었으므로 나갈 수가 없었다. 잠시 후, 그는 다시 장화에게 이렇게 대들었다.

「그대 문 앞에 군사와 기마병으로 나를 막고 있으니, 이는 틀림없이 나에 대한 의심 때문일 것입니다. 이러다가는 천하 사람들이 입을 다물고 그대에게 그 어떤 말도 해주지 않을 것이며, 지모 있는 선비도 그대의 대문만 바라볼 뿐 들어오려 하지 않을까 두렵습니다. 이는 명공에게 심히 애석한 일이 될 것입니다.」

그러나 장화는 끄떡도 하지 않고, 오히려 사람들로 하여금 더욱 엄하게 지키도록 하였다.

당시 풍성(豐城)의 현령이었던 뇌환(雷煥)의 자는 공장(孔章)으로서, 사물에 대하여 박식한 지식을 가진 선비였다. 그가 마침 장화를 방문하게 되어, 장화가 그 서생에 대한 이야기를 들려 주었다.

그러자 공장이 이런 꾀를 일러 주었다.

「만약 그렇게 의심이 가신다면, 어찌 사냥개를 불러 한 번 시험해 보지 않으십니까?」

이에 개를 데려다 보였으나, 그 여우는 조금도 꺼리는 기색이 없었다.

그리고 여우는 이렇게 비꼬았다.

「나는 하늘로부터 이런 재주와 지혜를 타고났는데, 도리어 나를 요괴로 여겨 사냥개로 이렇듯 시험해 보시는군요. 어쨌거나 천번 시험해 보시고 만번 염려해 보십시오. 능히 나를 해칠 수 있나!」

장화는 그 말에 더욱 화가 나서 이렇게 말하였다.

「이놈은 진짜 요괴임에 틀림없다. 이매(魑魅)는 개를 무서워한다고 하였지만 개가 식별해 낼 수 있는 것은 수백 년 묵은 요괴일 뿐, 천년 이상 묵은 정령(精靈)은 알아내지 못한다 하였다. 그런 요괴는 천년 묵은 고목을 구해서 그 나무에 불을 붙여 비추어 보면, 그 형태가 즉시 드러난다고 하였다.」

그러자 공장이 물었다.

「천년 묵은 신목(神木)을 어디서 구할 수 있겠습니까?」

장화가 대답하였다.

「세상에 전하기로 연나라 소왕의 무덤 앞에 있는 화표목(華表木)이 이미 천년이 지났다 합니다.」

이에 사람을 보내어 그 화표목을 베어 오도록 하였다.

심부름꾼이 그 나무에 다가서자, 홀연히 공중에서 푸른 옷을 입은 한 소년이 내려와서는 심부름꾼에게 물었다.

「그대는 무슨 일로 이곳에 왔습니까?」

「장사공에게 어떤 젊은이가 찾아왔는데, 그 재주와 말솜씨가 매우 뛰어나 요매(妖魅)가 아닌가 의심하고 있습니다. 그래서 나로 하여금 이 화표목을 베어 오도록 하고, 이에 불을 붙여 그에게 비추어 볼 참입니다.」

그러자 그 푸른 옷의 소년이 이렇게 말하였다.

「늙은 여우놈이 지혜롭지 못하여 내 말을 듣지 않더니, 오늘 그 재앙이 나에게까지 미치게 되었구나. 내 어찌 더 이상 도망칠 수 있겠는가?」

그리고 소리내어 울더니, 갑자기 어디론가 사라져 보이지 않는 것이었다. 심부름꾼이 이에 그 나무를 베었더니 피가 흘러 나왔다. 이를 가지고 돌아가 불을 붙여 그 서생을 비추자, 바로 얼룩 여우였다.

장화가 이렇게 말하였다.

「이 두 가지 물건이 나를 만나지 않았더라면, 다시 천년이 지나도 발견되지 않았을 것이로다.」

그리고 그 여우를 삶아 버렸다.

- 화표(華表): 고대 궁전이나 능묘 앞에 장식하여 세워 둔 표지목(標誌木)이나 표지석(標誌石).
- 총각(總角): 미혼 남자. 젊은이. 고대 미혼 남자가 머리를 묶어 뿔처럼 올린 형태를 일컫는 말이었다.
- 삼사(三史): 육조시대(六朝時代)에는 《사기(史記)》·《한서(漢書)》·《동관한기(東觀漢記)》를 삼사(三史)라 하였다.
- 풍(風)·아(雅): 《시경(詩經)》의 풍(風)과 대아(大雅)·소아(小雅).
- 십성(十聖): 고대(古代)의 성인(聖人). 흔히 요(堯)·순(舜)·우(禹)·탕(湯)·문왕(文王)·무왕(武王)·주공(周公)·공자(孔子)·맹자(孟子) 등을 지칭한다.
- 삼재(三才): 천(天)·지(地)·인(人)을 말한다.
- 팔유(八儒): 공자(孔子) 이후의 유학(儒學) 파벌.
- 명공(明公): 상대를 존칭하는 말.
- 천년(千年): 연(燕) 소왕(昭王)부터 장화(張華)까지는 사실 6백여 년 정도인데 부풀려 한 말이다.

 진(晉)나라 때 오흥군(吳興郡)의 어떤 이에게 두 아들이 있었는데, 밭에 나가 일을 하다가 그 아버지로부터 심한 꾸지람을 듣고 쫓기며 매질까지 당하였다.

아이들이 어머니에게 이를 고하자, 어머니가 그 아버지에게 물었다. 그러자 그 아버지가 크게 놀라 그것이 귀매의 짓임을 알고, 두 아들에게 그놈이 다시 나타나거든 도끼로 쳐죽여 버리라고

일렀다.

그러나 그 귀매는 조용히 숨어 있으면서 더 이상 밭으로 나오지 않았다.

아버지는 아들이 또다시 귀매에게 곤욕을 치르지나 않을까 걱정이 되어 몸소 밭으로 나가 보았다. 아이들은 그 아버지를 귀매인 줄 잘못 알고는 즉시 죽여서 묻어 버렸다.

그러자 진짜 귀매가 얼른 집으로 돌아와, 그 아버지의 형상을 하고서 식구들에게 이렇게 일렀다.

「두 아들이 그 요물을 죽여 없앴도다.」

아이들이 저물녘 집으로 돌아와 함께 축하하며 좋아하였다. 이렇게 몇 년이 지나도록 식구들은 그 사실을 깨닫지 못하였다.

뒤에 어떤 법사(法師)가 그 집을 지나다가 두 아들에게 이렇게 일렀다.

「너의 아버지 기색을 보니 사악한 기가 들어 있구나.」

아들이 아버지에게 이 말을 전하자, 아버지가 크게 화를 내었다.

이에 아들이 다시 나가서 법사에게 어서 떠나라고 하였다. 그러나 법사는 입으로 염불을 중얼거리며 드디어 그 집으로 들어섰다.

그러자 아버지가 금세 커다란 늙은 살쾡이〔老狸〕로 변해 침상 밑으로 기어 들어가는 것이었다. 드디어 이를 잡아내어 죽여 버렸다.

지난날 죽음을 당한 자가 이들의 진짜 아버지였던 것이다. 이에 다시 염빈(殮殯)을 하고, 상복을 입었다. 이로 인해 결국 한 아이는 자살하였고, 나머지 아들 하나도 그 분을 못 이겨 죽고 말았다.

• 법사(法師): 도인(道人). 법술(法術)을 아는 도사(道士).

 구용현(句容縣) 미촌(糜村)에 사는 농민 황심(黃審)이 밭에서 농사일을 하고 있었다. 그때 어떤 부인이 그의 밭을 지나 밭두둑 위로 올라서더니, 동쪽으로 내려갔다가 다시 되돌아오는 것이었다.

황심이 처음에는 이를 그저 보통 사람이려니 하고 여겼다. 그러다 날마다 똑같은 일이 벌어지자, 그제서야 심히 괴이쩍게 여기고 말을 걸어 물어보았다.

「부인은 어디서 오길래 이렇듯 자주 보이는 것이오?」

부인은 잠시 걸음을 멈추더니 그저 웃기만 할 뿐 말없이 다시 가버렸다.

황심은 더욱 의심스러워 이에 긴 낫을 미리 준비하고서, 그녀가 다시 나타나기를 기다렸다. 그러나 결국 그 부인은 베지 못하고, 그녀를 따르던 비녀(婢女)를 쳤다.

그러자 그 부인이 살쾡이로 변하여 도망쳐 버렸다. 게다가 죽은 비녀를 살펴보니 살쾡이의 꼬리였다. 황심은 이에 그 살쾡이를 뒤쫓았지만 놓치고 말았다. 뒤에 어떤 사람이 이 살쾡이가 굴에서 나오는 것을 보아두었다가 굴을 파고 잡았더니, 과연 꼬리가 없더라고 하였다.

 박릉현(博陵縣)의 유백조(劉伯祖)가 하동태수(河東太守)가 되었을 때, 그가 머물던 곳의 승진(承塵) 위에 귀신이 깃들어 능히 말을 하였으며, 항상 유백조를 불러 말을 주고받았다. 대화 내용은 주로 경사(京

師)로부터 조서(詔書)와 공문이 내려오게 되면, 이를 미리 유백조에게 알려 주는 것 등이었다.

유백조가 그 귀신에게 무엇이 먹고 싶은가고 묻자, 그 귀신이 양羊의 간이 먹고 싶노라고 하였다. 이에 양의 간을 사다가 그 앞에 갖다 놓고 사람을 시켜 이를 썰어 주자, 그 고깃덩어리가 하나씩 보이지 않더니 두 개의 양간을 다 먹어치우는 것이었다.

그런데 갑자기 늙은 살쾡이 한 마리가 가물가물 그의 책상 앞에 나타나 보였다. 이에 칼을 잡고 있던 자가 이를 칼로 쳐죽이려 하자, 유백조가 소리쳐 말렸다.

그러자 다시 그 귀신이 승진 위로 올라가 붙더니, 잠시 후 크게 웃으며 이렇게 말하였다.

「방금 양의 간을 맛있게 먹다 보니 너무 취해서, 그만 깜박 내 형상을 잃고 말았습니다. 그래서 귀하와 서로 직접 볼 수 있게 되었으니 참으로 부끄럽습니다.」

뒤에 유백조가 사예(司隷) 벼슬에 오르게 되었을 때, 그 귀신이 또한 미리 유백조에게 이렇게 일러 주었다.

「모월 모일 조서가 내려올 것입니다.」

기한이 되자 앞서 이야기한 바대로 되었다.

그리하여 그가 사예부(司隷府)로 들어가게 되자, 그 귀신도 그를 따라 그곳의 승진으로 옮겨갔다. 그리고 문득문득 성내(省內)의 은밀한 비밀들을 알려 주는 것이었다.

유백조는 그런 비밀을 알고 나서 매우 두려워 귀신에게 이렇게 말하였다.

「지금 나의 직책이 바로 범법자를 찾아내어 검거하는 일이오. 만약 임금의 좌우 귀인들이 귀신이 내 머리 위에서 이를 일러 주고 있다는 것을 알게 되면, 그대나 나나 해를 입게 될 것입니다.」

그제서야 귀신이 이렇게 대답하였다.

「진실로 귀하의 염려하는 바와 같을 수 있겠군요. 내 마땅히 이곳을 떠나겠습니다.」

그뒤로 아무런 소리도 들리지 않았다.

· 승진(承塵): 천정에서 먼지·흙 같은 것이 떨어지지 않게 하기 위하여 반자처럼 방 위에 판자 등을 치는 장치.
· 사예(司隸): 관직 이름. 사예교위(司隸校尉)를 줄인 말. 경사백관(京師百官)과 각 군(郡)의 규찰(糾察) 업무를 맡았다.

 후한(後漢) 건안(建安) 연간, 패국군(沛國郡)의 진선(陳羨)이 서하도위(西河都尉)로 있을 때였다. 그가 관할하던 부곡(部曲) 내에 왕영효(王靈孝)라는 이가 있었는데, 아무런 이유 없이 도망을 가버렸다. 이에 진선이 이를 잡아 처단하려 하였다.

그뒤 얼마 지나지 않아 그 왕영효가 또다시 도망을 가서 이번에는 오랫동안 볼 수조차 없었다. 그래서 그 왕영효의 아내를 가두어 버렸더니, 아내가 사실 이야기를 해주었다.

진선은 이렇게 단정하였다.

「이는 요매(妖魅)가 데리고 간 것이 틀림없다. 찾아내어야 한다.」

그리하여 보병과 기마병 수십 인, 그리고 사냥개를 데리고 성밖을 돌며 샅샅이 찾아보았다. 과연 왕영효가 빈 무덤 속에 들어 있었다. 사람과 개 소리를 듣자, 요괴는 드디어 달아나고 말았다.

진선은 사람을 시켜 왕영효를 부축하여 돌아가도록 하였다. 왕영효의 모습은 마치 여우처럼 변해 있었으며, 사람과는 얼굴을

167

마주하고 응대하려고도 하지 않았다. 그러면서 그저 〈아자(阿
紫)!〉만 불러대는 것이었다. 〈아자〉는 바로 그 요괴인 여우의 이
름이었다.

10여 일이 지나자, 그제서야 점점 깨어나기 시작한 왕영효가
이렇게 설명하였다.

「그 여우가 처음 내게로 왔을 때는, 우리 집 건물 귀퉁이의 닭
장 속에 있었습니다. 예쁜 여자 모습을 하고서 자신을 〈아자〉라
부른다 하며, 나를 자꾸 불렀지요. 이렇게 한 적이 한두 번이 아
니었습니다.

어느 날 갑자기 나는 그녀를 따라가게 되었고, 그리하여 그녀
는 나의 아내가 되었습니다. 저물녘만 되면 함께 그 집으로 돌아
갔는데, 방금 개를 데리고 올 때까지도 나는 몰랐습니다.」

그러면서 그 즐거움은 어디 비할 데가 없었다고 하였다.

도사(道士)들은 이렇게 말하였다.

「이는 산매(山魅)이다.」

《명산기(名山記)》라는 책에는 이렇게 기록되어 있다.

『여우란 놈은 선고(先古) 시대에 음부(淫婦)였으며, 그 이름은
〈아자〉라 한다. 그 음부가 변해 여우가 되었다. 그 때문에 그런
요괴들은 주로 자칭 〈아자〉라 한다.』

· 도위(都尉): 도둑을 잡고 수비하는 일을 주관하였다.
· 부곡(部曲): 고대 군대의 편제.
· 아자(阿紫): 음부(淫婦) 정령(精靈)의 이름.

 남양군(南陽郡)의 서쪽 교외에 정자가 하나 있었는데, 사람들이 그곳에 머물지를 못하였다. 그 정자에 머물렀다가는 화를 입게 되기 때문이었다.

그 읍내에 사는 송대현(宋大賢)은 도술에 정통하다고 자처하는 인물이었다. 그가 일찍이 그 정자의 누대에 유숙하게 되어, 칼이나 몽둥이 하나 준비하지 아니한 채 밤에 거문고를 타면서 그곳을 지키고 있었다.

한밤중이 되자, 홀연히 귀신이 나타났다. 그 귀신이 누대에 올라 송대현과 말을 나누면서 눈을 부릅뜨고 이빨을 갈았는데, 모습이 심히 험악하였다.

그러나 대현이 아무렇지도 않은 듯이 계속해서 거문고를 타자, 귀신이 물러났다. 그리고는 시중에 나가 죽은 자의 머리를 가지고 다시 나타나 대현에게 말을 걸었다.

「이제 좀 주무셔야 되지 않겠소?」

그러면서 그 죽은 자의 머리를 대현 앞으로 던졌다.

대현은 태연히 이렇게 되받았다.

「좋소. 내 마침 누우려던 참이었는데 베개가 없어 이런 것 하나 있었으면 하였소.」

그러자 귀신이 다시 나가더니 한참 후에야 되돌아왔다.

「저와 수박(手搏)이나 한 번 해보지 않겠소?」

대현이 「좋다」고 하자, 말이 채 끝나기도 전에 귀신이 앞으로 다가와 앉았다. 이에 대현은 곧바로 그의 허리를 휘어잡았다.

귀신은 힘을 쓰지 못하고 이렇게 비명을 질러댔다.

「아휴, 나 죽네! 아휴, 나 죽네!」

대현은 드디어 그를 죽여 버렸다. 이튿날 보았더니 늙은 여우였다.

이로부터 그 정자에는 더 이상 요괴스러운 일이 발생하지 않았다.

· 수박(手搏): 맨손으로 치고받는 싸움. 지금의 권투와 비슷한 경기 · 내기.

 북부독우(北部督郵)인 서평현(西平縣)의 질백이(郅伯夷)는 그 나이 서른 가량으로 재주와 결단이 대단하였으며, 바로 장사태수(長沙太守)를 역임한 질군장(郅君章)의 손자였다.

포시(晡時) 무렵 어떤 정자에 이르자, 질백이가 전도(前導)하는 자에게 더 이상 가지 말고 멈추도록 명령하였다.

그러자 녹사연(錄事掾)이 이렇게 아뢰었다.

「지금 아직 해가 많이 남았으니, 다음 정(亭)까지는 가실 수 있습니다.」

질백이는 명령대로 하도록 하였다.

「내 여기서 문서를 작성해야 하오.」

이리하여 그곳에 머물게 되었다. 이졸들은 놀랍고 무서워 어서 이곳을 벗어나야 한다고 떠들었다.

그러자 질백이는 정자의 누대 관리인에게 이렇게 전하도록 하였다.

「독우께서 이 누대에 올라 구경을 하고자 하니 어서 청소를 하라.」

잠시 후, 그가 누대에 올랐다. 그러자 아직 날이 어둡지 않았는데도 관리인이 누대 계단 아래에 불을 켜놓았다.

질백이가 다시 이렇게 명하였다.

「나는 도술을 닦아야 하니 불을 비추어서는 안 된다. 불을 꺼라.」

누대 관리인은 틀림없이 큰 변고가 일어나리라 예측하고, 일이 벌어지면 쓰려고 그 불을 병 속에 보관해 두었다.

이윽고 날이 어두워지자, 그는 옷을 단정히 하고 앉아 《육갑(六甲)》·《효경(孝經)》·《주역(周易)》을 읽어 나갔다. 그렇게 읽기를 마친 후, 드디어 자리에 눕게 되었다.

잠시 후, 그는 머리를 동쪽으로 하고 수건으로 자신의 두 발을 묶었다. 그리고 그 위에 머리띠와 관을 씌워 그곳이 머리인 것처럼 꾸몄다. 그리고는 몰래 검을 뽑고 허리띠를 풀어 놓았다.

밤이 되자 아주 검은 모습의 키가 4,5척쯤 되는 물체가 점점 커지더니, 그 누대의 기둥으로 다가와서는 백이를 덮치는 것이었다. 백이가 이를 되받아 이불로 덮어씌웠다. 그러자 머리처럼 꾸몄던 발이 드러나 하마터면 그 귀신을 놓칠 뻔하였다.

이렇게 두세 차례 엎치락뒤치락한 끝에 검과 허리띠로 그 귀신의 다리를 쳤다. 그리고 누대 아래 사람에게 불을 가져오라고 소리쳤다. 비추어 보았더니 늙은 여우였다. 온몸이 모두 붉었으며, 털이 하나도 없었다.

마침내 이를 끌어내어 태워죽여 버렸다.

이튿날 아침 누대의 방들을 열어 보니, 방마다 그 요괴가 잘라 놓은 사람의 상투가 1백여 개나 되었다. 그뒤에는 요괴가 더 이상 나타나지 않았다.

· 북부독우(北部督郵): 관직 이름. 군(郡)의 중요한 관리로 태수(太守)의 행정감독을 대신하여 처리하는 임무를 띠었다. 북부(北部)는 관할 군(郡)의 북쪽 담당이라는 뜻.

· 포시(晡時): 신시(申時). 곧 오후 3시부터 4시까지의 사이.

- 녹사연(錄事掾): 사건을 기록하는 관직(官職).
- 육갑(六甲): 책(册) 이름. 도가(道家)의 둔갑술(遁甲術)을 적은 것. 한 대(漢代)에 《풍고육갑(風鼓六甲)》·《육해육갑(六解六甲)》 등의 책(册)이 있었으나, 모두 실전(失傳)되었다.

 오(吳)나라 땅에 한 서생(書生)이 있었는데, 그 머리가 희어 호박사(胡博士)라고 불리었다. 그는 학생들을 가르치는 이였다.

그런데 어느 날 갑자기 그가 어디론가 사라져 버렸다.

9월 9일, 선비들이 무리지어 산에 올라 유관(遊觀)할 때 어디서 책을 읽고 가르치는 소리가 들려 왔다. 이에 종에게 명하여 찾아보도록 하였더니, 빈 무덤 속에 많은 여우들이 줄지어 둘러 앉아 있다가 사람을 보자 모두 도망쳐 버렸다는 것이었다.

다만 늙은 여우 한 마리만이 가지 않고 버티고 있었는데, 바로 흰 머리의 그 서생이었다.

- 박사(博士): 원래는 관명(官名). 칭호. 한(漢)나라 때는 오경박사(五經博士)가, 진(晉)나라 때는 국자박사(國子博士)가 있었다. 박학지사(博學之士)의 줄인 말로도 여긴다.

 진군(陳郡)의 사곤(謝鯤)은 병을 핑계로 관직을 버리고, 예장(豫章)에 피해 살고 있었다.

일찍이 그가 빈 정자 곁을 지나다 그곳에 유숙하게 되었다. 그 정자는 옛부터 사람을 죽게 하는 변고가 일어나는 곳이었다.

그날 밤 사경(四更)쯤 되었을 때, 어떤 누런 옷을 입은 자가 나타나 사곤의 자(字)를 부르는 것이었다.

「유여(幼輿), 문 좀 열어 주시오!」

사곤은 담연(澹然)히 태연자약한 자세로 전혀 두려운 빛을 보이지 아니한 채, 그 팔을 창문 안으로 뻗쳐 보도록 하였다. 그리고 그가 팔을 들이밀자, 사곤은 있는 힘을 다하여 당겨 버렸다. 그러자 그 팔이 드디어 빠지고 말았다. 그자는 이내 도망쳐 버렸다.

이튿날 날이 밝아 살펴보았더니 사슴의 앞다리였다. 이에 흘리고 간 핏자국을 따라가 그 사슴을 잡아내었다.

그로부터 그 정자에는 더 이상 요괴가 나타나지 않았다.

· 사경(四更): 새벽 2시부터 4시까지의 동안. 정야(丁夜).

진(晉)나라에 한 선비가 있었는데 성은 왕씨(王氏)이며, 오군(吳郡)에 그 집이있었다.

어느 날 그가 곡아현(曲阿縣)의 집으로 돌아오는 길에, 날이 저물어 타고 오던 배를 끌어다 강 언덕에 대어 놓았다.

그 강 언덕 위에 한 여자가 있었는데, 열일고여덟 살쯤 되어 보였다. 이에 그 여자를 불러 함께 밤을 보내었다.

이튿날 새벽이 되어, 왕씨는 그 여자의 팔뚝에 자신의 금방울을 매어 주고, 사람을 시켜 그 방울 소리를 따라 여자의 집으로 가보도록 하였다.

그러나 그곳은 여자란 없는 집안이었다. 이에 급히 돼지우리 속으로 들어가 보았더니, 그 우리 속의 어미돼지 앞다리에 금방울이 그대로 매여 있었다.

한(漢)나라 때, 제(齊) 땅 사람 양문(梁文)이 도술을 좋아하였다.

그 집에 신사(神祠)를 만들어 놓았는데 3,4칸 정도였으며, 신좌(神座)를 검은 휘장으로 두르고 항상 그 안에 거하였다. 이렇게 십수 년을 지냈다.

뒤에 제사를 지내려고 준비하자, 그 휘장 속에서 홀연히 사람 소리가 들리며 스스로를 〈고산군(高山君)〉이라는 신이라 하였다. 그 신은 많은 양의 음식을 먹어치웠으며, 병 치료에도 영험이 있어 양문이 더욱 엄숙히 모시고 받들었다.

다시 몇 년이 흐른 후, 양문이 그 휘장 안으로 들어가 볼 수 있는 허락을 얻게 되었다. 신은 취해 있었다. 양문은 이에 신의 얼굴을 볼 수 있는 허락까지 얻어내었다.

그러자 신이 양문을 불렀다.

「손을 내밀어 보라.」

양문이 손을 내밀자, 그 턱을 만지게 하였는데 수염이 심히 길었다. 양문은 점차 그 신의 손까지 만져 보게 되었다. 그때 양문이 후닥닥 그 신의 손을 잡아당겼더니, 양(羊)의 울음소리가 들리는 것이었다.

이에 자리에 같이 앉았던 사람들이 놀라 일어나서 양문을 도와 함께 잡아당겼다. 끌어내어 보았더니, 이는 원공로(袁公路, 袁術)의 집에서 기르던 양이었다.

그 양은 잃어버린 지 이미 7,8년이나 되었고, 그 소재조차 모르고 있었던 것이다. 양을 죽이고 나자, 그런 일이 더 이상 일어나지 않았다.

 북평군(北平郡)의 전염(田琰)이 그 어머니의 상
(喪)을 당하여, 무덤가에 여막(廬幕)을 짓고서 항
상 그곳에 거하고 있었다.

거의 1주기가 다가올 때쯤 해서, 밤에 그가 갑자기 아내의 방을
찾아들자, 그 아내가 낮은 소리로 그를 탓하며 이렇게 말하였다.

「그대는 훼멸지지(毁滅之地)중에 있는 몸으로 어찌 가히 이럴
수 있는 것입니까?」

전염은 아내의 말에 아랑곳없이 교합을 하였다.

그뒤 전염이 잠시 집에 들르게 되었는데, 그 아내에게 아무런
말도 건네지 않는 것이었다. 이에 아내는 그가 말이 없는 것을
이상히 여겨 지난번 사건을 두고 다시 그를 나무랐다.

전염은 그 말을 듣고서 귀매가 저지른 일임을 알아차렸다. 그
리하여 날이 저물도록 잠을 자지 않고 자신의 최복(衰服)을 그
여막에 걸어둔 채 기다렸다.

잠시 후, 과연 흰 개 한 마리가 나타나더니 여막을 헤치고 들
어와 최복을 물었다. 그리고는 사람으로 변하여 아내의 방으로
들어가는 것이었다.

전염은 그 뒤를 따라가, 그 개가 장차 아내의 침상에 오르려
할 때 그대로 때려죽여 버렸다.

아내는 부끄러움을 견디지 못하고 결국 자결하여 버렸다.

• 여막(廬幕): 임상(臨喪) 때 무덤 곁에 임시로 지은 초막(草幕).
• 훼멸지지(毁滅之地): 거상중(居喪中)임을 뜻한다.

사공(司空)을 지낸 남양군(南陽郡)의 내계덕(來季德)이 죽어 염빈(殮殯)까지 마쳤는데, 갑자기 살아난 모습으로 제상(祭床) 위에 앉아 있는 것이었다. 그의 안색과 복장·음성까지 모두 평소와 같았다.

아들과 손자·며느리·딸이 차례대로 가르침과 경계를 빌었더니, 그의 말이 모두 조리 있고 틀림없는 것들이었다. 게다가 노비들을 매질하면서 그들의 잘못을 모두 들추어 내기도 하였다.

그러더니 차려 놓은 음식을 다 먹고는 이별을 고하고 사라져 버렸다.

집안 식구 모두가 슬픔을 이기지 못하고 애통해하였다. 그러나 이와 같은 일이 반복되며 몇 년이 지나자, 집안 사람들이 점차 싫증을 느끼기 시작하였다.

그뒤 그는 술과 음식을 너무 많이 먹은 나머지 취해서 그만 그 형상을 드러내고 말았는데, 바로 늙은 개였다. 모두가 나서서 때려죽인 후, 그 개가 어디서 온 것인지를 알아보았더니 그 마을의 술 파는 집에서 기르던 개였다.

· 제상(祭床): 제사 음식을 차려 놓은 상.

산양군(山陽郡) 왕호(王瑚)의 자는 맹련(孟璉)이며, 동해군(東海郡) 난릉현(蘭陵縣)의 현위(縣尉)였다.

한밤중에 문득 검은 머리띠에 흰색 단의(單衣)를 입은 관리가 그 현을 찾아와 누각의 문을 두드렸다. 이에 문을 열고 맞아들였

더니 갑자기 그 모습이 보이지 않는 것이었다.

　이런 일이 몇 년 동안 계속되자 나중에 몰래 숨어서 지켜보았더니, 늙은 개 한 마리가 검은 머리에 흰 몸체로 옛날처럼 그렇게 문 앞에 이르러서는 문득 사람으로 변하는 것이었다.

　이에 맹련에게 알리자 이를 죽여 없앴다. 그뒤로 그러한 일이 일어나지 않았다.

・현위(縣尉): 현(縣)의 군사장관(軍事長官).

　계양태수(桂陽太守) 이숙견(李叔堅)이 일찍이 종사(從事) 벼슬을 할 때 집에 개를 기르고 있었는데, 그 개가 사람처럼 두 발로 서서 걷는 것이었다. 이에 집안 사람들이 불길하다 여겨「죽여 없애자」고 하였다.

　그러나 숙견은 이를 만류하였다.

　「개나 말은 군자에 비유되는 동물이오. 개가 사람의 걷는 모습을 보고 이를 흉내내고 있는데, 그게 무슨 상심할 일이리요?」

　얼마 후, 그 개가 이번에는 숙견의 관을 쓰고 달아나는 것이었다. 식구들이 크게 놀라자, 숙견이 다시 이렇게 설명하였다.

　「잘못하여 내 관을 건드렸다가 그 끈이 개에게 걸렸겠지요.」

　그 개가 다시 부엌 아궁이의 불을 재로 덮어 불씨가 꺼지지 않자, 집안 식구들이 더욱 놀라워하였다.

　그러자 숙견이 다시 이렇게 말하였다.

　「아이들과 비녀들이 모두 농사일에 바빠 불씨 관리를 못하는 터에 개가 그 불씨를 꺼지지 않게 도와 주었으니, 이웃집에 불씨를 빌리러 가는 번거로움도 없고 다행이지 않는가. 이것이 어찌 기분 나쁜 일이겠는가?」

그로부터 며칠이 지나 그 개는 스스로 죽고 말았다. 그러나 끝내 그 집에는 티끌만한 괴변도 일어나지 않았다.

·종사(從事): 벼슬 이름. 주자사(州刺史)의 보좌로서 별가(別駕)·치중(治中)·주포(主簿) 등.

오군(吳郡) 무석현(無錫縣)의 상호(上湖)에 큰 제방이 있어, 그 관리자인 정초(丁初)가 매번 큰 비가 내릴 때면 제방을 순시하러 나서곤 하였다.

어느 봄날 비가 많이 내려, 정초가 제방으로 나갔다가 날이 어둑해졌을 때야 돌아오게 되었다. 그런데 뒤를 돌아보았더니, 어떤 부인이 위아래 푸른 옷을 입고 푸른 우산을 쓴 채 그의 뒤를 따르며 이렇게 부르는 것이었다.

「정초 관리인, 나 좀 기다려 주어요.」

정초는 불쌍히 여겨 마음속으로 멈추어 기다려 줄까 하다가 언뜻 의심이 들었다.

「본래 보지도 못한 형상인데, 지금 홀연히 부인의 모습으로 궂은비를 무릅쓰고 다니는 것을 보면 아마 귀신임에 틀림없을 것이다.」

그리고 정초는 급히 걸음을 재촉하였다. 돌아보니 그 부인 역시 급히 뒤쫓아오고 있었다. 정초는 더욱 급히 뛰었다.

그리하여 사이가 어느 정도 멀어지자 그제서야 그 부인을 돌아보았더니, 그 스스로 제방 아래로 뛰어들어 버리는 것이었다. 풍덩! 소리가 나면서 그 옷과 우산이 모두 날아가 흩어졌다. 그

것은 바로 커다란 창달(蒼獺)이었으며, 옷과 우산은 연잎이었다.

그 수달이 사람의 모습으로 화하여 자주 젊은이들을 유혹하곤 하였던 것이다.

・창달(蒼獺): 수달.

 위(魏)나라 제왕(齊王) 조방(曹芳)의 정시(正始) 연간, 중산(中山) 땅의 왕주남(王周南)이 양읍(襄邑)의 읍장으로 있었는데 갑자기 쥐 한 마리가 그 구멍에서 뛰쳐나오더니, 그의 청사(廳事)에 올라와 이렇게 소리치는 것이었다.

「왕주남, 너는 모월 모일에 죽게 될 것이다.」

왕주남이 급히 그를 쫓으면서 아무런 응답을 하지 않았다. 쥐는 그 구멍 속으로 들어가 버렸다. 뒤에 그 쥐가 죽을 것이라고 일러 준 날이 되자 다시 나와서는, 관과 머리띠 그리고 검은 옷을 입고 똑같은 말을 하였다.

「주남, 너는 오늘 일중(日中) 때 틀림없이 죽게 될 것이다.」

주남은 이번에도 아무런 대꾸를 하지 않았다. 쥐는 다시 구멍 속으로 들어갔다가 잠시 후 다시 뛰어나왔다. 그리고 이렇게 들락거리며 방금 전의 말을 되풀이하는 것이었다.

때마침 일중이 되자, 쥐가 다시 이렇게 말하였다.

「그대가 도대체 반응을 보이지 않으니, 내가 다시 무슨 말을 하겠는가?」

말을 마친 후, 그 쥐는 그만 땅에 구르더니 죽어 버렸고, 그가 입고 쓰고 있던 의관도 어디로 사라졌는지 보이지 않았다. 다가가 살펴보았더니, 그 쥐는 보통 쥐와 다를 게 없었다.

　　안양성(安陽城) 남쪽에 정자가 하나 있었는데, 밤에는 그곳에 유숙할 수가 없었다. 그 정자에 유숙하면 즉시 죽게 되기 때문이었다.

그런데 술수(術數)에 밝은 어떤 서생이 그곳을 지나다가 유숙을 하게 되었다. 그러자 그 정자 근처의 백성들이 이같이 만류하였다.

「여기서는 주무실 수가 없습니다. 예로부터 이곳에 유숙하여 살아난 자가 없습니다.」

서생은 이렇게 말하였다.

「걱정할 것 없습니다. 내 스스로 해결할 수 있습니다.」

그리고 그 정자의 숙소에 머무르며 단정히 앉아 글을·읽다가 한참 후에야 겨우 쉬게 되었다.

한밤중이 되자 어떤 이가 나타났는데, 검은색 홑옷을 입은 채 그 집'밖을 서성이며 정자의 주인을 부르는 것이었다.

정자의 주인이 응답을 하자, 그자가 물었다.

「정자 안에 사람이 있는 것 같은데?」

「방금 전에 어떤 서생이 와서 글을 읽고 있었는데, 지금은 마침 쉬고 있는 중입니다. 아직 잠이 들지는 않았습니다.」

그러자 그자가 중얼거리며 가버렸다. 잠시 후, 다시 또 한 사람이 나타났다. 이번에는 관을 쓰고 붉은 머리띠를 매었는데, 정자의 주인을 불러 서로 문답하는 것이 조금 전과 같았다. 그러더니 그자 역시 기분 나쁘다는 듯 중얼거리며 가버렸다.

그들이 가고 나자 적막하기 그지없었다. 서생은 더 이상 사람이 오지 않는다는 것을 알고, 일어나 조금 전 그들이 부르던 그 장소로 가서 그들을 흉내내며 정자의 주인을 불렀다. 정자의 주인이 역시 응답을 하였다.

이에 서생이 물었다.

「정자 안에 사람이 있는가?」

정자 주인의 대답은 조금 전과 같았다. 서생은 짐짓 이렇게 물었다.

「방금 검은 옷을 입고 왔던 자는 누구인가?」

「북쪽 집에 사는 어미돼지입니다.」

서생이 다시 물었다.

「관을 쓰고 붉은 머리띠를 매었던 자는 누구인가?」

「서쪽 집에 사는 늙은 수탉입니다.」

서생이 다시 물었다.

「그럼 너는 누구인가?」

「나는 늙은 전갈입니다.」

그러한 뒤 서생은 몰래 돌아와 다시 글을 읽으며 날이 새기를 기다렸다. 감히 잠을 잘 수가 없었다. 날이 밝자 정자 주변에 살던 사람들이 몰려와서는 놀라 물었다.

「그대는 어찌하여 홀로 살아날 수가 있었습니까?」

서생은 이같이 말하였다.

「어서 삽을 찾아오시오. 내 그대들과 함께 귀매를 잡아낼 것입니다.」

이리하여 지난밤 일러 주었던 자리를 파보았다. 과연 늙은 전갈이 잡혔다. 그 크기가 비파만하였으며, 독침 또한 수 척의 길이였다. 그리고 서쪽 집으로 가서는 늙은 수탉을 잡고, 북쪽 집으로 가서는 어미돼지를 잡았다.

이 세 가지를 죽여 없애자 정자의 요괴는 조용해졌고, 영영 아무런 재앙이나 횡액이 없었다.

· 술수(術數): 음양오행(陰陽五行)을 근거로 인사(人事)의 길흉(吉凶) 등을 밝혀내는 일.

 오(吳)나라 때 여릉군(廬陵郡) 도정(都亭)의 중옥(重屋)에 귀매(鬼魅)가 깃들어 있어, 그곳에서 유숙하는 이는 누구나 죽고 마는 것이었다. 그로부터 사신으로 온 자들이 감히 그 정자에 들어가 유숙하는 일이 없게 되었다.

당시 단양(丹陽) 사람 탕응(湯應)이 대담하고 무용(武勇)이 있었는데, 여릉에 사신으로 와서 그 정자에 유숙하게 되었다. 관리들이 안 된다고 말렸지만 탕응은 듣지 않았다.

그리하여 함께 온 부하들을 밖으로 내보내고서, 큰 칼 한 자루만을 지닌 채 홀로 정자에 들어갔다. 삼경쯤 되자, 갑자기 어떤 사람이 나타나 문을 두드리기 시작하였다.

이에 탕응이 멀리 있는 목소리로 물었다.

「누구요?」

「부군(部郡)이 뵈러 왔습니다.」

탕응이 문을 열어 주며 들게 하자, 그가 인사를 드리고 나갔다. 잠시 후, 다시 앞서와 같이 문을 두드리며 나타난 자가 이렇게 아뢰었다.

「부군(府君)이 뵙고자 합니다.」

이에 다시 그를 맞아들였다. 그는 검은색 옷을 입고 있었다. 그리고 그가 떠난 후까지도 탕응은 분명한 사람으로서 그 어느 구석도 의심할 바가 없다고 여겼다. 그런데 돌아서자 다시 문을 두드리는 자가 있었다.

「부군(部郡)과 부군(府君)이 함께 오셨습니다.」

탕응은 이에 의심을 하였다.

「이 야밤중에 때가 아닌데 오다니. 게다가 부군(部郡)과 부군(府君)은 응당 신분으로 보아 같이 올 수가 없는데.」

그리하여 그들이 귀매일 것이라 단정하고서 칼을 차고 나가 맞이하였다. 두 사람 모두 화려한 옷차림이었다. 이에 함께 들게 하여 모두 자리를 잡게 되자, 부군(府君)이라는 자가 먼저 말을 걸었다. 그러더니 그가 말을 마치기도 전에 부군(部郡)이 갑자기 일어나 탕응의 뒤로 가는 것이었다.

탕응이 이에 돌아보며 칼로 맞아 쳐버렸다. 그러자 그가 칼에 맞아 고꾸라졌다. 부군(府君)은 자리에서 내려와 도망쳤다. 탕응이 급히 뒤좇아 그 정자의 뒤쪽 담장 아래서 잡아 칼로 몇 번을 내리쳤다. 그리고 나서 탕응은 돌아와 자리에 누웠다.

날이 밝자 사람들을 데리고 가서 그 자리를 찾아보았더니 핏자국이 있었다. 이리하여 그 귀매를 모두 잡게 되었다.

소위 부군(府君)이라 하였던 자는 늙은 돼지였고, 부군(部君)이라 한 자는 늙은 살쾡이였다. 그로부터 그러한 일이 없게 되었다.

· 도정(都亭): 군현(郡縣)에서 직접 다스리는 정(亭).
· 중옥(重屋): 겹집. 즉 누각(樓閣).
· 부군(部郡): 관직 이름. 군국(郡國) 종사사(從事史)의 별칭.
· 부군(府君): 군수(郡守). 태수(太守)의 별칭.

19

동월국(東越國) 민중군(閩中郡)에 용령(庸嶺)이
라는 고개가 있었는데, 그 높이가 수십 리나 되었
다. 그 서북쪽의 움푹 패인 곳에 큰 뱀이 살고 있
었는데, 길이는 7,8길에 굵기가 10여 아름이나 되어 그곳 사람들
이 항상 두렵게 여기는 대상이었다.

동야도위(東冶都尉) 및 그가 다스리는 성(城)들의 장리(長吏)들
가운데 많은 이들이 그 뱀에게 죽음을 당하였던 것이다.

다만 소와 양으로 제사를 지내면 그 화를 면할 수가 있었다.

그러던 어느 날 사람의 꿈과 무당의 입을 빌어 이런 지시가 내
려왔다. 즉 나이 열두세 살 정도의 동녀(童女)를 먹고 싶다는 것
이었다. 도위(都尉)와 영장(令長) 들은 걱정이 태산 같았다. 그러
나 그 뱀의 횡포는 그치지 않았다.

이에 모두가 나서서 남의 집에 사는 비녀(婢女)나 아니면 죄인
집안의 딸을 구하여 양육한 뒤, 8월 초의 제사 때 그 동녀를 뱀
굴에 넣어 주는 수밖에 없었다. 그러면 뱀이 기어 나와 입을 벌
리고 집어삼키는 것이었다.

이런 행사가 해마다 계속되어 이미 아홉 명의 동녀가 희생되
었다.

그해에도 미리 희생자를 모집하고 찾았으나 더 이상 구할 대
상이 없었다. 그러는 한편 장락현(將樂縣) 이탄(李誕)이라는 자의
집에 딸만 여섯에 아들이 없었다. 그 집 막내딸의 이름이 기(寄)
였는데, 그 소녀가 모집에 응해 나서겠다는 것이었다. 부모가 들
어 줄 리 없었다.

그러자 이기(李寄)는 이렇게 설득하였다.

「부모님께서는 좋은 상(相)을 타고나지 못하셔서 오직 딸만 여

섯을 두었을 뿐, 아들은 단 한 명도 없습니다. 딸이란 비록 있다 하여도 없는 자식이나 마찬가지입니다.

저는 딸로서 제영(緹縈)처럼 아버지를 구제해 낼 공도 없고, 아직 나이 어려 능히 공양해 드리지도 못한 채 그저 밥과 옷이나 축내고 있습니다. 살아 있은들 부모님께 아무런 보탬이 되지 않으니 일찍 죽어 없어지느니만 못합니다.

그러니 이 몸을 희생하여 적은 돈이나마 생긴다면, 그것이 가히 부모님 공양이 될 것입니다. 이것이 어찌 훌륭한 일이 아니란 말입니까?」

부모는 이를 불쌍히 여기며 끝내 허락하지 아니하였다. 그러자 이기는 몰래 그 집을 빠져나가 사라져 버렸다. 그녀의 가족들도 더 이상 어쩔 수가 없었다.

이기는 이리하여 좋은 검과, 뱀과 싸워 이길 수 있는 개를 준비해 달라고 하였다. 그리고 8월 초가 되자, 그 굴 앞의 사당으로 갔다. 검을 품은 채 개를 데리고 먼저 쌀로 만든 떡 수십 개를 조청으로 발라 뱀굴 앞에 놓았다.

드디어 뱀이 나타났는데 머리는 큰 곡식 창고만하였으며, 그 눈은 두 자쯤 되는 거울만하였다. 뱀은 쌀떡의 향기를 맡고서 먼저 이를 먹어치웠다.

이기가 때를 놓치지 않고 개를 풀어 놓자, 개가 그 뱀에게 달려들어 물고늘어졌다. 이기는 그 뱀의 뒤로 가서 칼로 마구 찔렀다. 창통(瘡痛)이 급해진 뱀은 온몸을 뒤틀며 뛰더니 굴러 사당 마당에 나와 죽어 버렸다.

이기가 그 굴을 들여다보았더니, 이미 죽은 아홉 동녀의 뼈가 있었다. 이를 모두 거두어 나온 이기가 고함을 쳤다.

「그대들은 겁도 많고 약하였구나. 뱀에게 물려 밥이 되다니. 가히 슬프고 불쌍하도다.」

그리고 이기는 느린 걸음으로 되돌아왔다.

월왕(越王)이 이를 듣고 그 이기를 초빙하여 왕후(王后)로 삼고 그 아버지는 장락령(將樂令)으로 임명하였으며, 그 어머니와 언니들에게도 모두 상을 내렸다.

이로부터 동야(東冶)에는 더 이상 뱀 같은 요사(妖邪)한 물건이 나타나지 않았다. 그 이기를 칭송하는 노래가 지금도 전하고 있다.

진(晉)나라 무제(武帝) 함녕(咸寧) 연간, 위서(魏舒)가 사도(司徒)의 벼슬을 지내고 있었다.

그때 사도부(司徒府)에 두 마리의 큰 뱀이 있었는데 그 길이가 10길이나 되었으며, 청사(廳事)의 서까래 위에 살고 있었다.

그곳에 머무른 지 수 년이나 되었지만 사람들은 이를 모르고 있었다. 그런데 그 부(府)에 아이를 잃어버리거나, 닭·개 들이 없어지는 등 괴이한 일이 자주 일어났다.

뒤에 뱀 한마리가 밤에 기어 나와서 기둥 곁을 돌다가, 그곳에 둔 칼날에 베어 더 이상 기어오를 수가 없게 되어 그만 발각이 되고 말았다.

부(府)에서 수백 명의 무리를 풀어 이 뱀을 공격하였으나, 한참의 시간이 걸려서야 결국 죽일 수 있게 되었다. 그가 죽은 자리를 살펴보았더니 뼈로 가득 차 있었다.

이에 그 부사(府舍)를 헐어 버리고 다시 지었다.

· 사도(司徒): 관직 이름. 육경(六卿)의 하나. 삼공(三公)의 하나.

　　　　한(漢)나라 무제(武帝) 때, 장관(張寬)이 양주자
사(揚州刺史)가 되었다.
　　　　그에 앞서 어떤 두 늙은이가 산의 소유권을 두
고 다투다 양주부(揚州府)에 와서 그 경계를 두고 소송을 벌였다.
그러나 몇 년이 지나도록 판결이 나지 않았다. 장관이 양주자사
가 되어 직무에 임하게 되자, 그 두 늙은이가 다시 나타났다.
　장관이 그 두 늙은이의 형상을 보고서 사람이 아니라는 것을
얼른 눈치채고, 이졸들로 하여금 몽둥이와 창을 들고 들어오도록
하였다.
　그리고 장관이 물었다.
「너희들은 무슨 정령(精靈)이냐?」
　그 말에 두 늙은이가 도망치기 시작하였다. 장관이 소리를 질
러 이들을 두드려 잡았더니, 두 마리의 뱀으로 변하는 것이었다.

　　　　형양현(滎陽縣, 酈陽縣의 오기) 사람 장복(張福)
이 배를 타고 집으로 돌아오는 길에 들의 물가에
정박하게 되었다.
　밤에 어떤 여자가 나타났는데, 모습이 심히 아름다웠다. 그 여자
가 작은 배를 타고서 장복에게 다가와 함께 있어 달라고 하였다.
「날이 저물어 호랑이가 두렵습니다. 밤길을 계속해서 갈 수가
없습니다.」
　그러자 장복이 물었다.

「그대의 성은 무엇이오? 어찌 이렇듯 가벼운 차림으로 나서서, 도롱이도 없이 빗속에 배를 몰고 있는 것입니까? 내 배 안으로 들어와 비를 피하시지요.」

이리하여 서로의 상황을 이해하고, 드디어 여자가 장복의 배에서 잠을 자게 되었다. 그 여자가 타고 왔던 작은 배는 장복의 배에 묶어둔 채였다.

삼경쯤 되자 비가 개고 달빛이 밝았다. 장복이 그 빛에 비치는 부인을 보았더니 한 마리 커다란 타구(鼉龜)였다. 그것이 팔을 베개로 하고 누워 있었던 것이다.

장복이 놀라 일어나 그것을 잡으려 하자, 급히 물속으로 사라지고 말았다. 그리고 방금 전 그 여자가 타고 왔던 작은 배는 하나의 낡은 뗏목 조각으로, 그 길이가 한 길쯤 되었다.

 단양군(丹陽郡)의 도사(道士) 사비(謝非)가 석성(石城)으로 야부(冶釜)를 사러 갔다가 돌아오는 길이었는데, 날이 저물어 미처 집까지 당도할 수가 없었다. 마침 산속 시냇가에 사당이 있어, 그곳에 들어가 밤을 보내기로 하였다.

이에 사비가 그 사당을 들어서며 큰 소리로 이렇게 말하였다.

「나는 하느님의 사자(使者)다. 오늘 이곳에 머물러 잘 것이다.」

그는 다른 사람이 자신의 솥[冶釜]을 겁탈해 갈까봐 겁이 나서 불안 속에 마음을 졸이고 있었다. 그런데 이경쯤 되자, 사당문 앞에 어떤 자가 나타나 이렇게 부르는 것이었다.

「하동(何銅)!」

하동이라는 자가 응답을 하자, 그자가 물었다.

「사당 안에 사람 기운이 있는데, 누구요?」

하동이 대답하였다.

「사람이 있습니다. 자신이 하느님의 사자라 하던데요.」

그자는 잠시 머물더니 돌아가 버렸다. 그리고 다시 잠시 후 또 어떤 이가 찾아와서 하동을 불렀고 묻는 말도 조금 전과 같았으며, 하동의 대답 또한 같았다. 그러자 그도 탄식하며 가버렸다.

사비는 놀랍고 떨려 잠을 이룰 수가 없었다. 이에 견디다 못해 일어나서 그들이 묻는 것처럼 하동을 불러 보았다.

「처음에 왔던 자는 누구요?」

그랬더니 과연 하동이 대답을 하는 것이었다.

「물가 굴속에 사는 흰 타룡(鼉龍)입니다.」

「그대는 어떤 물건이오?」

「저는 사당 북쪽 바위틈에 사는 거북입니다.」

사비는 이를 몰래 기억해 두었다. 이튿날 날이 밝자, 그는 얼른 그곳 주민들에게 이렇게 일렀다.

「이 사당에는 신이 없소. 다만 거북과 타룡이 있을 뿐이오. 그런 무리들을 위해 주식(酒食)을 허비하며 제사를 지내다니요. 어서 삽을 가지고 오시오. 함께 가서 그놈들을 없앱시다.」

주민들조차도 자못 의심을 하고 있던 터였다. 이에 함께 몰려가서 그들이 있는 곳을 파내어 모두 잡아죽여 버렸다. 드디어 그 사당도 허물어 버리고 제사도 끊어 버렸다. 그로부터 그곳은 안정을 찾게 되었다.

· 야부(冶釜): 단사(丹砂)를 야련(冶煉)하는 쇠솥.

 공자(孔子)가 진(陳)나라에서 곤액을 당한 채 객관(客館)에서 거문고를 뜯으며 노래를 부르고 있었다.

그런 밤에 어떤 사람이 나타났는데 키가 9척 남짓이나 되었고, 검은 옷에 높은 관을 쓰고 있었으며 소리가 얼마나 큰지 좌우가 다 놀랄 정도였다.

자공(子貢)이 달려나가 물었다.

「무엇 하는 사람이오?」

그러자 그자가 즉시 자공을 들어 자기의 겨드랑이에 끼는 것이었다. 이에 자로(子路)가 달려나가 겨우 자공을 끌어내렸다. 그리고 마당에서 격투가 벌어졌다. 자로가 그를 이겨내지 못하자, 잠시 후 공자가 이를 살펴보았다. 그랬더니 그 상대의 갑옷과 귀밑 뺨 부분이 시간이 갈수록 손바닥만큼 틈이 벌어지는 것이 보였다.

이에 공자가 이렇게 일러 주었다.

「어찌 갑옷과 뺨 사이에 손을 집어넣고 힘껏 당겨 올려치지 않느냐?」

자로가 공자의 말대로 그곳을 잡아 손이 파묻히도록 집어넣고는 땅에 쓰러뜨렸다. 그런 후 보았더니 바로 커다란 제어(鯷魚, 메기)로서, 길이가 아홉 자가 넘는 놈이었다.

공자가 이렇게 말하였다.

「이런 물건이 어찌 여기에 나타난단 말인가? 내 듣기로 물체가 오래 묵으면 여러 정령(精靈)이 거기에 붙어 있다가 사람의 의지가 쇠약해졌을 때 나타난다고 하였다. 이런 것이 나타난 것은 내가 식량이 다 떨어지는 곤액을 만나 나를 따르는 너희들이 병들었으니, 이를 먹고 힘을 내라는 뜻이 아니겠는가?

무릇 육축(六畜)들이나 거북·뱀·물고기·자라·풀·나무 들은 오래 되면 귀신이 붙어 요괴한 짓에 능하게 된다. 이를 일컬어 〈오유(五酉)〉라 한다. 〈오유〉라 하는 것은 오행(五行)의 방위를 말하며, 모두 그에 해당하는 물체가 있다. 〈유(酉)〉라는 것은 늙었다는 말이다. 물체가 늙어 묵으면 요괴가 된다. 이를 죽여 없애면 그만이라 하였으니, 다시 무슨 화환(禍患)이 있겠는가?

혹은 하늘이 나의 이 문장을 아직 버리지 않으려고, 이를 나의 운명에 매어 나로 하여금 배고픔을 면하라고 내려 준 것이 아니겠는가? 그렇지 않다면 이것이 어찌 여기에 나타났겠는가?」

그리고는 계속해서 노래를 부르며 연주하는 것이었다. 자로가 이를 삶았더니 그 맛이 아주 훌륭하였다. 병든 제자들도 말끔히 나아 일어섰다.

그 다음날 드디어 그 곤액에서 벗어나 그곳을 떠날 수 있게 되었다.

· 오유(五酉): 오방지물(五方之物). 오래 묵어 요괴(妖怪)로 변한 것.
· 오행(五行): 금(金, 西)·목(木, 東)·수(水, 北)·화(火, 南)·토(土, 中).

예장군(豫章郡)의 어느 집에서 있었던 일이다.

그 집 비녀가 식사 준비를 하고 있을 때, 갑자기 한 무리의 사람들이 부엌에 나타났는데 키가 겨우 한 촌(寸)도 되지 않는 난쟁이들이었다. 이들이 부엌 바닥에 붙어 있어, 그 비녀가 그만 잘못하여 이들을 밟아 그 중 하나가 죽고 말았다.

잠시 후 그런 모습의 사람들이 수백 명이나 나타나더니, 모두 거친 베로 짠 상복을 입고 관을 가지고 와서 장례를 치르는 것이었다. 그들은 작지만 장의(葬儀)의 차례와 의식은 다 갖추고 있었다.

그들의 행렬이 동문(東門)을 나서서 동산 속으로 이어지더니, 그곳에 버려져 있는 낡은 배〔船〕 밑으로 들어가는 것이었다. 다가가 살펴보니 모두가 쥐며느리〔鼠婦〕였다.

비녀가 뜨거운 물을 끓여 이를 부어 모두 죽여 버리자 더 이상 그러한 일이 벌어지지 않았다.

· 서부(鼠婦): 쥐며느리. 벌레 이름으로 고대에는 이위(伊威)·서부(鼠負)·조충(潮蟲)으로 불렀다. 타원형에 잿빛이며, 흉부(胸部) 일곱 환절(環節)이 있고 마디마다 다리가 한 쌍씩 있다. 음습한 벽속에 서식한다.

적희(狄希)라는 중산(中山) 사람이 있었다. 그가 천일주(千日酒)를 빚을 줄 알았는데 그 술을 마시면 천일이나 취하였다.

당시 그 고을에 성은 유씨(劉氏)요, 이름은 현석(玄石)이라는 이가 있어 술을 매우 좋아하였다. 이에 적희에게 가서 술을 요구하자, 적희가 이렇게 만류하였다.

「내가 빚은 술이 발효는 되었습니다만 아직 그 성분이 안정되지 않았으니, 그대에게 감히 마시라고 권해 드릴 수가 없군요.」

그래도 현석이 졸랐다.

「비록 아직 숙성되지 않았다 해도 나에게 한 잔 정도는 줄 수 있겠지요. 그렇지 않습니까?」

적희는 이 말을 듣고 더 이상 거절할 수가 없었다. 현석은 한 잔을 마신 후, 다시 한 잔을 더 요구하였다.

「훌륭합니다. 다시 한 잔 주시오.」

그러자 적희가 다시 이렇게 만류하였다.

「잠시 집에 돌아가 계시다가 나중에 다시 오도록 하시오. 방금 이 한 잔이면 천일을 잠들 수 있습니다.」

현석이 그와 헤어지고 술기운이 달아올랐다. 그리하여 집으로 돌아와서는 술에 취해 죽고 말았다. 집안 식구들은 그의 죽음을 의심해 보지도 않고, 곡을 하고 장례를 치러 버렸다.

그로부터 3년이 지나 적희가 이렇게 떠올렸다.

「현석이 이제 술에서 깨어날 때가 되었으니 응당 가서 물어보아야지.」

잠시 후 현석의 집으로 찾아가 물었다.

「현석이 집에 있습니까?」

집안 식구들이 모두 괴이하게 여겨 물었다.

「현석은 죽었습니다. 이미 3년이 되어 상복도 만기가 되어갑니다.」

적희가 놀라서 이렇게 설명하였다.

「그 술이 대단하기는 하군요. 사람을 천일이나 취하여 잠들게 하다니. 지금이 바로 그가 깨어날 시기입니다.」

이에 그 집 식구들에게 무덤을 파고 관을 열어 살펴보게 하였다. 그 무덤 위에는 땀기운이 하늘을 찌를 정도였다. 드디어 무덤을 열도록 하였다.

그랬더니 현석이 막 눈을 뜨고 입을 벌리며 이렇게 소리치는 것이었다.

「아, 상쾌하도다. 멋지게 취하였도다.」

그리고 나서 적희에게 물었다.

「그대는 무슨 물건을 만들었기에 나로 하여금 딱 한잔에 그렇게 취하여 오늘에야 깨어나게 한단 말이오? 해가 얼마만큼 떴습니까?」

무덤 곁에서 지켜보던 사람들이 모두 웃었다. 덮고 있던 돌에 배어 있던 술기운이 코를 찔러, 그 냄새를 맡은 자들까지도 각각 석 달씩이나 취해 누워 있어야 하였다.

 진중거(陳仲擧)가 현달하기 전, 일찍이 황신(黃申)이라는 사람의 집에 기숙을 하게 되었다.

황신의 아내가 마침 출산을 하게 되었는데, 어떤 사람들이 나타나 그 집 문을 두드리는 것이었다. 그러나 그 집안 식구들은 누구도 그 소리를 듣지 못하였다.

그리고 한참이 지나자, 다시 찾아온 그 사람들의 말소리가 들렸다.

「응접실에 사람이 있어서 들어갈 수가 없소」

그리고 문을 두드리던 이들이 서로 이렇게 말하는 것이었다.

「그러면 지금 당장 뒷문을 통해서 들어갑시다.」

그 사람들은 그리로 들어갔다가 잠시 후 다시 나왔다. 그러자 밖에서 기다리고 있던 사람이 물었다.

「어떤 아이를 낳았소? 이름은 무엇이오? 몇 살까지 살게 되오?」

갔다 왔던 이가 이렇게 설명하였다.

「사내아이입니다. 이름은 〈노(奴)〉라고 하게 될 것이며, 15세까지밖에 살지 못하게 되어 있군요.」

「그러면 뒤에 무슨 일로 죽게 되오?」

「병기(兵器)에 다쳐서 죽게 되오.」

이런 이야기를 모두 엿들은 진중거가 그 집 식구들에게 일러 주었다.

「나는 능히 관상을 볼 줄 압니다. 이 아이는 무기에 다쳐 죽게 되오.」

부모들이 놀라서 그가 크는 동안 촌인(寸刃)의 무기도 잡지 못하게 하였다. 그러나 그가 15세 되던 해, 어떤 사람이 착자(鑿子)라는 무기를 대들보 위에 올려 놓았는데 그 끝이 뾰족이 나와 있었다. 황노(黃奴)는 이를 나무인 줄 알고 아래로 잡아당겼다. 그러자 그 무거운 착자가 대들보에서 떨어져 그의 뇌를 함몰시켜 죽고 말았다.

뒤에 진중거가 예장태수(豫章太守)가 되어 황신의 집으로 관리를 보내어 선물을 전해 주도록 하면서, 함께 그의 아들 황노의 소재를 물어보도록 하였다. 그 집안에서 사실을 갖추어 설명해 주었다.

진중거는 이를 듣고 이렇게 탄식하였다.

「이를 두고 운명이라 일컫는구나!」

· 착자(鑿子): 무기의 일종.

수신기

20

 진(晉)나라 위군(魏郡)에 큰 가뭄이 들어, 농부들이 풍습대로 용굴에 기우제를 지냈다. 그리고 비가 내리자, 그 고마움을 표시하기 위하여 다시 제사를 드렸다.

손등(孫登)이 이를 보고서 이렇게 진단하였다.

「이는 병든 용이 내려 주는 비입니다. 어찌 이런 비를 가지고 곡식을 소생시킬 수 있겠습니까? 내 말을 믿지 못하겠거든 이 비의 냄새를 맡아 보시오.」

과연 빗물에서 비린내와 더러운 냄새가 나는 것이었다.

당시 그 용의 등에 큰 종기가 나 있었는데, 손등의 말을 듣고 한 늙은이로 변하여 치료를 해달라고 요구하였다.

「만약 다 낫게 해주면 마땅히 보답을 해드리겠습니다.」

그로부터 며칠이 지나지 않아 과연 큰비가 내렸고, 큰 바위가 갈라지더니 우물이 생겨나 그 물이 맑게 흘러 나오는 것이었다.

아마 그 용이 우물을 뚫어 보답한 것이리라.

 소이(蘇易)라는 이는 여릉군(廬陵郡)에 사는 보통의 가정집 부인이었는데, 조산(助産)에 뛰어났다.

그러던 어느 날 밤 갑자기 호랑이가 나타나 그녀를 업어가 버렸다. 호랑이는 6,7리를 내달아 하나의 큰 무덤 앞에 이르러 소이를 땅에 내려 놓더니 버티고 앉아 지키는 것이었다.

소이가 보니 암호랑이가 마침 출산중이었다. 그런데 제대로 해산을 하지 못하고 엉금엉금 기며 죽을 듯이 고통스러워하다가 소이를 쳐다보는 것이었다.

소이는 그 뜻을 알아차리고, 이에 새끼를 더듬어 뽑아내었다. 새끼는 세 마리였다. 이렇게 모두 살려내자, 호랑이가 다시 소이를 업고 되돌아왔다. 그리고 두세 번 들짐승을 잡아 그 집 문 안에 놓고 가는 것이었다.

 쾌삼(噲參)은 그 어머니를 극진히 모시는 효자였다.

어느 날 현학(玄鶴)이 사냥꾼이 쏜 화살을 맞고서 쾌삼의 집으로 들어왔다. 쾌삼이 이를 거두어 기르며, 그 상처를 치료하여 다 낫게 되자 이를 다시 날려보내 주었다.

뒤에 그 학이 밤에 그의 집 문 앞에 나타나, 쾌삼이 촛불을 밝혀 들여다보았더니 암수 한 쌍으로 각각 명주(明珠) 하나씩을 물고 와서 그에게 보답을 하는 것이었다.

· 현학(玄鶴): 검은 학. 최표(崔豹)의 《고금주(古今注)》에 학이 천년을 묵으면 창색(蒼色)이 되고, 다시 천년을 더 살면 흑색(黑色)이 되며 이를 현학(玄鶴)이라 한다 하였다.

한(漢)나라 때 홍농군(弘農郡)의 양보(楊寶)가 그 나이 아홉 살 되던 해, 화음산(華陰山)의 북쪽을 지나다가 황작(黃雀) 한 마리가 치효(鴟梟, 올빼미)에게 공격을 받아 나무 아래로 떨어져서는, 다시 땅강아지와 개미 들에게 곤혹을 치르는 것을 보게 되었다.

양보는 이를 불쌍히 여겨, 그 새를 거두어 돌아와서는 헝겊 상

자로 보금자리를 만들어 주었다. 그리고 황화(黃花)를 먹이로 주
며 길렀다.

그렇게 1백여 일이 지나 털과 깃이 온전해지자, 그 새는 아침
에 둥지를 떠났다가 저녁이면 돌아오곤 하였다.

그러던 어느 날 밤 삼경 무렵, 양보가 책을 읽느라 아직 잠자
리에 들지 않았을 때였다. 어떤 누런 옷을 입은 동자 하나가 나
타나 양보를 향하여 재배하고 이렇게 말하였다.

「나는 서왕모(西王母)의 사자(使者)로서, 봉래산(蓬萊山)에 심
부름 가던 길에 그만 잘못하여 치효의 공격을 받게 되었던 것입
니다. 그런데 그대가 인자한 마음으로 나를 구하여 주셨으니, 실
로 그 크신 덕에 감동하였습니다.」

그리고 흰 고리 4매를 양보에게 주며 이렇게 말하였다.

「그대 자손들로 하여금 이 옥처럼 깨끗해지며, 직위는 삼사(三
事)에 올라 마땅히 이 고리처럼 되게 할 것입니다.」

· 황작(黃雀): 꾀꼬리.
· 황화(黃花): 국화(菊花). 혹은 내화(萊花)라고도 한다.
· 삼사(三事): 삼공(三公). 동한(東漢) 이래 태위(太尉)·사도(司徒)·사
   공(司空)을 삼공(三公)이라 하였으며, 이를 삼사대부(三事大夫)라고도
   하였다.

수현(隋縣, 隨縣)의 사수(溠水)라는 물가에 〈단
사구(斷蛇丘)〉라는 언덕이 있다.

옛날 수후(隋侯)가 밖에 나갔다가 큰 뱀 한 마
리가 상처를 입어 허리가 잘린 것을 발견하게 되었다. 수후가 그

뱀을 영이(靈異)한 것이라 여기고, 사람을 시켜 약을 발라 잘 싸매어 주도록 하였더니, 그제서야 제 힘으로 기어가는 것이었다. 그래서 그 장소를 〈단사구〉라고 일컬었던 것이다.

그 1여 년 후, 그 뱀이 명주(明珠)를 물고 와서 보답하였다. 그 구슬은 지름이 한 촌(寸)쯤 되고 순백색으로 밤에는 밝은 빛이 비쳐 마치 달빛 같았으며, 방안의 촛불 대신으로도 쓸 수 있을 정도였다. 그래서 그 구슬을 〈수후주(隋侯珠)〉, 혹은 〈영사주(靈蛇珠)〉, 또는 〈명월주(明月珠)〉라 한다.

그 언덕 남쪽에 수(隋, 隨)나라의 대부(大夫) 계량(季梁, 季良)의 못이 있다.

 공유(孔愉)의 자는 경강(敬康)이며, 회계군(會稽郡) 산음현(山陰縣) 사람이다. 진(晉)나라 원제(元帝) 때, 화일(華軼)을 토벌한 공로로 후작(侯爵)에 봉해졌다.

공유가 어렸을 때, 일찍이 여부정(餘不亭)이라는 정자를 지나게 되었다.

그때 거북을 바구니에 담고 길을 가는 자가 있어, 공유가 이를 불쌍히 여겨 사서 여불계(餘不溪)라는 냇물에 놓아 주었다. 거북은 물 가운데로 떠내려가면서 왼쪽으로 돌아보기를 여러 번 하더니 사라졌다.

뒤에 공유가 화일을 토벌한 공로로 여부정후(餘不亭侯)에 봉해져, 인공(印工)이 그의 직인(職印)을 주조할 때였는데 주물로 이를 만들어 완성시켜 보았더니, 그 손잡이 부분의 거북 형상이 왼쪽을 돌아보고 있는 모습으로 나타나는 것이었다. 다시 세 번을 주조해 보았지만 역시 처음과 같은 모습이었다.

주조하는 인공이 이를 이상히 여겨 공유에게 알렸다. 공유는 그제서야 옛날 그 거북의 보답으로 자신이 성공할 수 있었음을 깨닫고, 드디어 이를 차고 다녔다.

뒤에 그는 여러 번 승진하여 상서좌복야(尙書左僕射)가 되었고, 거기장군(車騎將軍)까지 수증받았다.

 고대 소국(巢國)에 어느 날 갑자기 강물이 불어나더니, 잠시 후 옛 물길로 되돌아 흐르는 것이었다.

그러자 그 포구에 1만 근(斤)이나 되는 큰 물고기가 물길을 따라왔다가, 그만 되돌아가지 못한 채 사흘 만에 죽고 말았다. 그 군의 모든 사람들이 이를 잡아먹었지만, 한 노파만이 홀로 이를 입에 대지 아니하였다.

그때 홀연히 한 늙은이가 나타나 이같이 말하였다.

「이는 내 아들이오. 불행히 그런 재앙에 걸려들고 말았지요. 그대 홀로 이를 먹지 않았으니, 내 그대에게 후한 보답을 하리다. 만약 동쪽 성문에 세워 둔 돌거북의 눈이 붉어지면 이 성이 물에 잠길 것이오.」

노파가 매일 그 돌거북을 살펴보니, 어떤 어린아이 하나가 노파의 행동을 이상히 여겼다. 이에 노파가 사실대로 일러 주자, 그 어린아이가 장난삼아 붉은색으로 거북의 눈을 칠해 놓았다. 노파가 그것을 보고서 급히 성을 탈출하였다.

그때 푸른 옷을 입은 어떤 동자가 나타났다.

「나는 용의 아들이오.」

그리고는 노파를 이끌고 산으로 올라갔다. 성은 파묻혀 호수로 변하였다.

오군(吳郡) 부양현(富陽縣)의 동소지(董昭之)가
일찍이 배를 타고 전당강(錢塘江)을 건너게 되었
는데, 물 가운데에 이르자 개미 한 마리가 작은
갈대잎에 붙어 떠내려가면서 고개를 쳐들고 다시 쳐들고 하며
황급하여 어쩔 줄 모르는 모습이었다.

소지가 이를 보고서 이렇게 말하였다.

「죽음이 두려워 저러는구나.」

그래서 이를 건져 그 배에 실어 주었다. 그러자 배 안에 있던
사람들이 욕을 퍼부었다.

「이는 독이 있으며 쏘는 벌레요. 살려 줄 만한 놈이 못 되오.
내 이를 당장 밟아죽여야겠소.」

그러나 동소지는 그 개미를 심히 불쌍히 여겨 그 갈대잎을 배
에 끈으로 매어 물에 띄워 옮겼다. 이윽고 배가 강가에 이르자,
그 개미는 드디어 구출되었다.

그날 밤 꿈에 검은 옷을 입은 어떤 자가 나타났는데, 1백여 명
의 시종까지 거느린 채 동소지에게 다가오며 이렇게 말하는 것
이었다.

「나는 개미의 왕이오. 잘못하여 강에 빠지게 되었던 것입니다.
왕이면서 그대의 도움으로 살아나게 된 것을 부끄럽게 여기오.
만약 그대에게 급한 어려움이 생기면 마땅히 나에게 말하여 주
시오.」

그로부터 10여 년이 흘렀다. 당시 그곳에는 창겁의 도적들이
들끓고 있었다.

이에 동소지는 관청의 횡포로 도적의 우두머리라고 잘못 지목 받아 여항(餘杭)의 감옥에 갇히는 신세가 되고 말았다.

그때 소지는 옛일을 떠올렸다.

「개미의 왕이 꿈에 어떤 일이건 말하라고 하였다. 그런데 지금 어디를 향해 말을 하지?」

이런 생각을 하고 있을 때, 함께 갇혀 있던 자가 이상히 여겨 물었다. 동소지가 그 일을 자세히 들려 주자 그가 이런 제안을 하였다.

「그저 두세 마리의 개미를 잡아 손바닥에 올려 놓고 말해 보시 지요.」

동소지가 그의 말대로 하자, 그날 밤 과연 검은 옷을 입은 자 가 꿈에 나타났다.

「어서 급히 여항산(餘杭山) 속으로 도망 가시오. 천하가 대란에 빠져 머지않아 사면령이 내릴 것이오.」

이에 깜짝놀라 깨어 보니, 개미들이 이미 그의 형틀을 거의 다 쏠아 놓은 상태였다. 이리하여 감옥을 빠져 나와 강을 건너 여항 산으로 숨어들었다. 뒤이어 그는 사면령을 받아 풀려나게 되었다.

 오(吳)나라 손권(孫權) 때 이신순(李信純)이라 는 이가 있었는데, 양양군(襄陽郡) 기남현(紀南縣) 사람이었다.

그 집에 〈흑룡(黑龍)〉이라는 개를 한 마리 길렀는데 심히 아끼 고 사랑하였다. 그리하여 그 개는 앉으나 서나 주인을 따랐고, 이 신순 역시 밥을 먹을 때 그 먹던 것을 나누어 줄 정도였다.

그러던 어느 날 그가 성 밖에서 술에 크게 취하여 미처 집으로 돌아오지 못하고, 풀밭에 누워 잠이 들고 말았다.

당시 태수 정하(鄭瑕)가 마침 사냥을 나왔다가 풀이 너무 무성하다 여겨, 사람을 보내어 먼저 불을 놓아 태워 없애도록 하였다.

그런데 공교롭게도 바람이 신순이 누워 있는 방향으로 불어왔다. 개는 불길이 다가오는 것을 보고 입으로 신순의 옷자락을 물어당겼지만, 신순이 미동도 하지 않는 것이었다.

그가 누워 있는 곁에 냇물이 흐르고 있었는데 거리가 3,50보 정도였다. 개는 즉시 그리로 달려가 온몸을 적시고 다시 달려와서는, 그가 누워 있는 주위에 그 물을 뿌렸다. 이리하여 주인의 대난(大難)을 면하게 해주었다. 그러나 개는 물을 나르느라 지쳐 그만 그 곁에서 죽고 말았다.

잠시 후, 신순이 깨어났다. 그 개가 이미 죽어 있는데다 온몸이 흠뻑 젖어 있는 것을 보고는 처음엔 이상하게 여겼지만, 불길의 흔적을 보고는 비로소 알아차리고 통곡을 하였다.

태수 정하에게 이 사실을 알리자, 태수가 불쌍히 여기며 이렇게 말하였다.

「개의 보은이 사람보다 낫구나. 사람으로서 은혜를 모른다면 어찌 개만 하겠는가!」

그리고 즉시 명하여 관곽(棺槨)과 의금(衣衾)을 갖추어 장례를 치러 주도록 하였다. 지금도 기남현에 의견총(義犬冢)이 있으며, 무덤의 높이가 10여 길이나 된다.

 태흥(太興) 연간, 오군(吳郡)의 백성 화륭(華隆)이 잘 뛰는 개 한 마리를 기르고 있었다. 이름이 〈적미(的尾)〉였는데, 화륭은 항상 그 개를 데리고

다녔다.

그러던 어느 날 화룡이 갈대를 베러 강가에 나갔다가, 그만 그곳에서 큰 뱀에게 몸을 칭칭 감기게 되었다. 이를 본 개가 분격하여 그 뱀을 물고늘어졌다. 결국 뱀은 죽었지만, 화룡은 뻣뻣이 엎어진 채 정신을 잃고 있었다. 개는 그 곁을 오가며 눈물을 흘리다가, 강가에 매어둔 배와 풀밭 사이를 드나들기 시작하였다.

함께 갔던 이들이 이를 이상히 여겨 개를 따라갔다가, 드디어 기절한 화룡을 발견하여 집으로 데리고 돌아올 수 있었다. 개는 밥도 먹지 아니하더니, 화룡이 소생하고 나서야 비로소 그 밥을 먹었다.

이 일이 있고 나서 화룡은 더욱 그 개를 아껴 친척처럼 대하여 주었다.

 여릉태수(廬陵太守)인 태원군(太原郡) 사람 방기(龐企)의 자는 자급(子及)이다.

자기의 먼 조상은 그 어느 세대에 시작되었는지 모른다고 스스로 말하곤 하였다. 그런 그가 감옥에 갇히게 되었는데 사실은 아무런 죄가 없었으며, 고문에 못 견디어 거짓 자백을 하고 만 것이었다.

그가 옥에 갇힌 채 죄목의 판결문이 상부로 보고될 즈음, 어떤 누고(螻蛄, 땅강아지)가 그 곁을 기어다니는 것이었다.

이에 방기가 이렇게 말하였다.

「너에게 신령(神靈)이 있다면, 나를 이 죽음에서 구해 주면 이 또한 좋은 일이 아니겠는가?」

그리고 그에게 밥알을 던져 주었다. 누고는 밥을 다 먹고는 사라져 버렸다. 잠시 후 그 누고가 다시 나타났는데, 몸체가 조금 커져 있었다. 방기는 그때마다 이상히 여겨 다시 밥을 주었다.

이렇게 오가기를 10일간이 되자, 그 누고의 크기가 돼지만큼이나 되었다.

그러나 방기의 최종 판결은 결국 사형으로 결정이 나고 말았다. 그러자 그 누고가 밤에 벽을 뚫어 큰 구멍을 만들고는, 방기에게 씌워졌던 형틀을 갉아 도망 가게 해주었다.

그로부터 시간이 흐른 후, 그는 사면을 받아 살아나게 되었다.

이에 방씨 집안에서는 대대로 항상 네 계절마다 큰 도로에 누고의 제상을 차려 놓고 제사를 올렸다. 그러나 뒤에 갈수록 그러한 제사가 조금씩 태만해져서 다시 그토록 큰 성찬을 차리지는 못하고, 다만 다른 제사를 지낼 때 그 나머지 음식을 던져 주는 것으로 대신하고 있다.

지금도 그런 습속이 전해 오고 있다.

 임천군(臨川郡) 동흥현(東興縣)의 어떤 이가 산에 갔다가 새끼원숭이를 잡아 가지고 돌아왔다. 그러자 그 어미원숭이가 그의 뒤를 밟아 그 집까지 따라오는 것이었다.

그는 새끼원숭이를 묶어서 마당의 나무에 매어두고, 그 어미가 볼 수 있도록 하였다.

이에 그 어미가 즉시 자신의 뺨을 때리며 사람들을 향해 시늉을 하였다. 마치 애걸하는 모습으로 입은 있으나 능히 말을 못하는 그대로였다.

그러나 그는 새끼원숭이를 놓아 주지 않고, 도리어 때려죽여 버렸다.

어미원숭이는 슬피 울부짖으며 스스로 몸을 던져 죽고 말았다.

그가 어미원숭이의 배를 갈라 창자를 보니, 마디마디가 모두 끊어져 있었다. 그로부터 반 년이 못 되어, 그 집안에 역병(疫病)이 들어 사람은 죽고 가문은 멸망해 버렸다.

 풍승현(馮乘縣)의 우탕(虞蕩)이 밤에 사냥을 나가 한 마리 큰 사슴을 발견하고서 활을 당겼다.

그러자 그 큰 사슴이 곧바로 이렇게 말을 하는 것이었다.

「우탕, 네가 나를 쏘아죽이다니!」

이튿날 아침 그는 그 사슴을 잡아 가지고 돌아왔으나, 그 즉시 죽고 말았다.

 오군(吳郡) 해염현(海鹽縣) 북쪽 향정(鄕亭)이라는 마을에 선비 진갑(陳甲)이 살았는데, 그 본향(本鄕)은 하비(下邳)였다.

진(晉)나라 원제(元帝) 때, 그가 화정(華亭)이라는 곳에 살면서 동쪽 교외의 큰 풀숲으로 사냥을 나갔다가 갑자기 큰 뱀을 발견하였다. 길이가 6,7장(丈)이나 되었으며, 형체는 1백 곡(斛)을 싣는 큰 배만큼이나 컸는데, 검고 누런 오색의 무늬를 띠고서 산 아래 누워 있었다.

진갑이 활을 쏘아 죽이고는 너무 엄청나 감히 남에게 말을 하지 못하였다.

그로부터 3년 뒤, 마을 사람들과 다시 사냥을 나가 옛날 그 뱀이 있던 자리를 지나게 되자, 그제서야 동행에게 이렇게 자랑을 하였다.

「내 옛날 이곳에서 큰 뱀을 죽였지.」

그날 밤 꿈에 어떤 사람이 나타났는데, 검은 옷에 검은 머리띠를 두른 모습으로 진갑의 집으로 다가와 물었다.

「내가 지난날 몹시 취해 있을 때, 너는 아무런 이유 없이 나를 죽였다. 나는 그때 너무 취해서 너의 얼굴을 알아보지 못한 채 죽고 말았다. 그 때문에 3년간이나 누군인지를 알아내지 못하였던 것이다. 지금 네 스스로 죽을 날이 되었도다.」

진갑이 놀라 깨었다. 그리고 이튿날 복통을 앓다 죽었다.

공도현(邛都縣) 아래 한 노파가 살고 있었는데, 집은 가난하고 식구 또한 없었다. 그 노파가 식사를 할라치면 매번 작은 뱀 한 마리가 나타났는데 머리에 뿔이 달려 있었다. 그 뱀이 늘 침대 사이에 나타나자, 노파가 불쌍히 여겨 먹이를 주곤 하였다.

뒤에 그 뱀은 점점 자라 드디어 한 길 남짓이나 되었다. 그 당시 공도현의 현령에게 준마 한 필이 있었는데, 그 뱀이 그만 그 큰 준마를 집어삼켜 버렸다.

이에 현령이 크게 분을 품고 노파를 책망하며 그 뱀을 내쫓으라 하였다. 그러나 노파는 이를 보내지 못하고, 도리어 이렇게 숨겨 주었다.

「침대 밑에 있으려무나.」

현령이 이를 알고 그 밑의 땅을 파들어갔다. 파들어간 구덩이가 점점 커졌지만 그 뱀의 흔적은 보이지 않았다. 그러자 현령이 그 화를 옮겨 그만 노파를 죽이고 말았다.

이에 뱀이 자신의 신령함을 사람에게 감응시켜 이렇게 말하였다.

「못된 현령, 어찌하여 우리 어머니를 죽였는가? 내 마땅히 어머니를 위해 그대에게 복수하리라.」

이로부터 매일 밤마다 문득 우레와 바람 소리 같은 것이 들렸다. 이러한 일이 40여 일이나 계속되더니, 백성들이 서로를 쳐다보며 놀라 이렇게 말하였다.

「너의 머리 위에 어찌 갑자기 물고기가 얹혀 있는가?」

이날 밤 사방 40리 땅과 성이 일시에 물에 가라앉아 호수가 되어 버렸던 것이다. 그곳 사람들은 이를 〈함호(陷湖)〉라 불렀다. 그런데 그 노파가 살던 집만은 아무런 탈 없이 지금도 그대로 남아 있다.

어부들이 그 호수에서 고기를 잡을 때면 반드시 그 노파가 살던 집에 머물러 자게 되며, 매번 풍랑이 심할 때도 그 집 곁에서 이를 피하였다. 그러면 조용하고 편안하여 어떤 변고도 없었다. 그리고 바람이 잠잠하고 물이 맑을 때면 옛날의 성곽과 누대가 완연하게 보인다.

지금도 물이 빠져 얕을 때면, 그곳 주민들이 물속으로 들어가 옛날 나무들을 건져내기도 한다. 그 목재들은 딱딱하고 검은빛이 나서 마치 옻칠을 해놓은 것 같다. 지금의 호사가(好事家)들은 이를 가지고 베개를 만들어 서로 선물하기도 한다.

 건업(建業)의 어떤 부인의 등에 혹이 생겨났는데, 그 크기가 곡식 몇 말은 담을 수 있는 자루만 하였으며, 그 속에 마치 누에고치나 밤톨 크기만 한 것이 가득 들어 있어 움직일 때면 소리가 났다.

그 부인은 항상 거리를 다니며 구걸해 살았는데, 스스로를 이렇게 말하였다.

「나는 촌의 아낙이었다. 항상 언니뻘 되는 여자들과 분담하여 누에를 치면서, 나만 홀로 해마다 손해를 보았다. 그래서 한 번은 몰래 언니의 누에 한 자루를 불에 태워 버렸다. 그랬더니 얼마 후 등에 창병(瘡病)이 생겨 점점 자라더니 이런 혹이 되었다. 이를 옷으로 덮어 주면 공기가 막혀 답답해한다. 그래서 겉으로 드러내어야 된다. 무게는 마치 자루를 짊어진 것 같다.」

수신기

기타

 파군(巴郡)에 택수(澤水)가 있어 주민들이 이를 신룡(神龍)이라 부른다. 그 근처에서 북을 울리면 안 된다. 그렇게 하였다가는 즉시 비가 내린다.

 대현(代縣)에 성을 쌓기 시작하면서 장판(牆板) 과 지주(支柱, 幹)를 세웠다. 그런데 어느 날 아침 서남쪽의 장판이 사라져 4,50리 떨어진 못 가운 데 스스로 서 있었으며, 갈대로 외문(外門)이 만들어져 있는 것이 었다. 이에 그곳에다가 성을 쌓았다.

 《논어적보상(論語摘輔像)》에 이렇게 실려 있다. 『산과 땅이 무너지고 냇물이 막히며, 떠다니는 물건이 흩어지고 산이 북소리를 내며 운다. 형이 (衡夷)가 폐쇄되고, 여러 호걸들이 모여 전쟁을 거쳐 제왕이 탄생 한다』

당시 천하가 대란에 휩싸여 호걸들이 서로 다투었다.

조조(曹操)가 하북(河北)에서 원소(袁紹)와 원술(袁術)을 섬기 고 있었고, 손권(孫權)은 강남(江南)에서 왕업의 기틀을 마련하고 있었으며, 유표(劉表)는 양양(襄陽)에서 병란을 종식시킨 뒤 남쪽 으로는 영릉군(零陵郡)과 계양군(桂陽郡), 그리고 북쪽으로는 한 수(漢水) 일대를 할거하고 있었다. 그리고 황조(黃祖)를 자신의 발톱과 이빨 같은 보좌 역할로 삼았다. 황조는 손권과 깊은 원한 이 있어 전쟁이 해마다 일어났다.

건안(建安) 10년에는 조조가 남피(南皮)에서 원담(袁譚)을 격파하였고, 이듬해인 11년에는 원상(袁尚)을 요동(遼東)으로 몰아냈다.

그리고 13년에는 오(吳)나라 손권이 황조를 사로잡았다. 이 해에 유표가 죽었으며, 조조는 형주(荊州)를 공략하여 유비(劉備)를 당양(當陽)으로 몰아붙였다.

14년에는 오나라가 적벽(赤壁)에서 조조를 쳐부수었다.

이 세 명의 영웅, 즉 조조·유비·손권은 마침내 천하를 삼분하여 제왕(帝王)의 업을 성취시켰다. 이것이 소위 〈여러 호걸들이 모여 전쟁을 거쳐 제왕이 탄생한다〉이다.

다시 16년에는 유비가 촉으로 들어가 형주를 두고 오나라와 두번째 전쟁을 벌였다. 이때의 전쟁은 사분오열(四分五裂)의 형세를 이루었으며, 형주가 가장 극심하였다. 그 때문에 〈산이 운다〉는 괴이한 현상이 바로 그 형주에서 일어나게 된 것이다.

 축씨(祝氏) 성을 가진 어떤 닭치는 늙은이가 있었는데, 낙양(洛陽) 사람으로 시향(尸鄕)의 북쪽 산 밑에 살고 있었다.

1백 년 동안이나 닭을 길러 그 수가 수천 마리나 되었으며, 그 닭마다 모두 이름을 붙여 주었다. 그가 닭을 부르고 싶으면 그 이름을 부른다. 그러면 그 이름에 해당하는 닭이 다가온다.

뒤에 오산(吳山)으로 들어갔으나, 그 다음에는 어디로 갔는지 아무도 모른다.

 노자(老子)가 장차 서쪽의 함곡관(函谷關)으로 들어갔다.

관령(關令) 윤희(尹喜)는 도(道) 있는 선비를 좋아하였던 터라 진인(眞人)이 서쪽으로 가는 것을 보고 길에 나와 그를 맞이하였다.

 양진(楊震)이 강의를 하고 있을 때, 어떤 관학(鸛鶴)이 선어(鱓魚) 세 마리를 물고 와서 그가 강의하는 앞에 던져 놓고 갔다.

도강(都講)이 이 물고기를 가지고 들어와서 이렇게 말하였다.

「뱀이나 선어는 경(卿)·대부(大夫)의 옷에 그려넣는 도상(圖象)입니다. 그리고 셋이라는 숫자는 삼태(三台)를 뜻합니다. 선생님께서는 이제부터 높이 올라갈 것입니다.」

담대자우(澹臺子羽)가 벽옥을 지닌 채 하수(河水)를 건너고 있을 때, 갑자기 풍파가 일더니 두 마리 용이 에워쌌다. 자우가 분격하여 칼로 그 용을 쳐버리자, 그제서야 파도가 멎는 것이었다.

강가로 올라온 자우가 자신이 가지고 있던 벽옥을 하수에 던져버렸다. 그러자 하백(河伯)이 세 번이나 되돌려 주는 것이었다.

자우는 그 벽옥을 깨어 버리고 떠났다.

 이미 고인이 된 중모현(中牟縣)의 현령이었던 소소(蘇韶)는, 재주와 식견이 있어 명계(冥界)의 병졸들을 감응시켜 낮에 자기 집에 그 모습을 직접 드러낼 수 있었다. 여러 친척과 친구 들이 이 소식을 듣고 모여들었다. 그 소소의 음식을 먹은 양과 담소 등의 모습이 보통 사람과 다르지 않았다.

어떤 자가 그러한 일이 사실이었는가를 물었더니, 지금도 그 중모 땅에 살고 있는 사람들은 소소가 읊었던 많은 부(賦)를 들려 주면서, 그 사실 여부는 어떻게 말해야 할지 어렵다고들 한다.

여러 사람들이 전하는 부는 이러하였다.

정기가 운행하다가 내 육신을 떠나니
정신이 아득함이여, 먼 명계를 떠도네.
북제(北帝)에게 돌아가 풍경(酆京)에 다다르니
그 높은 담, 빼어난 성곽의 장엄함이여!
그 봉궐(鳳闕)에 이르러 천제에게 글을 올리니
자하(子夏)가 곁에 있고 안연(顏淵)이 그 옆방에 있었네.
공자 같은 대성을 직접 보고 양성(梁成)을 노래하였네.
오(吳)나라 계찰(季札)을 희구하니 그 영명함 뛰어나네.
하고 싶은 고담청론, 봉황 같은 훌륭함.
화조(花藻)를 펼쳐 놓은 듯, 문체도 찬연하다.
이 몸을 뽑아올려 곤륜산과 영주에 오르고 싶네.
이 많은 복을 받아 천년을 누리리라.

그 다음 가사도 많지만, 이에 다 기록할 수가 없다. 처음 그 부를 발견하였을 때, 이미 있는 듯 없는 듯 사라져 잊혀져 가고 있는 상태였다.

 《황제서(黃帝書)》에 이런 기록이 실려 있다.

상고시대에 두 신인(神人)이 있었는데 하나는 도여(荼與), 다른 하나는 울루(鬱壘), 혹은 울률(鬱律)이라 하였다.

도삭산(度朔山) 꼭대기에 큰 복숭아나무가 있었으며, 이들 두 신인은 그 나무에 의지해 살고 있었다. 그 나무의 동북쪽에 큰 굴이 있었고, 많은 귀신들이 모두 그 굴을 출입하며 살았다.

도여와 울루는 그 귀신들을 통솔하고, 또한 많은 귀신들을 뽑아들여 수만 명으로 늘어났다. 귀신 중에 제멋대로 사람에게 재앙을 끼치는 자가 있으면, 이들을 갈대줄로 묶어 호랑이 밥으로 처리하였다.

황제(黃帝)가 예(禮)를 만들어 귀신을 쫓을 때, 그 복숭아나무로 만든 신인의 형상을 문에 세워 도여와 울루, 그리고 호랑이를 그려넣었다.

지금 풍속에서는 매번 그해 납월(臘月) 제석(除夕)에 복숭아나무로 사람 형상을 수식하고, 다시 이를 갈대줄로 묶은 다음 호랑이 그림을 그려 문에 세우며, 좌우 양쪽에 2개의 등을 달아 호랑이의 두 눈을 상징한다.

이렇게 하여 상서롭지 못한 악귀를 쫓는 방법으로 이어지고 있다.

 풍릉(馮稜)이 그 아내가 죽자 심히 비통해하며 이렇게 탄식하였다.

「그대는 어찌 아들 하나도 낳아 주지 못하고 죽는단 말이오?」

잠시 후, 그의 아내가 다시 소생하였다. 뒤에 아이를 잉태하여 열 달이 지나 출산한 후 죽었다.

 맹종(孟宗)은 효성이 지극하였다. 그가 부모의 무덤에 가래나무를 꽂아 표시를 해두었더니, 효성에 감동하여 그 고목에서 꽃떨기가 피어나는 것이었다.

 이왕령(李王靈)은 그 어머니가 죽자 20년간 소금과 식초를 입에 대지 않았다. 효성에 감동하여 그 뜰에 있던 귤나무에서 겨울인데도 열매가 맺혔다.

황제(黃帝) 유웅씨(有熊氏)는 소전씨(少典氏)의 아들이다.

그 어머니의 이름은 부보(附寶)였으며, 부보의 선조는 염제(炎帝) 신농씨(神農氏)의 어머니 집안인 유교씨(有蟜氏)의 딸이 대대로 소전씨 부락과 결혼한 집안이었다.

신농씨 시대의 말기에 이르러 소전씨가 다시 부보를 아내로 맞이한 것이다. 당시 커다란 무지개가 북두성의 천추성(天樞星)을 휘감고, 서울 교외를 비추었다. 부보는 아이를 잉태한 지 25개월 만에 수구(壽丘)에서 황제(黃帝)를 낳은 것이다.

　　경도(慶都)가 황하를 구경하다가 적룡(赤龍)을 만났다.

그러자 날씨가 갑자기 어두워지면서 음기(陰氣)의 바람이 불었다. 경도는 그 적룡에 감응하여 아이를 잉태한 지 14개월 만에 요(堯)를 낳았다.

　　오맹(吳猛)은 촉군(蜀郡) 사람이다.

어릴 때 그 부모 곁에 누워 있었는데, 여름날이라 모기가 자신에게 많이 모여들었다. 그러나 오맹은 끝내 부채질을 하지 않았다. 이는 그 모기들이 자신을 떠나 부모에게 다가갈 것을 염려하였기 때문이다.

　　하간국(河間國)의 관필(管弼)은 임수(臨水) 북쪽 강가에 옮겨와 살고 있었다. 그는 그곳에서 농사를 짓건 장사를 하건 하는 일마다 거의 뜻대로 성공을 거두었다.

어느 날 그가 두 척의 배에 쌀을 싣고 도성으로 팔러 나가기 위해 막 집을 떠나려 할 때, 갑자기 집 안에 어떤 물체가 나타났다. 모습이 마치 타룡(鼉龍) 같았으며 길고 컸다.

그는 장사를 나갔다 돌아오기만 하면 곧바로 큰 이익을 얻었다. 이리하여 드디어 그는 큰 부자가 되어 20년 동안 항상 그 집에 1만 곡(斛)이나 되는 쌀이 있을 정도였다.

 정란(丁蘭)은 하내군(河內郡) 야왕현(野王縣) 사람이다. 그 나이 15세에 어머니를 여의자, 나무에 어머니의 얼굴을 새겨 이를 섬기며 마치 살아 있을 때처럼 공양하였다.

이웃 사람이 무엇을 꾸어 달라고 하면, 그 나무에 새긴 어머니의 얼굴 표정을 보고 결정을 내렸다. 즉 어머니의 얼굴에 화기(和氣)가 보이면 꾸어 주고 불화(不和)한 기색이면 꾸어 주지 않았던 것이다.

그러자 요구를 거부당한 이웃의 어떤 이가 이를 분하게 여겨, 그 어머니의 상을 훔쳐서 부수어 버렸다. 그랬더니 칼을 대는 즉시 피가 나오는 것이었다.

정란은 이에 그 나무를 염빈(殮殯)하고서 복수를 하였다.

한(漢)나라 선제(宣帝)가 이를 가상히 여겨 그에게 중대부(中大夫)의 벼슬을 주었다.

 오(吳)나라 선주(先主) 손권(孫權)이 병이 나자, 밖으로 사람을 보내어 그 대문에 무슨 불길한 징조가 있는지 살펴보도록 하였다.

무당이 이렇게 품계(稟啓)하였다.

「귀신 하나가 보입니다. 비단 두건을 쓰고 있는데, 마치 대신

(大臣)・장상(將相) 같습니다.」

그날 밤 선주의 꿈속에 노숙(魯肅)이 다가왔다. 그 옷 모습과 두건이 무당의 말과 같았다.

 유신(劉晨)과 완조(阮肇)가 천태산(天台山)으로 곡피(穀皮)를 구하러 갔다가, 그만 너무 멀리 들어가 되돌아올 수가 없었다. 이렇게 13일을 헤매게 되자 허기가 져서 견딜 수가 없었다.

그때 멀리 바라보니 산꼭대기에 복숭아나무가 있었는데, 복숭아가 아주 잘 익어 있는 것이었다. 두 사람은 칡덩굴을 잡고 험한 산을 올라 그 나무에 이르러 몇 개를 따먹었다. 그러자 허기가 그치고 체력이 보충되었다.

이제 산을 내려가려고 잔으로 물을 떠마시려 하였더니, 그 물에 무청(蕪菁) 잎이 떠내려오는 것이었다. 그 잎은 매우 신선하였다. 다시 뒤이어 잔 하나가 물에 떠내려왔다. 그 잔 속에는 참깨가 들어 있었다.

두 사람은 서로 이렇게 말하였다.

「이 근처에 사람 사는 집이 있다.」

이에 다시 냇물을 따라 산을 넘었더니, 다시 큰 냇물이 나타났다. 그 냇가에 두 여자가 있었는데, 너무나 아름다운 모습이었다. 그 두 여자는 각기 잔을 하나씩 든 채 웃으면서 문득 이렇게 말하는 것이었다.

「유신・완조 두 분께서는 방금 주웠던 그 잔을 돌려 주시지요.」

유신과 완조는 깜짝 놀랐다. 두 여자는 다시 즐거운 표정으로 마치 일찍부터 서로 아는 사이처럼 말하였다.

「어찌 이렇듯 늦게서야 나타나셨습니까?」

이리하여 그들을 모시고 집으로 돌아갔다. 그 집의 남쪽과 동쪽 두 벽에는 각각 붉은색 비단 휘장이 쳐져 있었고, 그 휘장 끝에는 방울이 달려 있었으며, 그 꼭대기에는 금은으로 얽어 장식한 모습이 너무나 아름다웠다.

게다가 그들은 몇 명의 시녀를 거느려 명령하고 시키고 하는 것이었다. 그들이 마련한 음식은 참깨밥과 산양포(山羊脯)・쇠고기 등이었는데 아주 훌륭하였다. 식사가 끝나자 술자리가 펼쳐졌다.

그리고 뒤이어 많은 여자들이 복숭아를 들고 다가와 웃으면서 축하의 말을 하였다.

「사위로 오신 것을 축하합니다.」

술자리의 즐거움이 이렇듯 대단했다. 밤이 되자 각각 하나씩 휘장에 들어가 잠자리를 정해 주었는데, 여자의 교태가 절륜하였다.

이렇게 열흘이 지나자 유신과 완조는 돌아가기를 청하였지만, 여자들이 머물기를 고청(苦請)하여 다시 반 년을 머물게 되었다.

이윽고 기후를 보았더니 초목이 모두 봄날이었으며, 온갖 새들이 울어 더욱 고향 생각이 났다. 그들은 돌아가고 싶은 마음에 심히 괴로웠다. 여자들이 드디어 그들을 보내 주면서, 손가락으로 돌아가는 길을 가르쳐 주었다.

그들이 되돌아왔더니 살던 고을은 모두 영락(零落)해 버렸고, 이미 10세(世)가 흐른 뒤였다.

 초호묘(焦胡廟)에 옥침(玉枕)이 하나 있었는데, 그 옥침에 갈라진 작은 틈새가 있었다. 당시 선부현(單父縣) 사람 양림(楊林)이 장사를 하고 있었

는데, 그 사당을 찾아와 기도를 하게 되었다.

그때 묘무(廟巫)가 이렇게 말하였다.

「그대는 좋은 아내를 맞이하고 싶은가?」

양림이 대답하였다.

「그렇게 되면 얼마나 좋겠습니까?」

묘무는 즉시 그를 옥침으로 가게 해서 그 갈라진 틈새로 들여
보냈다.

그랬더니 그 속에 주문경실(朱門瓊室)의 화려한 건물이 나타났
고, 그 안에 조태위(趙太尉)가 있었다. 조태위는 즉시 자기의 딸
을 양림에게 주었다. 그리하여 그들은 여섯 아들을 낳았고, 이 아
들들은 모두가 비서랑(秘書郎)에까지 오르는 영화를 누렸다. 몇
십 년이 흐르도록 양림은 사향(思鄕)의 생각조차 없었다.

그런데 갑자기 꿈에서 깨고 말았다. 그는 여전히 그 옥침 곁에
있는 자신을 발견하고는 그만 한참이나 창연(愴然)히 있었다.

　　　허무(許懋)는 오군(吳郡) 사람으로 연단법(煉丹
法)인 황백술(黃白術)을 좋아하였다. 어느 날 그가
한 도인을 만나게 되었는데, 그 도인은 그림 한 폭
부채 하나의 족자를 벽에 걸어 놓고 있었다. 그 그림에는 연약(煉
藥)에 쓰는 화로와 동자가 그려져 있었다.

도인이 동자를 불렀다. 이에 그 동자가 화롯가에 꿇어앉자, 그
림과 부채가 움직이며 화로에서 불꽃이 피어오르더니 잠시 후
약이 끓기 시작하는 것이었다.

도인은 이렇게 말하였다.

「이 황백술은 천지의 수(數)를 부리는 것이오. 적공누행(積功累

行)하지 않고서는 해낼 수 없는 것이라오.」

그리고 드디어 허무에게 이렇게 일러 주었다.

「50년 후에 모산(茅山)에서 우리 서로 만납시다.」

그리고 그 도인은 어디로 갔는지 알 수가 없게 되었다.

 (고개지(顧愷之)의 자는 장강(長康)이며), 이웃집 여자를 사모하였다. 이에 그 여자 모습을 그려, 그 그림의 심장에 해당하는 부분에 못을 박아 벽에 걸어두었다.

그러자 그 이웃집 여자가 실제로 심장이 아파 견딜 수가 없었다. 고개지에게 이 사실이 알려져 그 못을 빼냈더니, 여자의 통증이 사라졌다.

【인물 소개】

가밀賈謐 가충(賈充)의 막내딸인 가오(賈午)의 아들이다. 조왕(趙王)
　사마륜(司馬倫)이 가후(賈后)를 폐위시키면서 가밀(賈謐)을 부르자,
　가밀(賈謐)이 서쪽 종(鐘) 밑으로 숨었다가 그곳에서 참살당하였다.

가오賈午 가충(賈充)의 막내딸. 한수(韓壽)에게 시집가서 아들을 낳아
　아버지 가충(賈充)의 대를 잇게 하였다. 그 아들이 가밀(賈謐)이다.

가옹賈雍 한(漢)나라 예장태수(豫章太守).

가우賈偶 한(漢)나라 남양군(南陽郡) 사람.

가의賈誼 B.C. 200∼168년. 한초(漢初)의 문학가(文學家)이자 정론가
　(政論家).《사기(史記)》에 굴원(屈原)과 함께 그 전(傳)이 실려 있다.

가충賈充 자(字)는 공여(公閭: 217∼282). 삼국시대(三國時代) 가규
　(賈逵)의 아들. 위(魏)에 벼슬하여 사마씨(司馬氏)의 속관이 되었다.
　서진(西晉) 초기에 사공(司空)·시중(侍中)·상서령(尙書令)·태위
　(太尉) 등 요직을 지냈다. 진률(晉律)을 제정하였다. 두 딸이 제(齊)
　왕비(王妃)와 태자비(太子妃)가 되어 정권을 독단하였으며, 임영후
　(臨潁侯)·노군공(魯郡公)에 봉해졌다. 죽은 후 태재(太宰)에 추증
　되었다.《진서(晉書)》권사십(卷四十)에 그 전(傳)이 실려 있다.

가패란賈佩蘭 척부인(戚夫人)의 시녀이며, 뒤에 본문 내용대로 단유
　(段儒)의 아내가 된 여인.

가화賈和 한(漢)나라 진류군(陳留郡) 고성현(考城縣) 현령.

가후賈后 가충(賈充)의 딸. 가남풍(賈南風). 혜제(惠帝)의 황후(皇后).
　그 역시 최후에는 조왕(趙王) 사마륜(司馬倫), 조왕(齊王) 사마경(司
　馬冏)이 군사를 이끌고 입궁하였을 때 잡혀죽었다. 조왕(趙王) 사마
　륜(司馬倫)은 가후(賈后)를 죽인 후 혜제(惠帝)까지 폐위시키고 자
　립하여 황제(皇帝)에 올랐으나, 즉시 성도왕(成都王) 사마영(司馬
　穎)에게 죽음을 당하였다.

간경干慶 《수신기(搜神記)》의 작자인 간보(干寶)의 형.

간장干將 춘추시대 오(吳)나라의 칼을 잘 만들던 도장(刀匠). 전(轉)

하여 널리 명검(名劍)의 뜻으로 쓰였다.

갈유葛由 고대의 선인(仙人).

갈조葛祚 오(吳)나라 형양태수(衡陽太守).

갈현葛玄 삼국시대(三國時代) 오(吳)나라 단양인(丹陽人)으로《포박자(抱朴子)》의 작자인 갈홍(葛洪)의 종조(從祖). 갈선옹(葛仙翁), 혹은 태극선옹(太極仙翁)이라고 불린다.

강왕康王〔宋〕 전국시대(戰國時代)의 송(宋)나라 군주(君主)로 포악하였다. 이름은 언(偃).

강충江充 한(漢) 무제(武帝)의 신하(臣下). 조국인(趙國人). 무제(武帝)의 총애를 받아 수형도위(水衡都尉)를 지냈다. 무제(武帝) 정화(征和) 이년(二年: B.C. 91)의 무고사건(巫蠱事件) 때 위태자(衛太子)를 모함하다가 죽었다.

거령巨靈 고대 신화 속의 하신(河神).

걸桀 중국 하(夏)나라의 마지막 왕(제17대). 이름은 제리계(帝履癸). 은(殷)의 주왕(紂王)과 나란히 중국 상고시대(上古時代)의 폭군으로 대표된다. 걸의 중조부인 공갑(孔甲) 때부터 하나라는 이미 제후들에 대한 통제력을 잃고 있었으며, 걸이 즉위함에 이르러서는 국세가 더욱 기울어져 갔다. 왕위에 오른 걸은 궁전을 사치스럽게 치장하고 미녀들을 모아들이는 데 바빴으며, 음란한 음악을 좋아하고 주지육림(酒池肉林)의 놀이를 즐기는 등 악행을 일삼았다고 한다. 그즈음 민심을 얻는 한편, 여러 제후들을 승복시켜 세력을 키우고 있던 탕왕(湯王)이 병사를 일으켜 걸을 물리치고 새로이 은(초기 국명은 상)을 세웠다. 패배한 걸은 양쯔 강〔揚子江〕 유역의 남소(南巢)로 도망쳐 그곳에서 죽었다고 한다. 물론 이러한 사적(史跡)들은 모두 전설에 의한 것이며, 이 가운데서 역사적 사실만을 가려내기는 매우 힘든 일이다. 걸이 왕비인 매희(妹喜)에게 빠져 정사(政事)를 게을리하고 백성들은 괴롭혔다는 이야기는 은 주왕의 사적과 일치하는 점이 많은데, 주왕과 걸왕은 〈국가의 멸망을 초래하는 폭군〉의 전형이라 할 수 있다.

경공景公〔宋〕 춘추전국(春秋戰國) 교체기의 송(宋)나라 임금. 이름은 두만(頭曼). 재위 64년(B.C. 516~453).

경공頃公〔齊〕　춘추시대의 제(齊)나라 군주. 이름은 무야(無野). 환공(桓公)의 손자인 혜공(惠公)의 아들. 제나라 20대 임금. 재위 17년(B.C. 598~582).

경공景公〔齊〕　춘추시대 제(齊)나라의 임금. 재위 58년(B.C. 547~490). 안자(晏子)의 도움을 받아 나라를 잘 다스렸다.

경리更嬴　전국시대(戰國時代)의 유명한 궁인(弓人).《전국책(戰國策)》초책사(楚策四) 참조.

경방京房　자(字)는 군명(君明: B.C. 77~37). 본성(本姓)은 이(李). 한(漢) 원제(元帝) 때 박사(博士)가 되어 위군태수(魏郡太守)를 역임하였다. 서한(西漢) 금문(今文)《역(易)》의 창시자.《경씨역전(京氏易傳)》삼권(三卷)이 전한다.《한서(漢書)》권팔십팔(卷八十八)에 그 전(傳)이 실려 있다.

경왕敬王〔周〕　춘추시대(春秋時代)의 종주국(宗主國)인 주(周)나라 천자(天子). 37년은 B.C. 483년.

경제景帝〔吳〕　손휴(孫休). 자(字)는 자열(子烈). 손권(孫權)의 여섯째 아들. 재위 6년(258~263).

경제景帝〔漢〕　서한(西漢)의 제4대 황제(皇帝). 재위 B.C. 156~141년.

경차景差　전국시대 초(楚)나라 사람으로 경양왕(頃襄王)을 섬겼다.

경홍慶洪　당시의 태수(太守) 이름.《후한서(後漢書)》에는 경홍(慶鴻)으로 실려 있다.

계량季梁(李良)　수(隋)나라의 대부(大夫). 그러나 뒤에 있는 설명은 뒷사람의 주(注)가 잘못 기입된 것으로 여겨진다.

계자훈薊子訓　동한(東漢) 때의 인물.《신선전(神仙傳)》에는 계달자자훈(薊達字子訓)이라 하였다.

계환자季桓子　춘추시대의 노(魯)나라 대부(大夫)인 계손사(季孫斯).

고개지顧愷之　중국 동진(東晉)의 문인·화가. 자는 장강(長康). 강소성 무석(無錫) 사람. 송(宋)나라의 육탐미(陸探微)·양(梁)나라의 장승요(張僧繇)와 아울러 육조(六朝)의 삼대가로 일컬어짐. 박학다재하며 특히 글과 그림, 기발한 행동에 뛰어나 삼절(三絶)이라 부르며, 인물·산수화에 새로운 면을 개척했고, 화론(畵論)도 많이 썼다. 그의 그림은 대상(對象)이 지니고 있는 생명 또는 정신의 표현에 중점을 두었다. 동양화론의 비조(鼻祖)이다. 대표작은 대영(大英) 박물관에 소장되어 있는 《여사잠도(女史箴圖)》가 있다.

고구顧球 양주별가(揚州別駕)

고당륭高堂隆 자(字)는 승평(升平). 위(魏) 명제(明帝) 때 시중(侍中)을 지낸 인물.

고당륭高堂隆 자(字)는 승평(升平). 위(魏) 명제(明帝) 때 시중(侍中)을 지낸 인물.

고야자古冶子 고야자(古治子)로도 쓰며, 제(齊)나라 경공(景公) 때의 용사. 거만하게 굴다가 안자(晏子)에게 죽음을 당하였다.

고양씨高陽氏 ⇒ 전욱顓頊

고조高祖〔漢〕 ⇒ 유방劉邦

고종高宗〔殷〕 ⇒ 무정武丁

고죽군孤竹君 상대(商代) 제후국(諸侯國) 가운데 묵태씨(墨胎氏)의 나라 임금.

곤鯀 요(堯)의 신하. 전욱(顓頊)의 아들이며, 우(禹)의 아버지. 치수(治水) 사업에 종사한 지 9년이 되어도 그 보람이 나타나지 않자 목숨을 잃었다.

공貢 동한(東漢) 숙선웅(叔先雄)의 큰아들.

공갑孔甲 하(夏)나라 때의 임금 이름. 소강(少康)의 구세(九世) 후손이며, 부강(不降)의 아들.

공손연公孫淵 삼국시대(三國時代)의 군벌. 할아버지 공손도(公孫度), 아버지 공손경(公孫康)과 함께 3대를 요동태수(遼東太守)를 지내다가 자립하여 연왕(燕王)이 되었다. 뒤에 그 아들 공손수(公孫脩)가 사마의(司馬懿)에게 죽었다.

공유孔愉 서진(西晉) 말(末) 동진(東晉) 초(初)의 인물.

공자孔子 중국 춘추시대의 대철학자·사상가. 유교(儒敎)의 비조. 노(魯)나라 곡부(曲阜)에서 태어났다. 성은 공(孔), 이름은 구(丘), 자는 중니(仲尼). 여러 나라를 두루 돌아다니며, 치국(治國)의 도(道)를 설하기 30년, 육경(六經) 곧 예(禮)·악(樂)·시(詩)·서(書)·역(易)·춘추(春秋)를 산술하고, 요(堯)·순(舜)·문왕(文王)·무왕(武王)·주공(周公) 등을 존숭하여 고래의 사상을 대성하였다. 그의 학파는 유가(儒家)라 불리며, 그의 사상은 맹자와 순자에 의해 계승되었다. 인(仁)을 이상의 도덕이라 하여 효제(孝悌)와 충서(忠恕)로써 이상을 이루는 근거로 하였다. 뒤에 그의 제자들이 그의 언행을 기록해 놓은 《논어(論語)》 7권이 있다.

곽거郭巨 진(晉)나라 융려(隆廬) 사람.

곽박郭璞 자(字)는 경순(景純: 276～324). 진(晉)나라 하동(河東) 문희인(聞喜人). 경술(經術)에 밝고 박학다식하였으며, 저작좌랑(著作佐郎). 왕돈(王敦)의 기실참군(記室參軍) 등을 지냈다. 왕돈(王敦)의 기병(起兵)을 저지하다가 피살되었다. 《이아(爾雅)》·《방언(方言)》·《산해경(山海經)》·《목천자전(穆天子傳)》 등에 주(注)를 썼다. 《진서(晉書)》 권칠십이(卷七十二)에 그 전(傳)이 실려 있다.

곽하郭賀 낙양(洛陽) 사람. 자(字)는 교경(喬卿). 형주자사(荊州刺史). 하남윤(河南尹) 등을 지냈다.

곽후郭后 위(魏) 문제(文帝) 조비(曹丕)의 황후(皇后). 자(字)는 여왕(女王). 안평(安平) 광종인(廣宗人). 위(魏) 명제(明帝) 청룡(青龍) 삼년(三年: 235)에 죽었다.

관로管輅 자(字)는 공명(公明: 208～256). 삼국시대(三國時代) 위(魏)나라 평원인(平原人). 《역(易)》에 밝았으며, 복서(卜筮)에 뛰어났었다. 소부승(少府丞)에 올랐다. 《삼국지(三國志)》 권이십구(卷二十九)에 그 전(傳)이 실려 있다.

관선冠先 고대의 선인(仙人) 이름. 《열선전(列仙傳)》에는 구선(寇先)으로 실려 있으며, 《운급칠첨(雲笈七籤)》에는 구선생(寇先生)으로 실려 있다.

《관자管子》 중국 춘추시대의 제(齊)나라 재상인 관중(管仲)이 지은 책. 부민(富民)·치국(治國)·경신(敬神)·포교(布敎)를 서술하고 패도(覇道) 정치를 역설하였다. 원본은 86편이었다고 하나 현존하는 것은 76편이다.

광무제光武帝 ⇒ 유수劉秀

광천왕廣川王 유거(劉去). 《서경잡기(西京雜記)》에는 유거질(劉去疾)로 실려 있으며, 한(漢)나라 때 제후국(諸侯國)인 광천국(廣川國) 목왕(繆王) 유제(劉齊)의 태자(太子). 뒤에 왕(王)에 습봉되어 22년간 재위(在位)하였으나, 죄를 지어 자살하였다.

교현喬玄 동한(東漢) 환제(桓帝: 재위 147~167) 때의 인물. 시중(侍中)·태위(太尉)·태중대부(太中大夫) 등을 역임하였다. 자(字)는 공조(公祖).

《구단금액선경九丹金液仙經》 도가(道家) 연금단(煉金丹)의 비서(秘書)이다.

구익부인鉤弋夫人 한(漢) 무제(武帝)의 첩여(婕妤. 첩여는 궁중 부인의 칭호). 성(姓)은 조씨(趙氏)이며, 하간(河間) 사람. 태어나서 손이 펴지지 않았으나 무제(武帝)를 만나자 손이 펴지면서 왕구(王鉤)가 나왔다고 하며, 뒤에 무제(武帝)의 첩여(婕妤)가 되었다. 구익궁(鉤弋宮)에 거(居)하였으며, 소제(昭帝)를 낳고 태후(太后)로 추존되었다. 구익부인(鉤翼夫人)으로도 표기되며, 익(翼)을 휘(諱)하여 익(弋)으로 고친 것이다.

국도룡鞠道龍 한(漢)나라 때 사람으로 환술(幻術)에 뛰어났던 인물. 국도룡(鞫道龍)으로도 쓴다.

금고琴高 고대 선인(仙人). 전국시대(戰國時代) 조(趙)나라 사람.

기후祁侯 이름은 타(它). 기후증하(祁侯繪賀)의 손자.

나위羅威 〈온석고사(溫席故事)〉로 널리 알려진 인물이다.

난서欒書 춘추시대(春秋時代)의 진(晉)나라 대부(大夫). 진(晉) 여공(厲公) 육년(六年: B.C. 575) 정(鄭)을 치러 나섰을 때, 정(鄭)나라를 구원하러 나선 초(楚)나라 군대를 언릉(鄢陵)에서 크게 이겨 이름을 드러냈다. 시호(諡號)는 무자(武子).

내계덕來季德 내염(來艶)이라는 인물. 동한(東漢) 영제(靈帝) 때 사공(司空)을 지냈다. 《태평광기(太平廣記)》에는 이덕(李德)으로 실려 있다.

내태원乃太原 조일청(趙一淸)은 인명(人名)으로 보았고, 왕소영(汪紹楹)은 《수신기교주(搜神記校注)》에서 유원(劉原)의 와자(訛字)로 보았다.

노분廬汾 후위(後魏) 효장제(孝莊帝) 때의 인물.

노소천魯少千 선인(仙人) 이름. 《북당서초(北堂書鈔)》에는 노소년(魯少年)으로 실려 있다.

노식盧植 동한(東漢) 말(末)의 유명한 유학자(儒學者). 영제(靈帝) 때 상서(尙書)를 지냈다.

노자老子 중국 춘추시대의 사상가. 도가(道家)의 시조. 성은 이(李), 이름은 이(耳). 자는 담(聃) 또는 백양(伯陽). 초(楚)나라 사람. 그는 유교에서 말하는 예제(禮制)나 실천 도덕 등은 쓸데없는 것으로서, 세상이 어지러워지는 것은 사람들이 지식을 지나치게 구하는 때문이라고 하여, 자아를 버리고 무위자연의 도(道)에 따르면 사회는 평화롭게 되며 사람들은 행복하게 된다고 설하여, 자급자족하는 작은 나라를 이상으로 하였다. 또 태고의 황제(黃帝) 시대를 이상으로 하기 때문에 〈황로(黃老)의 도(道)〉라 이르며, 도를 설하므로 도가(道家)라 이르고, 장자(莊子)가 이를 이어받았으므로 노장사상이라 일컬어진다.

《노자老子》 ⇒ 《도덕경道德經》

뇌환雷煥 서진(西晉) 예장인(豫章人). 장화(張華)를 위하여 용천검(龍泉劍)과 태아검(太阿劍)을 찾아 주었다고 한다. 이에 장화(張華)가 풍성령(豐城令)으로 추천하여 주었다.

단규段珪 당시의 환관(宦官). 환관(宦官)의 난을 일으킨 인물. 십상시(十常侍) 중의 하나.

단예段翳 다른 기록에는 단의(段醫)로 실려 있다. 《후한서(後漢書)》에 그 전(傳)이 실려 있다.

단유段儒 가패란(賈佩蘭)의 남편.

대문모戴文謀 《예문류취(藝文類聚)》와 《태평광기(太平廣記)》에는 대문심(戴文諶)으로 실려 있다.

대양戴洋 자(字)는 국류(國流). 오흥(吳興) 장성(長城) 출신. 《진서(晉書)》 대양전(戴陽傳)에 의하면, 점복(占卜)과 도술(道術)에 밝았던 인물이라 하였다.

《도덕경道德經》 노자(老子)가 어지러운 세상을 피하여 함곡관(函谷關)에 이르렀을 때, 윤희(尹喜)가 도를 물으매, 도덕 오천언을 적어 준 책. 무위(無爲)를, 모든 일을 다스리는 대도(大道)라 하여, 무위로 돌아가면 난리가 없다는 내용이다.

도서屠黍 진(晉)나라 태사(太史). 《여씨춘추(呂氏春秋)》 관세편(觀世

篇)에 의하면, 진(晉)나라가 망할 것을 알고 문서를 정리하여 주
(周)나라로 도망 갔던 인물.

도안공陶安公 고대의 선인(仙人).

동명성왕東明聖王 고구려의 시조. 부여왕 해모수(解慕漱)의 아들. 성
은 고(高). 이름은 주몽(朱蒙)·상해(象解). 본래 동부여(東扶餘)의
왕자로서 총명하고 활을 잘 쏘아 대소(帶素) 등 금와왕의 일곱 왕
자가 그 재주를 시기하여 죽이려 하자, B.C. 37년에 졸본(卒本)으로
남하(南下)하여 도읍하고 고구려를 세웠다. 이 임금 4(B.C. 34)년 성
곽과 궁실을 축조, 동왕 6(B.C. 32)년 행인국(荇人國)을 정벌, 동왕
10(B.C. 28)년 북옥저(北沃沮)를 정복하였다. 동명왕(東明王). 고주몽
(高朱蒙).

동명왕東明王 ⇒ **동명성왕東明聖王**

동방삭東方朔 한(漢)나라 무제(武帝) 때의 사람. 자는 만청(曼倩). 벼
슬이 금마문시중(金馬門侍中)에 이르고 해학(諧謔)과 변설로 이름
이 났다. 속설(俗說)에, 서왕모(西王母)의 복숭아를 훔쳐먹어 죽지
않고 장수(長壽)를 하였으므로 〈삼천 갑자(甲子) 동방삭〉이라고 일
컬음. 뜻이 바뀌어 〈오래 사는 사람〉의 비유.

동영董永 정사(正史)에는 나타나 있지 않으나, 민간에 널리 알려진
인물.

동중서董仲舒 중국 전한(前漢) 때의 유학자. 하북(河北) 사람. 호는
계암자(桂巖子). 《춘추공양전(春秋公羊傳)》에 정통. 경제(景帝) 때
박사(博士)를 지내고, 무제(武帝) 때 학제(學制) 개혁(改革)을 단행
하고 유학을 관학(官學)으로서 융성케 하여 국교(國敎)로 삼게 하
였다. 저서 《춘추번로(春秋繁露)》.

동충董忠 한(漢)나라 선제(宣帝) 때의 대신(大臣)으로서, 곽광(霍光)
의 세력을 물리친 공으로 봉(封)을 받았다.

동탁董卓 한말(漢末)의 군벌(軍閥). 영제(靈帝)가 죽은 후 하태후(何
太后)의 아들 유변(劉辯)이 즉위하여 소제(少帝)가 되자, 환관(宦官)
의 난이 일어났다. 이때 하태후(何太后)는 동탁(董卓)을 불러들였
다. 동탁(董卓)은 소제(少帝)를 홍농왕(弘農王)으로 강등시키고, 진
유왕(陳留王) 유협(劉協)을 등극시켰다. 이가 곧 헌제(獻帝). 그리고

다시 동태후(董太后)를 핍박하여 그로 하여금 하태후(何太后)를 죽이게 하였다. 그뒤 동탁(董卓)은 산동(山東)에서 일어난 반군이 자신을 비난하자 홍농왕(弘農王, 少帝)도 죽여 버렸다.

두계杜契 《진고(眞誥)》십삼(十三)에 의하면 자(字)는 광평(廣平)이며, 경조두릉인(京兆杜陵人)으로 계염(介琰)에게 도술(道術)을 배웠다고 한다.

두교杜喬 자(字)는 숙영(叔榮). 대홍려(大鴻臚)를 지냈으며, 양기(梁冀)에게 맞서다가 죽었다.

두란향杜蘭香 고대 전설상의 선녀(仙女). 문장 처음에 『한시(漢時)』라 하였으나, 서진(西晉) 말기(末期)의 내용으로 보고 있다.

두무竇武 대장군(大將軍)·문희후(聞喜侯)에 봉(封)받았으며, 그의 딸이 환제(桓帝: 147~167)의 황후(皇后)가 되었다.

두봉竇奉 후한(後漢) 때의 정양태수(定襄太守).

두석杜錫 서진(西晉) 때의 인물로 명장(名將) 두예(杜預, 222 ~284)의 아들.

두태후竇太后 동한(東漢) 환제(桓帝)의 황후(皇后). 두묘(竇妙). 두무(竇武)의 딸로 영제(靈帝)가 즉위하자 정권을 쥐고 흔들었다. 그 아버지를 대장군(大將軍)으로 삼아 환관(宦官)을 제거하였으나 피살되었으며〔168년〕, 그 4년 후에 두태후(竇太后)도 죽었다.

등희鄧喜 삼국시대(三國時代) 인물.《송서(宋書)》오행지(五行志)에는 등가(鄧嘉)로 실려 있다.

막야鏌鋣(莫邪) 고대 칼을 잘 만들던 대장간의 아내. 이들이 만든 칼이 너무 훌륭하여 그 이름을 붙였다. 간장(干將)의 아내.

《명산기名山記》 책(冊) 이름인 듯하다. 당시의 명산대전 및 그와 관련한 신선(神仙)·귀신(鬼神)·정령(精靈) 등을 기록한 것으로 본다.

명제明帝〔魏〕 위(魏)나라 황제(皇帝)로 조비(曹丕)의 아들.

명제明帝〔晉〕 동진(東晉)의 제2대 황제(皇帝)인 사마소(司馬紹). 재위 323~326년.

명제明帝〔漢〕 동한(東漢) 때의 황제(皇帝). 유장(劉莊). 재위 18년(58~75).

목공穆公〔繆公, 秦〕 중국 춘추시대의 진(秦)나라 제9대 왕. 이름은 임

호(任好). 대부(大夫) 백리해(百里奚)를 등용. 선정을 베풀고 국력을
신장하여 국토를 넓혀 천리에 달하였다. 서융(西戎)의 패자(霸者)라
불리었다. 오고대부(五羖大夫), 기하식마(岐下食馬) 등의 고사를 남
겼다. 재위 39년(B.C. 659~621).

몽쌍씨蒙雙氏　씨족 이름. 씨(氏)는 지연(地緣) 집단을 뜻하며, 성(姓)
은 혈연, 즉 모계 계통을 뜻한다.

무왕武王　B.C. 12세기 중국에서 활동한 주(周: B.C. 1111~255)의
창건자이며, 제1대 황제(B.C. 1111~04 재위). 이름은 희발(姬發).
후대의 유학자들은 그를 현군(賢君)으로 평가했다. 아버지 문왕(文
王)의 뒤를 이어 서쪽 변경에 있던 도시국가 주의 우두머리가 되었
다. 서백(西伯)이라는 칭호를 사용했던 문왕 때부터 은나라(殷:
B.C. 18~12세기)를 무너뜨릴 계획을 세웠다. 무왕은 아버지의 뒤
를 이어 다른 8개의 변경국가들과 연합하여 은의 마지막 황제이며
폭군이던 주왕(紂王)을 몰아냈다. 은과의 마지막 전투는 대단히 치
열했다고 한다. 은의 생존자들은 한반도 같은 먼 지역으로 달아나
이들 지역에 중국 문화를 전파한 것으로 보인다. 무왕은 주를 세우
고 나서 동생 주공(周公)의 도움을 받아 봉건적인 통치제도를 수립
함으로써 통치권을 강화했다. 이 제도는 주의 종주권을 인정한다는
전제하에 왕실 친척들과 가신(家臣)들에게 영토를 나누어 주는 것
이었다. 싸움에서 패한 은조차도 속죄의 대가로 이전의 지배영역
가운데 작은 지역을 나누어 받았다.

무정武丁　중국 은(殷)나라의 제23대 왕. 59년간 재위했으며, 시호는
고종(高宗)이다. 반경(盤庚)의 아우인 소을(小乙)의 아들로, 어릴 적
에 민간에서 자라 백성들의 사정을 잘 알고 있었다고 전해진다. 즉
위한 후에 노예 부열(傅說)을 등용해서 보좌로 삼고 감반(甘盤)을
대신으로 삼았다. 농업생산을 중시하고 힘써 부강을 도모해 훌륭한
정치를 폈다. 무정은 제후의 군대를 규합해, 연달아 국경을 침범해
오던 서북 지방의 강(羌)·홍방(洪方)·귀방(鬼方)·토방(土方), 남
쪽 변방의 호방(虎方)·형초(荊楚). 동남 지방의 이(夷)를 차례로
토벌했는데 모두 크게 승리를 거두었다. 무정의 통치기간은 은의
최고 번영기였다. 농사 시기를 놓치지 않도록 친히 명령을 내려 씨

를 뿌리게 했으며, 이를 위해 역법(曆法)을 고쳤다. 이 시기의 갑골
문(甲骨文)의 복사(卜辭) 가운데에서 연말의 윤달을 〈13월〉이라고
부른 것이 발견되었다.

무제武帝〔魏〕 ⇒ 조조曹操

무제武帝〔晋〕 ⇒ 사마염司馬炎

무제武帝〔漢〕 서한(西漢)의 제5대 황제(皇帝). 유철(劉徹). 영명한 군
주(君主)로 많은 업적을 남겼으며, 방술(方術)을 좋아하여 한무(漢
武) 고사(故事)의 대상이 되었다. 재위 B.C. 140~87년. 《사기(史
記)》·《한서(漢書)》에 기(紀)가 실려 있다.

묵자墨子 중국 춘추시대 노(魯)나라의 철학자·사상가. 이름은 적
(翟). 제학파의 하나인 묵가(墨家)의 시조. 난세의 원인은 사람에게
사랑이 결여된 것이라 하여, 서로 사랑하여 다른 사람에게 이롭게
하면 하늘의 의사와 일치되어 천하는 태평하다는 겸애설(兼愛說)을
주장. 실행방법으로는 근검을 권하고 생활의 간소화를 주장. 묵적
(墨翟).

문공文公〔秦〕 춘추시대(春秋時代) 진(秦)나라 군주(君主). 27년은
B.C. 739년. 재위 B.C. 765~716년.

문영文穎 한말(漢末)의 인물로 형주종사(荊州從事)를 지냈다. 자(字)
를 숙량(叔良)이라 하였으나, 왕찬(王粲)의 〈증문숙량시(贈文叔良
詩)〉에서는 숙장(叔長)이라 하였다. 《태평광기(太平廣記)》에는 문영
(文穎), 《법원주림(法苑珠林)》에는 영(穎)과 영(穎)이 뒤섞여 있다.

문왕文王〔周〕 희창(姬昌). B.C. 12세기 중국 주(周: B.C. 1111~256/
255)의 창건자인 무왕(武王)의 아버지. 서백(西伯)이라고도 함. 유
교 역사가들이 칭송하는 성군(聖君) 가운데 하나이다. 문왕은 중국
서부 국경에 위치한 주의 통치자였는데, 이 나라는 오랫동안 문명
화된 중국과 유목침략자들 사이의 전쟁터가 되어 왔다. B.C. 1144
년에 그는 서백이라는 칭호를 갖게 되었으며, 은나라(殷: B.C.
18~12세기)를 위협하기 시작했다. 1144년에는 은의 마지막 왕인
주왕(紂王)에게 포로로 잡혀 감옥에 갇혔다. 3년간 감옥에 있으면
서 유교의 고전인 《역경(易經)》의 괘사(卦辭)를 지었는데, 《역경》의
점(占)에 기반이 되는 8괘(卦)는 이미 오래 전부터 있었던 것으로

보인다. 문왕은 주나라 사람들이 미녀 1명, 좋은 말 1필, 4대의 전거(戰車)를 몸값으로 지불해 풀려났다. 주나라에 돌아와 그 시대의 잔인함과 타락상에 대해 비판하며 남은 생을 보냈다. 그의 사망 직후 아들이며 후계자인 무왕이 은을 멸망시키고 주를 세웠다.

문제文帝〔魏〕 ⇒ 조비曹丕

문제文帝〔漢〕   서한(西漢) 때의 황제(皇帝). 유항(劉恒). 재위 24년(B.C. 180~157).

미축麋竺   삼국시대(三國時代) 인물. 그 여동생을 유비(劉備)에게 주어 부인이 되게 하였으며, 뒤에 촉한(蜀漢)의 남군태수(南郡太守)에 올랐다.《삼국지(三國志)》위지(魏志)에 그 전(傳)이 실려 있다.

방상시方相氏   구나(驅儺) 때에 악귀를 쫓는 나자(儺者)의 하나. 황금빛의 네 눈과 방울이 달린 곰의 가죽을 씌운 큰 탈을 쓰고서 붉은 웃옷에 검은 치마를 입고, 창과 방패를 들고 있음. 옛날에는 임금의 행차, 사신의 영접, 궁중의 행사에 사용하였으나, 지금은 장례(葬禮)에 써서 광중(壙中)의 악귀(惡鬼)를 쫓고 있다.

백양공白羊公   한말(漢末)의 유명한 술사(術士). 두필(杜必).

백이伯夷   은(殷)나라 고죽국(孤竹國)의 왕자. 아우 숙제(叔齊)와 왕위를 양보하다가, 주(周)나라 서백창(西伯昌, 즉 文王)의 어짊을 듣고 주(周)나라로 왔다. 그러나 문왕(文王)이 죽고 아들 무왕(武王)이 아버지의 신위를 모시고 은(殷)을 치려는 것을 보고, 옳지 못하다 여겨 말렸으나 듣지 않자 수양산(首陽山)에 들어가 고사리를 캐 먹으며 살다가 죽었다고 한다.

《백택도白澤圖》   도적(圖籍). 황제(黃帝)가 바닷가까지 순수(巡狩)하다가 백택신수(白澤神獸)를 얻었다 한다. 이에 그 신수(神獸)와 말을 나누어 보며 천하귀신(天下鬼神)의 일을 묻고, 신하로 하여금 그림으로 그리도록 하였다 한다.

번숙樊儵   동한(東漢) 때의 인물. 번료(樊僚), 혹은 번료(樊寮)로 실린 문헌도 있다.

번영樊英   자(字)는 계제(季齊). 동한(東漢) 때의 노양(魯陽. 지금의 河南省 魯山縣) 출신.《후한서(後漢書)》에 그 전(傳)이 실려 있다.

번자도樊子都   적미군(赤眉軍)의 우두머리인 번숭(樊崇). 자(字)는 세군(細君).

번형이樊衡夷 동한(東漢) 말(末)의 인물. 《박물지(博物志)》 등에는 번행이(樊行夷)로 실려 있다.

범단范丹 범염(范冉)으로 실린 곳도 있으며, 동한(東漢) 말(末)의 인물.

범식范式 《후한서(後漢書)》에 의하면 형강자사(荊江刺史)·여강태수(廬江太守) 등을 지냈다고 한다.

범심范尋 부남왕(扶南王). 그러나 《진서(晉書)》 사이열전(四夷列傳)에 의하면, 원래 부남국(扶南國)의 장령(將領)이었다가 뒤에 왕(王)이 된 인물로 알려져 있다.

범연수范延壽 자(字)는 자로(子路). 안성인(安成人).

봉운封雲 진(晉) 혜제(惠帝) 태안(太安) 이년(二年: 303), 의양(義陽)의 만족(蠻族)인 장창(張昌)이 유민을 모아 기병(起兵), 강하(江夏)를 점령하고 국호(國號)를 한(漢)이라 하였다. 이때 서주인(徐州人) 봉운(封雲)이 이에 호응하여 서주(徐州)를 점령하였으나 주기(周玘)에 의해 평정되었다.

부차夫差 합려(闔廬)의 아들. 춘추 말기 오(吳)나라의 군주. 합려(闔廬)의 뒤를 이어 왕이 되었다. 재위 23년(B.C. 495~473). 오자서(伍子胥)를 써서 흥하였으나, 뒤에 월왕(越王) 구천(勾踐)에게 망하였다.

비장방費長房 동한(東漢)의 여남인(汝南人)으로 방술(方術)에 뛰어났던 인물. 《후한서(後漢書)》 권팔십이(卷八十二) 방술전(方術傳)에 그 전(傳)이 실려 있다.

비희贔屭 고대 신화 속의 수신(獸神). 혹은 용감하고 늠름한 모습. 첩운연면어의 물명. 혹은 형용사.

사곤謝鯤 자(字)는 유여(幼輿: B.C. 280~322). 사현(謝玄)의 아들이며, 사상(謝尙)의 아버지. 진(晉)나라 때의 청담가이며, 왕돈(王敦)의 기병(起兵)을 반대하다가 고통을 당하였다.

사기史祈 영천태수(潁川太守). 《신선전(神仙傳)》에는 영천태수(潁川太守)를 장부군(張府君)이라 하였다.

사마륜司馬倫〔趙王〕 진(晉)나라 때 제후국(諸侯國)인 조(趙)나라 임금. 진(晉) 혜제(惠帝) 영평(永平) 원년(元年: 291) 혜제(惠帝)의 황

후인 가후(賈后)와 양준(楊駿)의 정권다툼으로 가후(賈后)가 초왕(楚王) 사마위(司馬瑋)와 결탁, 양준(楊駿)을 죽이고 여남왕(汝南王) 사마량(司馬亮)으로 하여금 정치를 보좌하게 하였다. 그러나 뒤에 가후(賈后)가 다시 사마위(司馬瑋)를 시켜 사마량(司馬亮)을 죽이고 사마위(司馬瑋)까지 죽이자, 조왕(趙王) 사마륜(司馬倫)이 군대를 일으켰다. 이에 제왕(齊王) 사마경(司馬冏)이 입궁(入宮)하여 가후(賈后)를 죽이자 사마륜(司馬倫)이 칭제(稱帝)하였다. 다시 성도왕(成都王) 사마영(司馬穎)이 군대를 일으켜 사마륜(司馬倫)을 죽이고 혜제(惠帝)를 복위시켰다. 그 와중에 장사왕(長沙王) 사마예(司馬乂)가 다시 사마경(司馬冏)을 죽였고, 하간왕(河間王) 사마옹(司馬顒)이 사마예(司馬乂)를 죽였다. 최후로 동해왕(東海王) 사마월(司馬越)이 기병(起兵)하여 사마영(司馬穎)과 사마옹(司馬顒)을 죽였다. 이로써 16년간 이어진 팔왕지난(八王之亂)이 끝났다.

사마소司馬昭(文帝〔晉〕)　진(晉)나라 무제(武帝) 사마염(司馬炎)의 아버지.

사마소司馬紹〔新蔡王〕　진(晉)나라 때의 제후국(諸侯國). 신채왕(新蔡王)이었으며, 아버지 사마등(司馬騰)의 작위를 이어받았다.

사마염司馬炎(武帝)　사마의(司馬懿)의 손자. 사마소(司馬昭)의 아들. 위(魏)나라 원제(元帝)에게 강요하여 왕위를 물려받아 낙양(洛陽)에 도읍하여, 나라 이름을 진(晉)이라 하고 무제(武帝)라 일컬었다. 280년에 오(吳)나라를 멸망시키고 천하를 통일하였다. 군국제도(郡國制度)를 채택(採擇)하고, 점전법(占田法)을 시행하였다.

사마영司馬穎〔成都王〕　진(晉) 무제(武帝) 사마염(司馬炎)의 열여섯째 아들이며, 혜제(惠帝) 사마충(司馬衷)의 아우. 당시 업(鄴)을 진수하고 있었다. 조왕(趙王) 사마륜(司馬倫)이 혜제(惠帝)를 폐위하고 자립하였다가 패배하여 실권이 조왕(齊王) 사마경(司馬冏)에게 넘어가자, 사마영(司馬穎)은 하간왕(河間王) 사마옹(司馬顒)과 연합하여 장사왕(長沙王) 사마예(司馬乂)로 하여금 서울을 공격하게 하여 제왕을 죽였다. 장사왕(長沙王, 司馬乂)이 대도독(大都督)이 되어 실권을 잡자, 사마영(司馬穎, 成都王)은 다시 사마옹(司馬顒, 河間王)과 연합하여 장사왕(長沙王)을 공격하여 죽였다. 그러나 2년 후에는 동해왕(東海王) 사마월(司馬越)이 서주(徐州)에서 기병하여 사마영(司馬穎)을 퇴패시키고, 혜제(惠帝)를 복위시켰으며, 사마영(司馬穎)은 피살되었다.

사마의司馬懿(宣帝〔魏〕) 중국 삼국시대의 위(魏)나라 명장(名將)·권신(權臣). 하내군(河內郡, 河南省) 온현(溫縣) 출생. 자는 중달(仲達). 처음 조조(曹操)의 막하에 있었는데, 위 왕조의 군사를 총람하여, 그의 손자 사마염(司馬炎) 대에 제위(帝位)를 빼앗을 기초를 세웠다.

사마예司馬睿(元帝〔晉〕) 중국 동진(東晉)의 초대 황제. 사마의(司馬懿)의 증손(曾孫). 왕도(王導)의 힘을 빌어 지금의 남경(南京)을 근거로 하여, 양자강 하류 지역에 세력을 확립. 서진(西晉)의 황제가 흉노(匈奴)에게 잡혀 죽자, 독립하여 임금자리에 앉음. 원제(元帝).

사만史滿 한(漢)나라 영릉군(零陵郡) 태수.

사문師門 고대의 선인(仙人).

사봉謝奉 자(字)는 홍도(弘道). 광주자사(廣州刺史)·이부상서(吏部尚書) 등을 지냈다.

사상謝尙 자(字)는 인조(仁祖: 308~357). 사곤(謝鯤)의 아들. 진서장군(鎭西將軍)에 올랐으며,《진서(晉書)》권칠십구(卷七十九)에 그 전(傳)이 실려 있다.

사옥謝玉 《교주(校注)》에는 사염(謝琰)이 아닌가 여겼다. 사염(謝琰)은 사안(謝安)의 아들로 낭야내사(瑯邪內史)를 지냈다. 또는 사안(謝安)·사현(謝玄)의 동족(同族) 어떤 인물로도 본다.

《상서尙書》 ⇒ 《서경書經》.

《서경書經》 중국 고대 오경(五經) 가운데 하나.《상서(尙書)》라고도 한다.《서경》은 일부는 후대에 쓰였다고 밝혀졌지만, 이 부분을 제외한 나머지는 중국에서 가장 오래 된 역사서이다.《서경》은 모두 58편으로 이루어져 있는데, 그 중 33편을《금문상서(今文尙書)》라 부르고, 나머지 25편을《고문상서(古文尙書)》라 한다.《금문상서》는 원래 29편이었지만 일부를 분할하여 편수가 늘어났다. 대부분의 학자들은 이것을 B.C. 4세기 이전에 작성된 진본으로 생각하고 있다.《고문상서》는 원래 16편으로 이루어져 있었지만 오래 전에 소실되었다. 4세기에 나타난 모작(模作)은 원본의 제목을 붙인 16편에 9

편을 더하여 모두 25편으로 이루어져 있다. 처음의 5편은 중국의 전설적인 태평시대에 나라를 다스렸다는 유명한 요(堯)·순(舜)의 말과 업적을 기록한 것이다. 6~9편은 하(夏: B.C. 2205경~1766경) 나라에 대한 기록이지만, 역사적으로는 아직 명확히 밝혀지지 않고 있다. 그 다음 17편은 은(殷)나라의 건국과 몰락(B.C. 1122)에 대한 기록인데, 은나라의 멸망을 마지막 왕인 주왕(紂王)이 타락한 탓으로 돌리고 있다. 주왕은 포악하고 잔인하며 사치스럽고 음탕한 인물로 묘사되어 있다. 마지막 32편은 B.C. 771년까지 중국을 다스렸던 서주(西周)에 대해 기록하고 있다.

서광徐光　동오(東吳) 말엽 소제(少帝. 孫亮)와 경제(景帝. 孫休. 252~263) 시기의 인물.

서등徐登　동한(東漢) 때의 인물. 《후한서(後漢書)》에 그 전(傳)이 실려 있다.

서복徐福　무릉(茂陵) 사람으로서, 뒤에 낭중(郎中) 벼슬에 올랐다.

서복徐馥　민제(愍帝) 때 민중을 모아 왕도(王導)와 조협(刁協)을 토벌한다는 명목으로 난을 일으켜 오흥태수(吳興太守) 원수(袁琇)를 죽였으나, 얼마 후 그 부하에게 피살되었다.

서왕모西王母　옛날 중국에서 받들었던 선녀(仙女). 성(姓)은 양(楊), 이름은 회(回). 주(周)나라 목왕(穆王)이 서쪽 곤륜산(崑崙山)에 사냥을 가서 서왕모를 만나 요지(瑤池)에서 노닐며 돌아옴을 잊었다 한다. 또 한(漢)나라 무제(武帝)가 장수(長壽)를 원하고 있을 때, 그를 가상히 여기어 하늘에서 선도(仙桃) 일곱 개를 가지고 내려와 무제에게 주었다 한다. 《산해경(山海經)》에는 그 모양이 반인반수(半人半獸)로 표범의 꼬리에 범의 이를 가지고, 더벅머리에 풀다리를 썼다 한다. 그 여자의 남쪽에는 세 청조(靑鳥)가 있어서 그 여자의 먹을 것을 마련하여 준다 한다.

서외徐隗　서태(徐泰)의 숙부.

《서응도瑞應圖》　영이상서(靈異祥瑞) 등의 비결(秘訣)을 적은 것으로 여겨진다. 실전(失傳). 《개원점경(開元占經)》은 이 책을 많이 인용하였다.

서태徐泰　《태평광기(太平廣記)》에는 서조(徐祖)로 실려 있다.

서허徐栩 동한(東漢) 때의 인물.

석빙石氷 태안(太安) 이년(二年) 장창(張昌)의 수종원으로 진(晉)에 반기를 들고 건업(建鄴)을 공격하였다.

석숭石崇 자(字)는 계륜(季倫: B.C. 249~300). 서진(西晉) 때의 인물로 수무령(修武令)·성양태수(城陽太守)·시중(侍中)·형주자사(荊州刺史) 등을 지냈으며, 뒤에 조왕(趙王) 사마륜(司馬倫)에게 참수당하였다. 큰 부자로 알려져 있으며, 그 호기와 사치는 《세설신어(世說新語)》에 잘 나타나 있다. 《진서(晉書)》 권삼십삼(卷三十三)에 그 전(傳)이 실려 있다. 한편 《예문류취(藝文類聚)》·《태평어람(太平御覽)》 등에는 본문의 『석숭(石崇)』이 『시인(時人)』으로 실려 있다.

선왕宣王〔周〕 서주(西周) 때의 임금. 희정(姬靜). 재위 46년(B.C. 827~782).

선제宣帝〔魏〕 ⇒ 사마의司馬懿

성공지경成公智瓊 성공(成公)은 성씨(姓氏). 《태평어람(太平御覽)》에는 성(成)으로만 실려 있으며, 지(智)는 지(知)로 실려 있다.

성도왕成都王 ⇒ 사마영司馬穎

성부인成夫人 번도기(樊道基)의 아내.

성언盛彦 삼국시대(三國時代) 진(晉)나라 초(初)의 인물. 오(吳)나라에 벼슬하여 중서시랑(中書侍郞)에 오른 적이 있다.

성왕成王(姬誦) 주(周)나라 초기 무왕(武王. 姬發)의 아들. 주공(周公) 단(旦)의 조카. 어려서 임금이 되어 주공(周公)의 보필을 받았다.

성제成帝〔漢〕 서한(西漢) 때의 황제(皇帝). 유오(劉驁). 재위 27년(B.C. 33~7).

소공昭公 춘추시대의 노(魯)나라 군주(君主). 재위 32년(B.C. 541~510).

소동숙蕭同叔 제(齊)나라 혜공(惠公)의 첩.

소보巢父 전설상의 선인(仙人). 하(夏)나라 때의 인물.

소왕昭王〔燕〕 전국시대의 연(燕)나라를 부흥시켰던 임금. 희직(姬職). 연왕(燕王) 쾌(噲)를 이어 왕이 되었다. 재위 33년(B.C. 311~279). 연(燕)나라는 소공석(召公奭)을 시조로 하며, 춘추전국시대를 거쳐 지금의 베이징(北京)을 중심으로 흥했던 나라. 수도는 계(薊).

소왕昭王〔秦〕 전국시대의 진(秦)나라 군주. 재위 56년(B.C. 306~ 251). 위염(魏冉)·범저(范雎) 등을 등용하여 강국으로 만들었으며, 범저(范雎)의 원교근공책(遠交近攻策)을 이용하였고, 백기(白起)를 장군으로 삼아 병력을 강화하였다. 진(秦) 무왕(武王)의 배다른 아우로 이름은 직(稷).

소제昭帝 무제(武帝)의 아들 유불릉(劉弗陵). 서한(西漢)의 제6대 황제(皇帝). 재위 B.C. 86~74년.

소준蘇峻 자(字)는 자고(子高: ?~328). 함화(咸和) 이년(二年: 327)에 유량(庾亮)을 토벌한다는 명목으로 기병하였다가, 이듬해 도간(陶侃)·온교(溫嶠)에게 패하였다.《진서(晉書)》권백(卷百)에 그 전(傳)이 실려 있다.

손견孫堅 중국 후한(後漢)말기의 무장(武將). 삼국시대의 오주(吳主) 손권(孫權)의 아버지.〈황건(黃巾)의 난〉을 진압하여 군웅(群雄)과 정권을 다투다가 전사하였다. 아들 손권(孫權)이 오나라를 세우는 터전을 닦았다. 한(漢)나라의 영제(靈帝)에 의하여 장사태수(長沙太守)에 임명되었다.

손권孫權 중국 삼국시대의 오(吳)나라 첫째 왕. 자는 중모(仲謀). 유비(劉備)와 동맹하여〈적벽(赤壁)의 싸움〉에서 조조(曹操)의 군사를 무찌르고 강남을 확보하여 지금의 남경인 건업(建業)에 도읍하고 유비·조조와 함께 천하를 삼분(三分)하였다.

손등孫登 위말진초(魏末晉初)의 은사(隱士). 자(字)는 공화(公和).《진서(晉書)》에 그 전(傳)이 실려 있다.

손량孫亮 손권(孫權)의 막내아들로 삼국시대(三國時代) 오(吳)나라 제2대 임금. 폐제(廢帝). 재위 252~258년.

손수孫壽 양기(梁冀)의 아내로서, 양기(梁冀)가 양성군(襄城君)에 봉해지자 사람들이 손수(孫壽)를 일컬어『색미이선위요태(色美而善爲妖態)』라 하였다. 양기(梁冀)가 죽은 후 손수(孫壽)도 주살당하였다.

손준(孫峻) 오(吳)나라의 승상(丞相)이며 대장군(大將軍). 부춘후(富春侯)에 봉해졌으며 교만하였다.《오지(吳志)》에 그 전(傳)이 실려 있다.

손책孫策 손견(孫堅)의 맏아들. 오후(吳侯)에 봉해졌으며, 동생 손권

(孫權)이 제위에 오르자 그를 장사환왕(長沙桓王)으로 추존하였다.

손침孫綝 자(字)는 지통(子通). 동오(東吳)의 귀척(貴戚). 경제(景帝) 때 대장군(大將軍)을 거쳐 승상(丞相)이 되었으나, 너무 거만히 굴어 경제(景帝)에게 주살(誅殺)되었다. 《법원주림(法苑珠林)》에는 손림(孫琳)으로 실려 있다.

손호孫皓 오(吳)나라의 마지막 황제(皇帝). 264년에 즉위하여 280년에 진(晉)나라 사마씨(司馬氏)에게 칭신(稱臣), 귀명후(歸命侯)에 봉해졌다.

손휴孫休 ⇒ 경제景帝〔吳〕

송균宋均 위(魏)나라 때의 박사(博士). 동한(東漢) 때의 경학대사(經學大師)인 정현(鄭玄)의 제자(弟子).

송무기宋無忌 정령(精靈)의 이름. 불의 정령(精靈).

송지松支 두란향(杜蘭香)의 시녀 이름

송황후宋皇后 영제(靈帝)의 황후(皇后). 영제(靈帝)에게 사랑을 받지 못하고 도리어 참훼를 입어 광화(光和) 원년(元年: 178)에 죽었다.

수곡양竪穀陽(穀陽竪) 자반(子反)의 신하. 부하.

수광후壽光侯 후한(後漢) 때의 인물. 여기서는 인명(人名)이 아니라 작호(爵號)로 여겨진다. 유빙(劉憑)과 같은 인물인 듯하다.

수양왕睢陽王 수양(睢陽)은 한(漢)나라 때의 봉국(封國) 이름. 양국(梁國)의 다른 이름. 치소(治所)는 지금의 하남성(河南省) 상구현(商丘縣).

수후隋侯 서주(西周) 초기 제후국(諸侯國)의 군주(君主). 희성(姬姓).

숙선니화叔先泥和 숙선(叔先)은 성(姓), 니화(泥和)는 이름.

숙선웅叔先雄 숙선니화(叔先泥和)의 딸.

숙선현叔先賢 숙선웅(叔先雄)의 동생.

순舜 중국 신화에 나오는 전설상의 성왕. 정식 이름은 우제순(虞帝舜). B.C. 23세기경에 고대 황금시대의 제왕으로서, 공자는 그를 완전함과 찬연히 빛나는 덕의 상징으로 칭송했다. 그의 이름은 항상 전대의 전설적인 제왕인 요(堯)와 관련되어 언급된다. 순의 아버지는 계속 그를 죽이려 했으나 소년 순은 결코 효성을 버리지 않았다. 하늘과 땅이 그의 미덕을 알게 되자 새들이 논에 씨 뿌리는 일을 도와 주었고, 동물들이 어디선가 나타나서 쟁기를 끌어 주었다. 요는 자기의 아들을 제쳐 놓고 순을 새로운 통치자로 선택했다. 또한 그에게 두 딸 아황(娥皇)과 여영(女英)을 주어 결혼시켰다. 순은 6개의 신성한 것(그것이 무엇인지는 전해지지 않음)과 땅의 정령들에게 제사를 지냈다. 그는 도량형을 표준화시켰고, 관개사업을 시행했으며, 왕국을 12개의 지방으로 나누었다. 그의 재임기간 동안 하늘과 땅에는 놀라운 현상들이 일어났다고 한다.

순우荀宇 외효(隗囂)의 부하. 다른 기록에는 구우(苟宇)로 실려 있다.

순우백淳于伯 서진(西晉) 때의 인물로 조운(漕運)의 기간을 맞추지 못해 참살당하였다.

순우지淳于智 순우(淳于)는 성(姓), 이름은 지(智), 자(字)는 숙평(叔平).

순욱荀勖 자(字)는 공증(公曾: ?~289). 어려서 총명하였으며, 가충(賈充)의 부녀에게 빌붙어 비난을 받았다. 《진서(晉書)》 권삼십구(卷三十九)에 그 전(傳)이 실려 있으며, 《세설신어(世說新語)》에도 그 행적이 기록되어 있다.

《시경詩經》 오경(五經)의 하나. 춘추시대의 민요를 중심한 중국 최고의 시집. 여러 나라의 민요를 모은 풍(風), 조정의 음악인 아(雅), 종묘(宗廟)의 제사 때의 음악인 송(頌)이 세 부문으로 크게 나누었다. 전부터 전해 오던 3천여 편의 시 중에서 공자가 311편을 추린 것이라 한다. 사언형(四言形)이 특색이며, 중국뿐 아니라 우리 나라 고대 문학에도 크게 영향하였다. 지금은 305편만 전한다.

시속施績 《교주(校注)》에 시적(施績)의 오기(誤記)라 하였다. 동오시대(東吳時代) 대장군(大將軍) 주연(朱然)의 아들로 본성은 시(施)였다. 《삼국지(三國志)》 오지(吳志) 주연전(朱然傳) 참조.

《시자尸子》 전국시대(戰國時代) 초(楚)나라 시교(尸佼)가 지은 것이라 한다. 원서(原書)는 실전되었다.

시황제始皇帝 중국 진(秦)나라의 초대 황제. 이름은 정(政). 장양왕(莊襄王)의 아들. 기원전 246년 13세 때에 진왕(秦王)이 되어 기원전 233~221년에 동방 여러 나라를 평정하고 천하를 통일 스스로 시황제라 칭하였다. 주(周)나라의 봉건제도를 폐하고, 군현제도(郡

縣制度)를 실시하였으며, 화폐·도량형·문자·물품의 규격 통일, 무기의 몰수, 사상 통일을 위한 분서갱유(焚書坑儒)를 하는 등 중앙집권의 확립에 힘썼다. 시황제 35년에 지금의 섬서성 장안현의 서북 위수(渭水)의 남쪽에 아방궁(阿房宮)을 화려하게 지었다. 흉노(匈奴)를 치고, 만리장성을 쌓았으며, 지금의 베트남 지방까지 영토를 넓혀 동아시아 사상 최초의 대제국을 건설하였다.

신공申公 초(楚) 원왕(元王) 유교(劉交) 때의 박사. 유무(劉戊)의 반란을 저지하다가 백공(白公)과 함께 옥에 갇히었다.

신농씨神農氏(炎帝) 중국의 옛 전설에 나오는 제왕. 삼황(三皇)의 한 사람. 성(姓)은 강(姜). 인신우수(人身牛首). 화덕(火德)으로써 임금이 된 까닭에 염제(炎帝)라고 일컬으며, 백성에게 농사짓는 법을 가르쳤으므로 신농씨라 일컬음. 의료·악사(樂師)의 신, 또 8괘를 겹쳐서 64괘를 만들어 역자(易者)의 신 주조(鑄造)와 양조(釀造) 등의 신이 되고, 교역의 법을 가르쳐 상업의 신으로도 되어 있다.

신유辛有 주(周)나라 대부(大夫).

신채왕新蔡王 ⇒ 사마소司馬紹

심충沈充 동진(東晉) 초(初)의 인물. 자(字)는 사거(士居). 왕돈(王敦)의 참군(參軍)을 지냈다.

악양자樂羊子 성(姓)은 악(樂). 동한(東漢) 때의 인물.

악전(偓佺) 고대의 신선(神仙) 이름. 당요(唐堯) 때의 인물.

안연顏淵 ⇒ 안회顏回

안초顏超 왕소영(汪紹楹)의 《교주(校注)》에 조안(趙顏)이 도치된 것이라 하였다. 《돈황변문(敦煌變文)》에는 조안자(趙顏子), 패해본(稗海本)의 《수신기(搜神記)》에는 조안(趙顏)으로 실려 있다.

안함顏含 낭야(瑯邪) 사람으로 시중(侍中)·광록훈(光祿勳)·우광록대부(右光祿大夫) 등을 지냈다. 진(晉)나라 때의 인물.

안회顏回 공자(孔子)의 수제자. 자는 자연(子淵). 춘추시대의 노(魯)나라 사람. 공자의 제자 가운데 학덕이 가장 높아 스승의 총애를 받았다. 집이 가난하고 불우하였으나, 이를 괴로워하지 않고 무슨 일에 성내거나 과오를 저지르는 일이 없어, 공자의 다음 가는 아성(亞聖)으로 존경을 받았다.

애공哀公〔魯〕 춘추 말기 노(魯)나라의 마지막 군주. 공자(孔子)와 같은 시대. 재위 27년(B.C. 494~468).

애왕哀王 주(周)나라 제29대 임금. 정정왕(貞定王)의 아들로 이름은 거질(去疾). 재위는 3월(B.C. 441). 그 아우 사왕(思王)에게 피살되었다.

애제哀帝 한(漢)나라 제10대 황제(皇帝). 유흔(劉欣). 재위 B.C. 6~1년. 건평(建平)은 그의 연호(年號)이며, 3년은 B.C. 4년이다.

양공襄公〔齊〕 이름은 제아(諸兒). 제(齊)나라 희공(釐公)의 태자. 포악하여 신하에게 죽임을 당하였다. 재위 12년(B.C. 697~686). 뒤를 이어 환공(桓公)이 들어섰다.

양기梁冀 자(字)는 백탁(伯卓). 순제(順帝). 환제(桓帝) 황후(皇后)의 오빠로 대장군(大將軍)이 되었다. 횡포가 심하자, 질제(質帝)가 그를 발호장군(跋扈將軍)이라 하였다. 양기(梁冀)는 뒤에 질제(質帝)를 독살하고〔146년〕, 환제(桓帝)를 세웠다. 20여 년간 정권을 농단하자 환제(桓帝)가 참다 못해 단초(單超) 등과 공모하여 양기(梁冀)를 체포, 양기(梁冀)는 자살하고 족멸(族滅)당하였다.

양도화楊道和 진(晉)나라의 농부.

양백하梁伯夏 백익(伯益)의 후예로서, 주(周) 평왕(平王) 때에 백강(伯康)이 하양(夏陽)의 양산(梁山)에 봉하여 양백하(梁伯夏)라 부른 것.

양병楊秉 자(字)는 숙절(叔節). 동한(東漢) 말(末)의 인물. 양진(楊震)의 아들. 환제(桓帝) 때 태위(太尉)를 지냈다.

양보楊寶 동한(東漢) 때 유명한 대신(大臣)이었던 양진(楊震)의 아버지.

양왕襄王〔魏〕 전국시대(戰國時代) 위(魏)나라의 군주(君主). 13년은 B.C. 306년.

양웅揚雄 중국 전한(前漢)의 유학자. 문인. 자는 자운(子雲). 촉군(蜀郡) 성도(成都) 사람. 사부(詞賦)로 알려졌으며, 만년에는 오로지 사상서(思想書)를 썼다. 그의 사상은 한나라 때의 관념적·객관주의적 경향을 대효한다. 저서 《법언(法言)》《태현(太玄)》 등.

양유기養由基 초(楚)나라의 대부(大夫). 활 잘 쏘던 사람.

양준楊駿〔晉〕 자(字)는 문장(文長). 그의 딸이 진(晉) 무제(武帝)의 황후(皇后)였다. 태위(太尉)에 올라 정권을 남횡, 결국 혜제(惠帝)의 아내인 가후(賈后)와 충돌하여 전가족이 죽음을 당하였다.

양태후梁太后 양기(梁冀)의 여동생으로 순제(順帝)의 귀인(貴人)이 었다가 황후(皇后)가 되었다. 순제(順帝)가 죽고, 뒤를 이어 충제(沖帝)·질제(質帝)·환제(桓帝)가 모두 어려 섭정을 하였다. 그러나 실권은 그의 오빠 양기(梁冀)에게 주었으며, 화평(和平) 원년(150)에 병으로 죽었다. 8년 뒤 양기(梁冀)는 주살당하였다.

양호陽虎 《논어》에 보이는 양화(陽貨). 춘추시대 노(魯)나라 사람으로 계씨(季氏)의 가신(家臣)이었으나, 노(魯)나라에서 반란을 일으켰다. 공자(孔子)와 모습이 비슷하였다고 한다. 자(字)는 화(貨).

양황후楊皇后 양준(楊駿)의 딸인 무제(武帝)의 황후(皇后). 당시 태후(太后)였으나, 가후(賈后)에 의해 양준(楊駿)이 피살되고 태후(太后)는 서인으로 폐위되어 영녕궁(永寧宮)에 갇혀 굶어죽었다.

엄경嚴卿 진(晉)나라 때의 인물. 《진서(晉書)》 권구십오(卷九十五)에 그 전(傳)이 실려 있다.

엄공嚴公〔魯〕 춘추시대(春秋時代) 노(魯)나라의 장공(莊公)을 가리킨다. 동한(東漢) 명제(明帝)의 이름인 유장(劉莊)을 휘(諱)한 것이다. 8년은 B.C. 686년에 해당한다.

여군廬君 여산신(廬山神). 성(姓)은 광씨(匡氏). 자(字)는 군평(君平). 광군평(匡君平).

여석呂石 당시의 도사(道士).

여원如願 호신(湖神)의 시녀 이름. 원하는 대로 된다는 뜻의 이름.

여의如意 한(漢) 고조(高祖) 유방(劉邦)의 아들. 척부인(戚夫人)의 소생으로 조왕(趙王)에 봉해졌으나, 여후(呂后)에게 살해되었다.

여회呂會 신채현(新蔡縣)의 내사(內史)였던 듯하다.

《역경易經》⇒《주역周易》

《역요易妖》 역(易)으로 풀이한 요괴(妖怪)한 일로 경방(京房)이 지은 책의 하나. 지금은 전하지 않는다.

《역전易傳》《경씨역전(京氏易傳)》. 책(册) 이름. 한(漢)나라 때 경방(京房)이 쓴 역(易)에 관한 책.

연숙견延叔堅 연독(延篤). 동한(東漢) 남양인(南陽人).《좌전(左傳)》에 뛰어났으며 경조윤(京兆尹)을 지냈다.

연자涓子 선인(仙人) 이름.《열선전(列仙傳)》권상(卷上) 011에 다음과 같이 기록되어 있다.

열왕烈王 전국시대(戰國時代) 주(周)나라의 임금. 희희(姬喜). 6년은 B.C. 370년.

염제炎帝 ⇒ 신농씨神農氏

영봉자甯封子 전설상의 신선(神仙) 이름.

영왕靈王〔周〕 동주(東周) 때의 임금. 재위 B.C. 571~545년.

영제靈帝 동한(東漢)의 제12대 황제(皇帝). 유굉(劉宏). 재위 A.D. 168~189년. 희평(熹平) 이년(二年)은 173년에 해당한다.

예羿 하(夏)나라 때 유궁씨(有窮氏) 나라의 군주. 그래서 유궁후예(有窮后羿)라고도 부른다. 하(夏)나라를 멸하고 스스로 왕이 되었으나, 정사(政事)를 닦지 않아 한착(寒浞)에게 패하였다.

《예기禮記**》** 중국 유가 5경(五經) 중의 하나. 원문은 공자가 편찬했다고 전해진다. 공자가 직접 지은 책에는 경(經)자를 붙이므로, 원래 이름은《예경》이었다. 그러나 B.C. 2세기경 대대(大戴 본명은 戴德)와 그의 사촌 소대(小戴 본명은 戴聖)가 원문에 손질을 가한 것이 분명하므로 〈경〉자가 빠지게 되었다.《예기》에서는 그 주제인 곡례(曲禮)·단궁(檀弓)·왕제(王帝)·월령(月令)·예운(禮運)·학기(學記)·악기(樂記)·대학(大學)·중용(中庸) 등을 다룸에 있어서 도덕적인 면을 매우 중요하게 보았다. 1190년 성리학파의 주희(朱熹)는《예기》중의 대학·중용·2편을 각각 별개의 책으로 편찬하여 유교 경전인《논어》·《맹자》와 더불어 4서(四書)에 포함시켰다. 4서는 보통 중국에서 유교 입문서로 사용되고 있다.

예오裔敖 《안자춘추(晏子春秋)》에는 예관(裔款)으로 실려 있다.

오망자吳望子 여인의 이름.

오맹吳猛 자(字)는 세운(世雲). 당시에는 오진인(吳眞人)이라 불렀으며,《진서(晉書)》에 그 전(傳)이 실려 있다. 여름 밤 모기로 하여금 자신을 물게 한 효행(孝行)으로도 널리 알려진 인물이다.

온서溫序 동한(東漢) 초(初)의 인물.《후한서(後漢書)》에 그 전(傳)이 실려 있다. 《동관한기(東觀漢記)》에는 그 자(字)를 차방(次房)이라 하였다.

완완婉婉 여산신(廬山神)의 딸.

완첨阮瞻 자(字)는 천리(千里). 원함(阮咸)의 아들. 동해왕(東海王) 사마월(司馬越)의 기실참군(記室參軍)을 지냈으며, 무귀론(無鬼論)을 고집하였다. 30세에 죽었다. 《진서(晉書)》 권사십구(卷四十九)에 그 전(傳)이 실려 있으며, 《세설신어(世說新語)》에 널리 등장한다.

왕교王喬 선인(仙人) 이름. 《후한서(後漢書)》에 그 전(傳)이 실려 있다.

왕금王禁 원제(元帝) 유석(劉奭)의 아내인 왕황후(王皇后)의 아버지.

왕기王基 자(字)는 백여(伯輿). 안평태수(安平太守)를 지낸 인물.

왕도王導 자(字)는 무홍(茂弘: 276~339). 왕돈(王敦)의 종제(從弟). 사마예(司馬睿)를 왕(王)으로 옹립하여 개국공신이 되었다. 《진서(晉書)》 권육십오(卷六十五)에 그 전(傳)이 실려 있다.

왕돈王敦 자(字)는 처중(處仲: 266~324). 진(晉) 무제(武帝)의 사위. 팔왕지난(八王之亂) 때 공을 세워 시중(侍中)·청주자사(靑州刺史) 등을 지냈으며, 서진(西晉)이 망하고 사마예(司馬睿, 元帝)가 동진(東晉)을 건립하자 군권을 쥐고 반란을 일으켰다. 《진서(晉書)》 권구십팔(卷九十八)에 그 전(傳)이 실려 있다.

왕망王莽 자(字)는 거군(巨君: B.C. 45~23). 한(漢) 원황후(元皇后)의 조카. 어려서 고아가 되어 독서 끝에 성망을 얻었다. 뒤에 태부(太傅)가 되어 안한공(安漢公)에 봉해졌으며, 평제(平帝)가 죽은 후 겨우 두 살인 유자(孺子) 영(嬰)을 옹립하고 자신은 섭황제(攝皇帝)가 되었다가 초시(初始) 원년(元年: A.D. 8) 정권을 찬탈, 신(新)을 세워 서한(西漢)을 멸망시켰다. 지황(地皇) 사년(四年: 23)에 유현(劉玄)·적미군(赤眉軍)·녹림군(綠林軍)에게 살해되었다. 《한서(漢書)》 권구십구(卷九十九)에 그 전(傳)이 실려 있다.

왕망씨汪芒氏 상(商)나라 때의 방풍씨(防風氏) 후예.

왕부王裒 진(晉)나라 초기의 인물로 종신토록 은거하였다고 한다.

왕상王祥 위진시대(魏晉時代) 인물로 위(魏)나라 때의 대사농(大司農). 진(晉) 무제(武帝) 때 태보(太保)를 지냈다. 특히 효도감응(孝道感應)의 고사로 널리 알려진 인물이다.

왕숙무王叔茂   이름은 창(昌). 동한시대(東漢時代)의 산양군(山陽郡) 고평인(高平人). 왕찬(王粲)의 조부(祖父)로 사공(司空)에 올랐다. 《후한서(後漢書)》에 그 전(傳)이 실려 있다.

왕업王業   자는 자향(子香)이며, 한(漢)나라 화제(和帝) 때 형주자사 (荊州刺史)를 지낸 인물이다.

왕연王延   서진(西晉) 말(末)의 인물. 자(字)는 연지(延之). 뒤에 유총 (劉聰)에게 벼슬하여 금자광록대부(金紫光祿大夫)에 올랐다.

왕온王蘊   자(字)는 숙인(叔仁: 330~384). 왕몽(王濛)의 아들. 상서리 부랑(尙書吏部郞)·저작랑(著作郞) 등을 지냈으며, 뒤에 진군장군 (鎭軍將軍)·회계내사(會稽內史)를 역임하였다.

왕우王祐   《교주(校注)》에서는 여남왕(汝南王) 사마우(司馬祐)로 보고 있다.

왕의王義   왕부(王裒)의 아버지. 진(晉)나라 사마소(司馬昭, 晉 文帝로 追尊)의 부하였으나 출정(出征)에서 공을 거두지 못하자 피살되었다.

왕자교王子喬   이름은 진(晉). 주(周)나라 영왕(靈王)의 태자(太子)로 신선술(神仙術)을 좋아하였다. 숭산(嵩山)에 올라 신선(神仙)이 되 었다.

왕호王瑚   자는 맹련(孟璉)이며, 동해군(東海郡) 난릉현(蘭陵縣)의 현 위(縣尉).

외소隗炤   진(晉)나라 때의 인물. 《진서(晉書)》 권구십오(卷九十五)에 그 전(傳)이 실려 있다.

외효隗囂   동한(東漢) 초(初) 천수군(天水郡) 성기(成紀, 지금의 甘肅 省 秦安) 사람. 자(字)는 계맹(季孟). 왕망(王莽) 말(末)에 그곳 사람 들이 옹립하여 자칭 〈서주상장군(西州上將軍)〉이라 하였으며, 뒤에 한군(漢軍)에게 패하였다.

요堯   B.C. 24세기경에 활동한 중국 신화에 나오는 전설적인 제왕. 정식 이름은 당제요(唐帝堯). 고대 황금기를 다스렸으며, 공자에 의 해 덕(德)·정의(正義) 및 이타적인 희생의 영원한 본보기로 찬양 되었다. 그와 떼어 놓을 수 없는 사람으로 순(舜)이 있는데, 그는 요의 후계자로서 요의 두 딸과 결혼했다. 요 이전의 제왕이었던 복 희(伏羲)·신농(神農)·황제(黃帝)의 경우와 마찬가지로 요임금 때에도 특별한 사원이 세워졌다. 이 사원에서 그는 제물을 바치고 제사를 지냈던 것으로 전해진다. 후계자를 선정하는 데 있어서 그는 자신의 열등한 아들 대신에 순을 선택했으며, 이 새로운 황제를 위한 조언자로 봉사했다고 한다.

우공于公 한(漢)나라 때의 유명한 판관(判官). 우정국(于定國)의 아버지. 일찍이 대문을 높고 크게 하여 거마(車馬)의 통행에 지장이 없도록 하여 이르되, 내 후손 중에 반드시 흥하는 자가 나오리라 하였더니, 과연 그 아들 정국(定國)이 크게 되어 승상(丞相)이 되었다.

우길于吉 도사(道士). 태평도(太平道, 太平淸領道)를 창건하였다.

우정국虞定國 자세한 사적은 알 수 없다. 《수신기교주(搜神記校注)》에서는 우국(虞國)이라는 인물이 아닌가 여기고 있다.

운자妘子 운자(鄆子). 《좌전(左傳)》선공(宣公) 사년(四年)에는 운국(鄆國)의 군주(君主)라 하였다.

원공로袁公路 원술(袁術). 원소(袁紹)의 동생으로 한말(漢末)에 회남(淮南) 일대를 할거하였던 군벌.

원담袁譚 원소(袁紹)의 아들. 뒤에 조조(曹操)에게 죽음을 당하였다.

원소袁紹 동한(東漢) 말(末)에 군대를 일으켜 동탁(董卓)을 공격하여 기주(冀州)·청주(靑州)·유주(幽州)·병주(幷州)를 할거하였던 인물. 뒤에 조조(曹操)에게 패하였다.

원술袁術 역시 한말(漢末)의 군벌. 회남(淮南)을 할거하고 있었다.

원일袁釖 전국(戰國) 초기의 서강인(西羌人). 《후한서(後漢書)》서강전(西羌傳)에는 원검(爰劍)으로 실려 있다. 진(秦)나라 여공(厲公) 때 포로가 되었다가 도망하여 강족(羌族)의 지도자가 되었다.

원제元帝〔晉〕 ⇒ 사마예司馬睿

원제元帝〔漢〕 서한(西漢)의 제8대 황제(皇帝). 유석(劉奭). 재위 B.C. 48~33년.

원헌原憲 ⇒ 자사子思

위사후衛思后 한(漢) 무제(武帝)의 황후(皇后). 원래 평양공주(平陽公主) 집안의 가녀(歌女)였으나 무제(武帝)의 눈에 띄어 태자(太子) 유거(劉據)를 낳았으며, 진(陳) 황후(皇后)의 뒤를 이어 황후(皇后)가 되었다. 무고사건(巫蠱事件) 때 유거(劉據)가 연루되자 함께 자결하였으며, 선제(宣帝)가 사후(思后)로 추증(追贈)하였다.

위서魏序 인명(人名). 엄경(嚴卿)과 같은 고을 사람.

위서魏舒 삼국(三國)부터 서진(西晉) 초기의 인물. 태위(太康) 때 사도(司徒)를 지냈으며, 82세로 장수하였다.

유경劉京 서한(西漢) 말(末)의 도사(道士). 광요후(廣饒侯)에 봉해졌었다.

유계劉季 ⇒ 유방劉邦

유곤庾袞 진(晉)나라 때의 인물. 동진(東晉) 명제(明帝) 목황후(穆皇后)의 백부. 결행을 지켜 일생 동안 출사(出仕)하지 않았다고 한다.

유궁후예有窮后羿 ⇒ 예羿

유근劉根 후한(後漢) 때의 인물.《후한서(後漢書)》에 그 전(傳)이 실려 있다.

유기(劉玘) 원기(袁玘). 다른 기록에는 모두 원기(袁玘)로 실려 있다.

유단劉旦 한(漢) 무제(武帝) 유철(劉徹)의 넷째아들. 무제(武帝)가 죽고 막내아들 유불릉(劉弗陵, 昭帝)이 제위에 오르자 불만을 품고 반란을 꾀하다가 발각되어 자살하였다.

유량庾亮 289~340. 동진(東晉) 초기의 인물. 명제(明帝) 목황후(穆皇后)의 오라버니. 사공(司空)을 역임하였다. 시호(諡號)는 문강(文康). 그러나《진서(晉書)》유량전(庾亮傳)에는 유량(庾亮)의 자(字)를 원규(元規)라 하였으며, 본장(本章)의 이야기를 그 아우인 유익(庾翼)이 겪은 것으로 실려 있다.《진서(晉書)》권칠십삼(卷七十三)에 그 전(傳)이 실려 있다.

유무劉戊〔楚王〕 유교(劉交)의 손자로 21년간 재위. 오왕(吳王) 유비(劉濞)와 결탁하여 칠국지난(七國之亂. 景帝 3년, B.C. 154년)을 일으켰다.

유방劉邦 한(漢: B.C. 206~A.D. 220)나라를 세운 첫번째 황제. 자는 유계(劉季), 묘호는 고조, 시호는 고황제(高皇帝). 1911년까지 유지되었던 중국 황제제도의 특징은 대부분 이때 갖추어졌다. 농부의 아들로 태어난 유방은 진(秦: B.C. 221~206)의 하급관리인 쓰수이〔泗水〕지방의 정장(亭長)으로 출발하여 경력을 쌓기 시작했다. 중국을 처음으로 통일한 진의 시황제(始皇帝)가 죽은 다음 모반을 일으켰다. 반군은 명목상 항우(項羽)의 지휘 아래 있었다. 항우는 진의 군대를 쳐부수고 많은 옛 귀족들을 복권시켰으며, 자신의 장수들에게 토지를 나누어 주면서 진나라 이전의 봉건제도를 다시 시행했다. 그때 주요한 반군 지도자였던 유방은 지금의 쓰촨 성[四川省]과 산시 성[山西城] 남쪽, 즉 중국 서부지역의 제후인 한왕(漢王)으로 봉해졌다. 그러나 이들은 곧 적대관계가 되었으며 농민 출신의 경험과 영리함을 갖춘 유방은 군사적으로 뛰어났지만 정치적인 면에서 고지식했던 항우를 패배시켰다. 유방은 학자들을 싫어하여 학자의 관에 오줌을 누어 혐오감을 표시하기도 했으나, 『마상(馬上)에서 천하를 얻을 수는 있어도 마상에서 천하를 다스릴 수 없다』는 신하의 간언을 받아들여 유교의 예를 채택했다. 그는 농촌경제를 부흥시키고 농민들의 세금부담을 덜어 주는 데 각별한 관심을 보였다. 유방이 세운 한나라의 통치체제는 관제(官制)의 경우 진나라의 제도를 답습했으나, 지방통치의 경우는 군현제와 봉건제를 병용한 군국제(郡國制)였다. 그는 한나라 건설에 공이 큰 부하 장수들과 친인척들을 제후왕(諸侯王)·열후(列侯)로 봉해 각지에 내보냈다. 그러나 후에 그는 항우를 물리치고 천하를 통일하는 데 가장 공이 컸던 한신(韓信)·팽월(彭越)·영포(英布) 등의 공신 제후들을 모두 처형하고 제후왕은 한나라의 일족에 한한다는 규정을 만들어 왕조의 기초를 굳건히 했다. B.C. 200년 스스로 흉노(匈奴) 원정에 나섰다가 백등산(白登山)에서 패하여 포로가 될 뻔 한 적도 있었다. 이후 흉노에 대해서는 화친정책을 취함으로써 대외정책의 기본으로 삼았다.

유백조劉伯祖 유우(劉祐). 효렴(孝廉)으로 천거되어 상서시랑(尙書侍郎)·대사농(大司農)·중산대부(中散大夫) 등을 지낸 인물.《후한서(後漢書)》에 그 전(傳)이 실려 있다.

유비劉備 중국 삼국시대의 촉한(蜀漢)의 건설자. 자는 현덕(玄德). 제갈공명(諸葛孔明)·관우(關羽)·장비(張飛)를 써서, 조조(曹操)·손권(孫權)과 천하를 삼분(三分)하여 촉한을 건국하였다. 후에 오(吳)나라 토벌에 패하여 죽었다. 시호는 소열제(昭烈帝).

유빙劉憑 패(沛) 땅 출신으로 수광금향후(壽光金鄕侯)에 봉해졌으며,

직구자(稷丘子)에게 도(道)를 배웠다 한다.

유수劉秀〔光武帝〕　중국 후한의 초대 임금. 전한(前漢) 고조(高祖)의 구세손(九世孫). 호북(湖北)에서 군사를 일으켜 왕망(王莽)을 곤양(昆陽)에서 격파하고, 25년 임금에 즉위한 후 10년 만에 천하를 통일하였다. 한실(漢室)을 부흥하고 낙양에 도읍하였다. 선정(善政)을 펴고 유학을 장려하여 후한 왕조의 터전을 닦았다. 세조(世祖)라 이른다.

유수劉遂〔趙王〕　유우(劉友)를 습봉하였다. 오초(吳楚) 반란 때 유수(劉遂)가 흉노(匈奴)에게 연락하여 함께 반란에 참여하였다. 뒤에 반란이 실패하여 흉노(匈奴)가 한단(邯鄲)을 막자 한병(漢兵)은 제(齊)를 파한 후 한단(邯鄲)을 포위, 유수(劉遂)는 자살하였다.

유순庾純　자(字)는 모보(謀甫). 황문시랑(黃門侍郎)·중서령(中書令) 등을 지냈다. 일찍이 술자리에서 가충(賈充)에게 『천하가 흉흉한 것은 바로 너 한 사람 때문이로다』(天下凶凶, 由爾一人)라고 꾸짖었다.

유안劉安〔淮南王〕　B.C. 179~122. 회남자(淮南子)로 널리 알려진 인물. 한(漢) 고조(高祖) 유방(劉邦)의 손자(孫子).《회남자(淮南子)》를 남겼으며,《한서(漢書)》에 그 전(傳)이 실려 있다.

유연劉淵　흉노인(匈奴人)으로 십육국(十六國) 중 전조(前趙)의 개국자. 재위 304~310년.

유왕幽王　선왕(宣王)의 아들. 이름은 희궁열(姬宮涅). 재위 11년(B.C. 781~771). 서주(西周)의 마지막 임금으로 포사(褒姒)를 총애하였다가, 신후(申侯)와 견융(犬戎)에 의해 멸망당하였다.

유은劉殷　서한(西晉) 말(末)의 인물. 신흥태수(新興太守)를 지냈으며, 뒤에 유총(劉聰)에게 발탁되어 시중태수록상서사(侍中太守錄尙書事)를 지냈다.

유총劉寵　동진(東晉) 때의 인물.《진서(晉書)》권팔십일(卷八十一) 채표전(蔡豹傳)에는 유총(留寵)으로 실려 있다.

유탐劉耽　자(字)는 숙도(叔道). 환현(桓玄)의 장인. 환현(桓玄)에 의해 상서령(尙書令)에 올랐다.

유표劉表　한말(漢末)의 군벌(軍閥). 영제(靈帝)가 죽은 후 형주자사(荊州刺史)가 되었다.

유하劉賀〔昌邑王〕. 한(漢) 무제(武帝)의 손자. 소제(昭帝)가 아들 없이 죽자 유하(劉賀)가 뒤를 이었으나, 무도하게 굴어 서인(庶人)으로 폐위되었다.

유향劉向 중국 전한(前漢) 때의 학자. 자는 자정(子政). 선제(宣帝)·원제(元帝)·성제(成帝)의 세 황제를 섬겼다. 기원전 26년 광록대부(光祿大夫) 때에 칙명을 받아 궁중의 장서를 바탕으로 하여 여러 가지 책의 교정을 시작하였다. 저서는 《홍범오행전(洪範五行傳)》·《설원(說苑)》·《신서(新序)》·《열선전(列仙傳)》·《열녀전(烈女傳)》 등.

유회劉悝 환제(桓帝) 유지(劉志)의 아우. 발해왕(渤海王)에 봉해졌으나, 영제(靈帝)의 신하인 왕보(王甫)와 사이가 좋지 않아 참훼를 입어 자결하였다. 《법원주림(法苑珠林)》에는 묵(嘿)으로 잘못 표기하였다.

《육갑六甲》 도가(道家)의 둔갑술(遁甲術)을 적은 것. 한대(漢代)에 《풍고육갑(風鼓六甲)》·《육해육갑(六解六甲)》 등의 책(册)이 있었으나, 모두 실전(失傳)되었다.

융오족戎吳族 견융(犬戎). 서쪽의 이민족. 고대 중국(中國) 서부에 살던 민족.

은왕隱王〔周〕 암군(暗君)으로서 권신(權臣)에게 제어당하여 나라를 망쳤다. 《급총기년(汲家紀年)》 주(注)에는 난왕(赧王)이라 하였다.

은우殷祐 오군태수(吳郡太守)를 지낸 인물.

은자징殷子徵 이름은 단(燀). 여남(汝南) 상채인(上蔡人). 범식(范式)의 친구.

음생陰生 한(漢)나라 때의 인물. 거지.

음식陰識 동한(東漢) 초기의 인물로 원록후(原鹿侯)에 봉해졌다.

음자방陰子方 서한(西漢) 때의 인물.

응소應劭 한말(漢末)의 여남인(汝南人). 자(字)는 중원(仲遠). 태산태수(泰山太守)를 지냈으며, 《풍속통의(風俗通義)》를 썼다. 《후한서(後漢書)》 권사십팔(卷四十八)에 그 전(傳)이 실려 있다.

응창應瑒 자(字)는 덕련(德璉). 문학(文學)에 뛰어났던 인물. 건안칠자(建安七子)의 하나. 조조(曹操)에게 발탁되어 승상연(丞相掾)을 지냈다.

이고李固 자(字)는 자견(子堅). 태위(太尉)를 지냈다.

이광李廣 ?~B.C. 119. 서한(西漢) 때의 유명한 장군. 이릉(李陵)의 조부. 문제(文帝) 때 무기상시(武騎常侍)를 지냈으며, 무제(武帝) 때 우북평태수(右北平太守)가 되어 흉노(匈奴)를 격파하였다. 한비장군(漢飛將軍)으로 불렸다. 《사기(史記)》와 《한서(漢書)》에 그 전(傳)이 실려 있다.

이기李寄 이탄(李誕)의 딸.

이립李立 인명(人名). 자(字)는 건현(建賢).

이부인李夫人 이정년(李廷年)의 여동생으로 무제(武帝)에게 총애를 받았던 여인. 무제(武帝)는 이부인(李夫人)이 죽자, 감천궁(甘泉宮)에 그 초상을 그려 놓고 그리워하였다. 부인(夫人)은 궁중 시녀의 직함. 일부 기록에는 왕부인(王夫人)으로도 실려 있다.

익희益喜 《태평광기(太平廣記)》에는 개희(蓋喜)로 실려 있다.

임개任愷 자(字)는 원포(元襃: 220?~280?). 중서시랑(中書侍郞)을 지냈으며, 진(晉)나라 때는 시중(侍中)·태자소부(太子少傅)를 지냈다. 가충(賈充)에게 맞섰으나 실패하였다. 《진서(晉書)》 권사십오(卷四十五)에 그 전(傳)이 실려 있다.

자공子貢(子贛) 공문십철(孔門十哲)의 한 사람으로, 중국 춘추시대의 학자. 위(衛)나라 사람. 성은 단목(端木), 이름은 사(賜). 자공(子貢)은 그의 자(字). 정치에 뛰어나, 후에 노(魯)나라·위(衛)나라의 재상이 되었다. 제자 중에서 으뜸가는 부자였으므로 경제면에서 공자를 도왔다고 한다.

자로子路 춘추시대 변(卞)나라 사람. 성은 중(仲), 이름은 유(由). 자로(子路)는 그의 자. 계로(季路)라고도 한다. 자유(子由)·중유(仲由). 공자(孔子)의 제자 중에서, 공자를 제일 잘 섬겼다는 사람임. 정치 방면에 뛰어나고 효성이 지극하였으며, 성질이 용맹하였는데 위(衛)나라에서 벼슬하다가 공리(孔悝)의 난 때 전사하였다.

자문子文 초(楚)나라 성왕(成王) 때의 영윤(令尹). 공자(孔子)도 늘 칭찬하였다.

자옥紫玉 오왕(吳王) 부차(夫差)의 막내딸.

자하子夏　중국 춘추시대 공문십철(孔門十哲)의 한 사람. 본명은 복상(卜商). 자하는 자. 문학에 뛰어났으며, 위(魏)나라 문후(文侯)의 스승. 공문 중에서 후세에까지 가장 많은 영향을 끼쳤다. 공자(孔子)가 산정(删定)한 《시경》과 《역경》·《춘추》를 전하였다고 한다.

《잠서蠶書》　누에에 관한 책이겠으나 실전(失傳)되었다.

장각張角　동한(東漢) 말(末)의 반군(叛軍). 그의 아우 장량(張梁)·장보(張寶)와 함께 천공장군(天公將軍)·인공장군(人公將軍)·지공장군(地公將軍)이라 하여 기주(冀州)·청주(靑州)·서주(徐州)에서 난을 일으켰다.

장거자張車子　《수신기(搜神記)》에서는 태어나지 않은 미래의 인물 이름.

장관張寬　자(字)는 숙문(叔文). 한(漢) 무제(武帝) 때 시중(侍中)을 지냈다.

장굉萇宏　다른 기록에는 장홍(萇弘)으로 실려 있다. 《사기(史記)》·《장자(莊子)》에는 기록이 같으나, 《좌전(左傳)》·《국어(國語)》에는 주(周) 경왕(敬王, 재위 B.C. 519~477)으로 실려 있다. 한편 《한서(漢書)》 교사지(郊祀志)에는 영왕(靈王) 때의 대부(大夫)이며, 경왕(敬王) 때 피살되었다고 실려 있다.

장량張良　중국 전한(前漢) 초기의 정치가. 자는 자방(子房). 할아버지와 아버지는 한(韓)나라 소후(昭侯)·선혜왕(宣惠王) 등의 5대에 걸쳐 승상을 지냈다. 진(秦)이 한을 멸하자, 그는 자객들과 사귀면서 한의 회복을 도모했다. 박랑사(博浪沙) 지금의 허난 성〔河南省〕 위안양(原陽. 남동쪽)에서 진의 시황제(始皇帝)를 공격했으나 실패했다. 전설에 따르면 하비(下邳) 지금의 장쑤 성〔江蘇省〕 쉬닝 현唯寧縣 북쪽)에서 황석공(黃石公)을 만나 《태공병법(太公兵法)》을 얻었다고 한다. B.C. 209년 진에 반대하는 무리를 모아 유방(劉邦)과 합세했고, 이후 주요 전략가가 되었다. 초(楚)·한(漢) 전쟁 기간에 그는 6국(六國)의 후예를 세우지 말고, 영포(英布)와 팽월(彭越)을 빼앗아 오도록 했다. 또한 한신(韓信) 등의 책략을 중용하여, 항우(項羽)로 하여금 안팎으로 적의 공격을 받게 하라고 제안했다. 유방이 셴양〔咸陽〕을 함락시킨 후 장량은 진의 보물창고인 부고(府

庫)를 봉하여 보관하고 바수이 강[灞水] 상류로 철군하도록 건의했는데, 유방(劉邦)은 그의 모든 의견을 받아들였다. 201년 유후(留侯)로 봉해졌다.

장료張遼 《태평광기(太平廣記)》에는 장유(張遺)로 실려 있다.

장맹張猛 장환(張奐)의 아들.

장무張懋 다른 기록에는 장무(張茂)로 실려 있다.

장문중臧文仲 춘추시대 노(魯)나라의 대부(大夫)인 장손진(臧孫辰). 시호가 문중(文仲).

장박張璞 자(字)는 공직(公直). 오군태수(吳郡太守)를 지낸 인물.

장빙張騁 《개원점경(開元占經)》에는 장결(張騃)로 실려 있다.

장석張碩 ⇒ 장전張傳

장소張劭 서진(西晉) 초기의 인물. 진(晉) 무제(武帝) 사마염(司馬炎)의 황후(皇后) 아버지이며, 양준(楊駿)의 생질. 외척으로서의 실권을 쥐고 양준(楊駿)을 태위(太尉)까지 오르게 하였다가 뒤에 모두 족살(族殺)되었다.

장의張儀 전국시대(戰國時代)의 유명한 종횡가(縱橫家). 소진(蘇秦)과 더불어 이름을 날렸다.

장자莊子(莊周) 중국 전국시대의 사상가. 맹자(孟子)와 같은 시대의 인물. 이름은 주(周). 물(物)의 시비(是非) 선악(善惡)을 초월하여, 자연 그대로 살아가는 자연철학을 제창하였다. 노자(老子)의 무위자연(無爲自然)의 사상을 발전시켜 공문(孔門)의 사상을 반박. 노자가 정치적·사회적 문제를 대상으로 다룬 데 대하여, 장자는 개인의 안심입명(安心立命)을 문제삼았다. 남화진인(南華眞人)이라 추호(追號)됨. 저서에 《장자(莊子)》가 있다.

장자문蔣子文 장후(蔣侯)로 불린다.

장자서蔣子緒 장자문(蔣子文)의 아우.

장전張傳 장석(張碩)을 가리킨다. 두란향(杜蘭香)이 장석(張碩)에게 도술(道術)을 일러 주었으며, 장석(張碩)은 뒤에 승선하였다.

장제(章帝) 동한(東漢)의 제3대 황제(皇帝). 유달(劉炟). 재위 A.D. 76~88년. 원화(元和) 원년은 84년.

장제張悌 자(字)는 거선(巨先). 둔기교위(屯騎校尉) 등을 지냈으며,

손호(孫皓) 때 승상(丞相)에 올랐다.

장제蔣濟 삼국시대(三國時代)의 위(魏)나라 사람. 관직(官職)이 태위 (太尉)까지 올랐다. 창릉정후(昌陵亭侯)에 봉해졌다.

장창張昌 원래는 의양(義陽)의 만족(蠻族). 평씨현(平氏縣)의 관리였 으나 태안(太安) 이년(二年: 303) 유민을 모아 반진(反晉)하여 기병 (起兵)하였다. 그는 강하군(江夏郡)을 점령한 뒤, 산도현(山都縣)의 관리 구심(丘沈)을 천자(天子)로 추대하여 이름을 유니(劉尼)로 바 꾸고 신봉(神鳳)을 연호(年號)로, 한(漢)나라 부흥을 주장하였다.

장합張郃 삼국시대(三國時代)의 장군(名將). 처음에는 원소(袁紹)를 섬겼으나 뒤에 조조(曹操)에게 옮겨 좌장군(左將軍)을 지냈으며, 도 경후(都卿侯)에 봉해졌다.

장형張衡 동한(東漢) 때의 유명한 문학가(文學家)·과학자(科學者). 자(字)는 평자(平子). 안제(安帝) 때 상서(尙書)를 지냈으며, 〈서경 부(西京賦)〉로 유명하다. 《문선(文選)》 참조.

장호張顥 한말(漢末)의 인물. 장봉(張奉)의 아우.

장화張華 자(字)는 무선(茂先: 232~300). 문재(文才)가 뛰어났었다. 태자소부(太子少傅)를 지냈으며, 조왕(趙王) 사마륜(司馬倫)이 가후 (賈后)를 폐할 때 반대하였다가 피살되었다. 유명한 《박물지(博物 志)》를 지었으며, 시문(詩文)을 집일한 《장무선집(張茂先集)》이 있다.

장환張奐 자(字)는 연명(然明). 돈황(敦煌) 주천인(酒泉人). 도료장군 (渡遼將軍)·대사농(大司農)을 지낸 인물.

적선翟宣 자(字)는 태백(太伯). 남군태수(南郡太守)를 지냈다. 교수 (敎授)는 학관(學官)의 하나.

적송자赤松子 전설상의 신선(神仙). 선인(仙人). 적송자(赤誦子)로도 쓴다.

적의翟義 동군태수(東郡太守). 자(字)는 문중(文仲). 홍농태수(弘農太 守)·하내태수(河內太守) 등을 지냈다.

적장자여赤將子轝 신선(神仙) 이름. 하루에 5백 리를 달리며, 1년에 10번씩 피부를 바꾼다는 신선(神仙)이다.

적제赤帝 오제(五帝) 중의 하나. 오행설(五行說)에 불·여름을 맡는 남쪽의 신. 적제장군.

《전론典論》 조비(曹丕)의 저술로 총5권. 원서(原書)는 실전(失傳)되었으며, 그 중 〈논문(論文)〉한 편만이 문학가(文學史)의 중요한 글로 널리 알려졌다.

전욱顓頊(高陽氏) 중국 고대의 제왕. 황제(黃帝)의 손자로, 그에 이어 20세에 임금 자리에 올라 처음 고양(高陽)에 나라를 일으켰으므로 고양씨(高陽氏)라 불렸다. 제구(帝邱)에 도읍하였으며, 재위 78년이었다 한다.

전횡田橫 원래 제(齊)나라의 귀족. 제(齊)가 진시황(秦始皇)에게 망하자, 전담(田儋)과 반진(反秦) 투쟁을 벌여 제(齊)나라를 중건하였으나, 한(漢)에게 멸망당한 후 5백여 명을 이끌고 섬으로 피하여 한(漢)나라에의 복종을 거부하였다. 그뒤 한(漢) 고조(高祖) 유방(劉邦)이 그를 낙양(洛陽)으로 부르자 도중에 자결하였다. 이 소식을 들은 섬에 있던 5백 명도 모두 자살하였다.

정공定公〔魯〕 춘추시대(春秋時代) 노(魯)나라의 군주(君主). 그 원년(元年)은 B.C. 509년.

정용鄭容 《한서(漢書)》에는 정객(鄭客)으로 실려 있다.

정하鄭瑕 오(吳)나라 양양태수(襄陽太守).

정현鄭玄 자(字)는 강성(康成: 127~200). 동한(東漢)의 대학자(大學者). 고밀인(高密人) 마융(馬融)에게 수학하였으며, 오경(五經)에 모두 주(注)를 붙였다. 지금은 《모시전(毛詩箋)》·《주례(周禮)》·《의례(儀禮)》·《예기(禮記)》의 주(注)가 남아 있다. 《후한서(後漢書)》권 삼십오(卷三十五)에 그 전(傳)이 실려 있다.

제갈각諸葛恪 제갈근(諸葛瑾)의 아들로 재명(才名)이 있었다. 손권(孫權) 때 단양태수(丹陽太守)를 지냈으며, 손량(孫亮)을 도와 대장군(大將軍)에 올랐다. 각(恪)은 〈격〉으로도 읽는다.

제곡帝嚳(高辛氏) 옛날 중국의 오제(五帝)의 한 사람. 황제(黃帝)의 증손이요, 요(堯)의 할아버지라고도 한다. 전욱(顓頊)을 보좌하여 그 공으로 신(辛) 땅에 봉하였다가 다시 전욱의 뒤를 이어서 박(亳) 땅에 도읍하였으므로 고신씨(高辛氏)라 일컫는다.

제영緹縈 한(漢)나라 때 임치(臨淄) 순우의(淳于意)의 딸. 그 아버지가 오녀무남(五女無男)으로 죄를 짓고 옥에 갇히자, 제영(緹縈)이 아버지를 따라 장안(長安)까지 이르러 스스로 비녀(婢女)가 되어 아버지의 죄를 대신 갚겠다고 하였다. 문제(文帝)가 감동을 받아 아버지를 풀어 주었다.

조고趙固 서진(西晉) 말(末) 흉노(匈奴) 유연(劉淵)이 세운 한국(漢國)의 부장(部將).

조공명趙公明 종남산(終南山) 사람으로 진(秦)나라 때의 은사(隱士). 득도성선(得道成仙)하여 천하(天下)의 재물(財物)을 관장하며, 1억 만 명의 귀신 군사(軍師)를 거느리고 인간 세계에 나타난다고 한다. 《역세진선체도통감(歷世眞仙體道通鑑)》에 실려 있는 팔부귀수(八部鬼帥)의 하나.

조방曹芳 위(魏)나라의 제왕(齊王).

조병趙昞 동한시대(東漢時代)의 동양(東陽) 출신으로 득직성선(得直成仙)하였다 한다. 《역대진선체도통감(歷代眞仙體道通鑑)》에는 조병(趙丙)으로, 《후한서(後漢書)》에는 조병(趙炳)으로 실려 있다.

조비曹丕(文帝[魏]) 중국 삼국시대 위(魏)나라의 초대 황제. 자는 환(桓). 조조(曹操)의 맏아들. 220년에 후한(後漢)의 헌제(獻帝)를 폐하고, 낙양(洛陽)에 도읍하여 국호를 위(魏)라 하고 황초(黃初)라 건원(建元)하였다. 오(吳)나라・촉(蜀)나라와 자주 싸웠다. 문학에도 뛰어나 《전론(典論)》 5권을 지었다.

조상曹爽 위(魏)나라 종실(宗室). 명제(明帝)가 제왕(齊王) 조방(曹芳)을 보필토록 유조(遺詔)를 내려 시중(侍中)이 되었다가, 사마의(司馬懿)와 정권다툼에 져서 피살당하였다.

조조曹操(武帝[魏]) 중국 후한(後漢) 말기의 무장(武將). 자는 맹덕(孟德). 황건(黃巾)의 난(亂)을 다스려 군공(軍功)을 세웠으며, 군웅(群雄)을 물리치고 화북(華北)을 거의 통일하여, 위왕(魏王)이라 일컬었다. 적벽 대전에서 유비(劉備)・손권(孫權)의 연합군에 패하여 중국은 셋으로 나뉘었는데, 그 아들 조비(曹丕)가 한(漢)나라에 대신하여 위나라를 세우는 기틀을 닦았다.

조후趙后 조비연(趙飛燕). 한(漢) 성제(成帝)의 황후(皇后). 원래 양아공주(陽阿公主) 집안의 궁인(宮人)이었으나 그 동생 조소의(趙昭儀)와 함께 성제(成帝)에게 발탁되어 총애를 입었으며, 궁중 내에서 음란한 행동을 하였다.

종리의鍾離意 회계군(會稽郡) 산음현(山陰縣 지금의 浙江省 紹興) 사람으로서, 명제(明帝) 때 상서(尙書)가 되어 노(魯)나라 재상(宰相)으로 출임(出任)하였다. 자(字)는 자아(子阿). 종리(鍾離)는 성(姓), 이름은 의(意)이다.

종사계鍾士季 종회(鍾會: 225~264). 자(字)는 사계(士季). 종호(鍾皓)의 증손. 종요(鍾繇)의 아들. 어려서 재주가 있었으며, 촉(蜀)을 평정한 공로로 사도(司徒)에 올라 현후(縣侯)에 봉해졌다. 《삼국지(三國志)》권이십팔(卷二十八)에 그 전(傳)이 실려 있다. 《세설신어(世說新語)》 참조. 여기서는 귀장(鬼將)이 된 종사계(鍾士季)를 가리키며, 역시 《역세진선체도통감(歷世眞仙體道通鑑)》에 실려 있는 팔부귀수(八部鬼帥)의 하나이다.

종요鍾繇 자(字)는 원상(元常: B.C. 151~230). 상서랑(尙書郎)・양릉령(陽陵令) 등을 지냈으며, 동무정후(東武亭侯)에 봉해졌다. 시호(諡號)는 성후(成侯). 서예(書藝)에 뛰어나 진한(秦漢) 이래 최고로 평가받고 있다. 《삼국지(三國志)》권십삼(卷十三)에 그 전(傳)이 실려 있다. 《서법요록(書法要錄)》 팔(八), 《서단(書斷)》 중권(中卷) 등에 그의 서법(書法)에 관한 기록이 실려 있다.

《좌씨전左氏傳》⇒《춘추좌씨전春秋左氏傳》

좌원방左元放⇒ 좌자左慈

좌자左慈 동한(東漢) 말(末)의 인물. 《후한서(後漢書)》에 그 전(傳)이 실려 있다. 《신선전(神仙傳)》에도 그 기사가 실려 있다.

주紂 중국 은(殷: B.C. 18~12세기)의 마지막 왕. 제신(帝辛)・제신수(帝辛受)라고도 한다. 전설에 의하면 지나친 방탕으로 나라를 잃었다고 한다. 애첩 달기(妲己)를 즐겁게 해주기 위해 술로 가득 채운 연못(酒池)을 만들고, 그 주변에서 벌거벗은 남녀들이 서로 잡으러 다니는 놀이를 하게 했다. 또 대단히 잔혹해서 호수 근처의 나무에 사람고기를 걸어 놓았다고도 한다. 게다가 7년에 걸쳐 건축한 호화로운 궁전 녹대(鹿臺)의 공사를 위해 무거운 세금을 부과하여 백성들의 원성을 샀다. 그 궁전은 높이가 1백80미터, 둘레가 8백 미터에 이르고 문과 궁실들은 정교한 돌로 만들어졌다고 한다. 주(周:

B.C. 1111~255)의 창건자인 무왕(武王)이 은을 무너뜨리자 주는 자신의 궁전에 불을 지르고 그 불길 속으로 뛰어들어 자살했다.

주군周群 삼국시대(三國時代) 촉인(蜀人). 자(字)는 중직(仲直). 유림교위(儒林校尉)를 지냈다.

주람책周罾嘖 일명 주주책(周罾嘖)·주람분(周罾噴) 등으로 표기한 곳도 있다.

주복周馥 여남인(汝南人). 자(字)는 조선(祖宣). 서진(西晉) 말(末)의 진동장군(鎭東將軍). 영녕백(永寧伯)을 거쳐 수춘(壽春)을 진수하고 있었다.

《주례周禮》 삼례(三禮)의 하나. 주(周)나라 시대의 관제(官制)를 적은 책. 주공단(周公旦)이 지었다고 하나 후세 사람이 증보한 것으로 여겨진다. 옛날에는 주관(周官), 당(唐)나라 이후에는 주례라 일컬었다. 진시황(秦始皇) 때 분서(焚書)된 것을 한(漢)나라 때 5편을 발견하여 고공기(考工記)로 보충하여 6편으로 하였다.

《주역周易》 중국의 유교 경전. 《역경(易經)》이라고도 한다. 《경(經)》·《전(傳)》의 두 부분을 포함하며 대략 2만 4천 자이다. 주(周)의 문왕이 지었다고 전해진다. 괘(卦)·효(爻)의 2가지 부호를 중첩하여 이루어진 64괘·384효, 괘사(卦辭), 효사(爻辭)로 구성되어 있는데, 괘상(卦象)에 따라 길흉화복을 점쳤다. 주나라 사람이 간단하게 8괘로 점을 치는 책이었으므로 《주역》이라고 했다. 정이(程頤)의 주석서 《역전(易傳)》은 경전의 해석을 통해 철학적인 관점을 나타내고 있을 뿐만 아니라 세계관, 윤리학설 및 풍부하고 소박한 변증법을 담고 있어, 중국 철학사상 중요한 위치를 차지하고 있다. 《역전》 계사편(繫辭篇) 등에서는 음·양 세력의 교감작용을 철학범주로 격상시켜 세계 만사만물(萬事萬物)을 통일된 체계로 조성했다. 이로써 진대(秦代)·한대(漢代) 이후의 사상계에 많은 영향을 끼쳤으며 서양 학자들의 관심을 끌었다.

주주朱主 손권(孫權)의 딸인 노제공주(魯齊公主). 좌장군(左將軍) 주거(朱據)의 아내가 되었다가 손준(孫峻)에게 살해되었다.

주창周暢 자(字)는 백지(伯持). 동한(東漢) 때의 인물로 광록훈(光祿勳)에 올랐다.

주탄朱誕 삼국시대(三國時代) 오(吳)나라 때부터 서진(西晉) 초기의 인물. 오(吳)나라 때 건안태수(建安太守), 진(晉)나라 때 회남내사(淮南內史) 등을 지냈다.

주환朱桓 자(字)는 휴목(休穆). 손권(孫權) 아래에서 장군(將軍)·청주목(青州牧) 등을 지냈다.

《중경中經》 벽씨(辟氏)가 지었다 하나 알 수 없다.

중니仲尼 ⇒ 공자孔子

중유仲由 ⇒ 자로子路

증자曾子 이름은 증삼(曾參). 무성인(武城人)으로 자(字)는 자여(子輿). 공자(孔子)의 제자 중에 효성(孝誠)으로 이름난 인물. 증삼살인(曾參殺人)의 고사를 남겼다.

진구陳球 자(字)는 백진(伯眞). 영제(靈帝) 때 정위(廷尉)를 지냈다.

진봉陳鳳 당시의 방사(方士), 혹은 점술가·예언가인 듯하다.

진섭陳涉(陳勝) 진(秦)나라 말의 농민 반란의 지도자. 양성(陽城. 지금의 하남성) 사람. 진의 2세 황제의 1년에 오광(吳廣)과 함께 반란을 일으켰으나 6개월 만에 패하여 죽었다. 이것이 진말(秦末)의 동란의 원인이 되었다.

진중거陳仲擧 진번(陳藩: ?~168). 동한(東漢) 때의 여남인(汝南人). 태위(太尉)·태부(太傅) 등을 지냈으며, 고양후(高陽侯)에 봉해졌다. 《후한서(後漢書)》 권육십육(卷六十六)에 그 전(傳)이 실려 있다. 《세설신어(世說新語)》에 그의 일화가 수록되어 있다.

질군장邘君章 이름은 운(惲). 여남(汝南) 서평인(西平人)으로 장사태수(長沙太守)를 지냈다. 《후한서(後漢書)》에 그 전(傳)이 실려 있다. 범식(范式)의 친구.

채무蔡茂 서한(西漢) 말(末)에 학문이 높아 박사(博士)가 되었으며, 동한(東漢) 때에는 의랑(議郎)·동한태수(廣漢太守)·사도(司徒) 등을 지냈다.

채옹蔡邕 중국 후한(後漢) 말의 학자. 자는 백개(伯喈). 하남(河南) 사람. 영제(靈帝)의 고문. 박학하고 시문에 능하며, 수학·천문·서도·음악 등에도 뛰어났다. 딸은 채문희(蔡文姬)라고 불린 시인 채염(蔡琰)이다. 주저 《독단(獨斷)》.

척부인戚夫人 한(漢) 고조(高祖) 유방(劉邦)의 총희(寵姬). 조왕(趙王) 여의(如意)의 생모(生母)로서, 태자(太子) 책립(冊立) 문제로 여후(呂后)와 다투었다가 고조(高祖)가 죽은 후 여후(呂后)에게 참살당하였다.

초주譙周 촉(蜀)의 대신(大臣). 자(字)는 윤남(允南). 광록대부(光祿大夫)에 올랐다.

최문자崔文子 고대의 선인(仙人).

《춘추春秋》 공자가 쓴 중국 최초의 기전체 역사서. 유교 5경(五經) 가운데 하나이다. 《춘추》라는 이름은 〈춘하추동〉을 줄인 것으로, 사건의 발생을 연대별과 계절별로 구분하던 고대의 관습에서 유래했다. 이 책은 공자가 B.C. 722년부터 죽기 직전인 B.C. 479년까지 그의 모국인 노(魯)나라의 12제후가 다스렸던 시기의 주요사건들을 기록한 것이다. 개략적이기는 하나 완전히 월별로 씌여 있다. 공자는 타락한 제후에게는 존칭을 생략하는 등 자구(字句)를 미묘하게 사용하여 각 사건에 대한 도덕적 평가를 내리고 있다. 한대(漢代)의 대유학자 동중서(董仲舒)는 《춘추》에 담겨 있는 깊은 뜻을 찾아내고자 연구한 후대의 학자 가운데 한 사람이다. 그는 여기에 기록된 일식·낙성(落星)·가뭄 등과 같은 자연의 이변들은 제후들이 천명을 어기면 어떤 일이 생기는가를 알려주기 위하여 씌어졌다고 주장했다. 유학자들이 이 책을 비롯한 다른 유교경전들을 공식적으로 해석하기 시작한 이래, 이 책은 조정에 유교의 이상을 강요하는 수단이 되었다. 《춘추》가 알려지기 시작한 것은 출생연도·활동시기·이름 등이 확실하게 알려지지 않은 어떤 학자(左丘明)으로 추정됨)가 쓴 주석서 《좌씨전(左氏傳)》 때문이다. 이밖에도 저자의 이름을 딴 주석서 《공양전(公羊傳)》·《곡량전(穀梁傳)》도 《춘추》를 세상에 알리는 데 기여했다. 이 세 주석서는 모두 유교의 13경에 포함된다.

《춘추좌씨전春秋左氏傳》 중국 노(魯)나라의 좌구명(左丘明)이 지은 《춘추(春秋)》의 주석서(註釋書). 좌씨(左氏) 이와의 사람이 지었다는 설(說)도 있다. 춘추삼전(春秋三傳)의 하나임. 30권. 좌씨전(左氏傳). 좌씨춘추전. 좌전(左傳).

탕湯 B.C. 18세기경에 활동한 중국의 황제. 성탕(成湯)·태을(太乙)
이라고도 한다. 하(夏: B.C. 22~19/18세기)나라를 멸망시키고 상
(商), 즉 은(殷: B.C. 18~12세기) 나라를 세웠다. 역사상 실제 인물
인 탕은 신분이 높은 가문의 후예였던 것으로 보인다. 전설에 의하
면, 신화적 인물인 황제(皇帝)의 후예라고 한다. 탕은 거북 등딱지
에 쓰인 예언대로 하나라의 포악한 군주 걸(桀)에 대항하여 군대를
일으켰다고도 한다. 온후하고 관대한 왕으로 칭송받는 그는 가뭄이
들자 자신을 희생제물로 바치는 제사를 올렸다고 한다. 그러나 제
사가 끝나기도 전에 비가 내렸고, 탕은 목숨을 건졌다. 그는 대개 9
척(2.7미터) 장신, 흰 얼굴에 구레나룻을 기르고, 뾰족한 머리와 6마
디의 팔을 가지고 있으며, 몸의 한쪽이 다른 쪽보다 훨씬 큰 모습
으로 묘사된다.

태공太公(呂望) 중국 주(周)나라의 신하. 본명은 여상(呂尙). 강태공
(姜太公)이라고도 한다. 은(殷)나라를 격파하고 제(齊)나라의 후
(侯)로 봉해졌다. 태공망이라는 명칭은, 주나라 문왕(文王)이 웨이
수이 강[渭水]에서 낚시질을 하고 있던 여상을 만나 선군(先君)인
태공(太公)이 오랫동안 바라던[望] 어진 인물이라고 여긴 데서 유
래했다고 한다. 대체로 태공망은 주나라와 대대로 혼인관계를 맺어
온·강씨(姜氏) 부족의 대표로서 주나라의 군대를 지휘한 인물로 추
측되고 있다. 중국에서는 병법을 세운 시조로 여겨져《태공육도(太
公六韜)》등의 병법관계 서적이 그의 이름으로 나와 있다. 낚시꾼
을 강태공이라고 부르는 것도 태공망에서 유래한다.

태무太戊 상(商, 즉 殷)나라 임금의 이름. 옹기(雍己)의 동생으로 임
금이 되었으나, 이미 은(殷)나라가 기울 때였다. 이척(伊陟)·무함
(巫咸)·신호(臣扈) 등을 차례로 등용하여 은(殷)나라 왕실을 부흥
시켰다. 재위 75년.

태산부군泰山府君 태산신(泰山神). 사람의 생명과 혼백을 주관한다.
부군(府君)은 부(府)의 주인, 최고 책임자. 즉 태산부(泰山府)의 군
(君). 한위(漢魏) 때에는 태수(太守)를 부군(府君)이라고도 칭하였다.

태상노군太上老君 ⇒ 노자老子

《태현경太玄經》 〔太는 美稱이고, 玄은 눈에 보이지 않는 우주의 본체를

말함) 중국, 한(漢)나라의 양웅(揚雄)이 지은 책. 현이 만물로 전개되어 가는 모양을 상징적인 부호와 난해(難解)한 문구로 나타내려고 한 것으로, 역(易)을 본뜬 것이다. 역(易)의 구성(構成)의 불규칙성에 불만을 느껴 보다 규칙적인 도식을 구하려는 데 저술의 동기가 있었던 것으로 본다. 10권.

투백비鬪伯比 춘추시대(春秋時代) 초(楚)나라 사람. 아버지는 약방씨(若敖氏)이며, 어머니는 운국(鄖國)의 딸.

팽조彭祖 요(堯)임금의 신하로서 은(殷)나라 말년까지 8백 세를 살았다 한다.

평상생平常生 《법원주림(法苑珠林)》·《북당서초(北堂書鈔)》·《열선전(列仙傳)》에는 모두 『졸상생(卒常生)』으로 실려 있다. 『이름이 상생(常生)인 문졸(門卒)』의 뜻으로 보는 것이 타당할 듯하다.

평제平帝 서한(西漢)의 제11대 황제(皇帝). 유간(劉衎). 원시(元始) 삼년(三年)은 서기 3년.

풍곤馮緄 동한(東漢) 말(末)의 인물로서, 효렴(孝廉)으로 천거되어 어사중승(御史中丞)에 올랐다. 그뒤 농서태수(隴西太守)·요동태수(遼東太守)·정위(廷尉)·태상(太常) 등을 역임하였다.

풍이馮夷 ⇒ **하백**河伯

하간왕河間王 서진(西晉) 팔왕지난(八王之亂) 때 하간왕(河間王) 사마옹(司馬顒)이 장사왕(長沙王) 사마예(司馬乂)를 죽이고 성도왕(成都王) 사마영(司馬穎)을 폐위시켰으나, 자신도 동해왕(東海王) 사마월(司馬越)에게 죽었다.

하백河伯(河神) 고대(古代) 신화(神話)에서 하수(河水)를 맡은 신(神).

하비간何比干 자(字)는 소경(少卿). 원래 여음현(汝陰縣)의 옥리(獄吏). 뒤에 정위(廷尉)에까지 올랐다.

《하정지夏鼎志》 하(夏)나라 때 정(鼎)에 주물된 괴이한 물건의 도상(圖象).

하창何敞 자(字)는 문고(文高). 화제(和帝) 때 시어사(侍御史)·여남태수(汝南太守) 등을 지냈다.

하후개夏侯愷 서진(西晉) 때의 인물.

하후홍夏侯弘 동진(東晉) 때의 인물.

한단상邯鄲商　한단(邯鄲)은 성씨, 상(商)은 이름.

한백韓伯　자(字)는 강백(康伯). 진(晉)나라 영천인(穎川人). 재주가 있고 문학과 학술에 뛰어났던 인물. 시중(侍中)·단양윤(丹陽尹)·이부상서(吏部尙書) 등을 지냈으며, 죽은 후 태상(太常)에 추증되었다. 《진서(晉書)》권칠십구(卷七十九)에 그 전(傳)이 실려 있다.

한빙韓憑　강왕(康王)의 사인(舍人)이었으며, 한풍(韓馮)·한붕(韓朋) 등으로도 표기된다.

《한서漢書》　중국 전한(前漢)의 정사(正史). 후한(後漢)의 반고(班固)가 지은 것으로, 반표(班彪)가 짓기 시작하였던 것을 반고가 대성하였고, 누이동생 반소(班昭)가 보수(補修)하였다. 대체로 전한 1대의 역사를 적어 놓았고, 기전체(紀傳體)로서, 12제기(帝紀)·8표(表)·10지(志)·70열전(列傳)으로 되어 있다. 효장제(孝章帝)의 건초(建初) 연간에 완성하였다. 이 책에는 조선전(朝鮮傳)·지리지(地理志) 등이 있어 우리 나라 역사 연구에 도움이 된다. 모두 120권.

한우韓友　자(字)는 경선(景先). 진(晉)나라 때 여강(廬江) 출신으로 광무장군(廣武將軍)을 지냈다. 《진서(晉書)》에 그 전(傳)이 실려 있다.

합려闔閭(闔廬)　춘추 말기 오(吳)나라의 군주. 재위 19년(B.C. 514~496). 월왕(越王) 구천(勾踐)과의 싸움 및 오자서(伍子胥)와의 관계로 유명하다. 공자(公子) 광(光), 즉 제번(諸樊)의 아들로 오자서(伍子胥)의 계책으로 요(僚)를 죽이고 왕이 되었다.

항아嫦娥　항아(姮娥). 항(嫦)은 항(姮)과 같다. 〈상아〉로도 읽는다. 《회남자(淮南子)》·《태평어람(太平御覽)》 등에는 모두 항아(姮娥)로 실려 있으나, 한(漢) 문제(文帝) 유항(劉恒)의 이름을 휘(諱)하여 첩운관계인 항(嫦)으로 쓰고 발음은 항·상을 통용한다. 유궁후예(有窮后羿)의 아내로 불사약을 훔쳐 가지고 달로 달아나 약절구를 찧고 있다는 전설을 낳았다.

항우項羽　중국 진(秦)나라 말엽의 무장(武將). 이름은 적(籍). 자는 우(羽). 기원전 209년 유방(劉邦)과 같이 진나라를 쳐서 멸하고, 스스로 서초(西楚)의 패왕(覇王)이 되었다. 그후 유방과 5년간 싸우다가 해하(垓下)에서 패하고 오강(烏江)에서 자살하였다.

허계산許季山　동한(東漢) 때의 인물로 이름은 준(峻). 점복(占卜)에 뛰어났었다. 《후한서(後漢書)》 방술전(方術傳)에는 허만(許曼)으로 실려 있다.

허헌許憲 허계산(許季山)의 손자.

헌공獻公〔晉〕 춘추시대 진(晉)나라의 19대 임금. 재위 26년(B.C. 676 ~651). 무공(武公)의 아들. 헌공(獻公)의 아들로 태자(太子) 신생(申生. 어머니는 齊姜)·이오(夷吾 나중에 惠公이 됨. 어머니는 狐氏)·중이(重耳. 나중에 文公이 됨. 어머니는 狐氏)·해제(奚齊. 어머니는 驪姬)·탁자(卓子. 어머니는 驪姬의 여동생) 등이 있어 권력 다툼으로 나라가 기울어졌다.

헌제獻帝〔漢〕 동한(東漢)의 제14대 임금이자, 동한(東漢)의 마지막 임금. 유협(劉協). 재위 189~220년.

현왕顯王〔周〕 전국시대(戰國時代)의 주(周)나라 임금.

현초(弦超) 위(魏)나라 제북군(濟北郡) 종사연(從事掾).

형사자신邢史子臣 형사(邢史)는 성(姓). 춘추시대(春秋時代)의 송(宋)나라 대부(大夫).

혜문왕惠文王 전국시대(戰國時代) 진(秦)나라의 군주(君主).

혜왕惠王〔周〕 주(周)나라 장왕(莊王)의 손자이며, 희왕(釐王)의 아들. 이름은 낭(閬), 혹은 양(涼). 재위 25년(B.C. 676~652).

혜왕惠王〔秦〕 진(秦)나라 효공(孝公)의 아들. 이름은 사(駟). 혜문왕(惠文王)으로도 불렸다. 재위 27년(B.C. 337~311).

혜제惠帝 서진(西晉)의 제2대 황제(皇帝). 사마충(司馬衷). 재위 290~306년.

호맹강胡孟康 서진(西晉) 말(末) 오호십육국(五胡十六國)의 발호 때 여강태수(廬江太守)를 지낸 인물.

호모반胡母班 동한(東漢) 말기의 인물. 뒤에 동탁(董卓)이 원소(袁紹)에게 편지를 보내어 그를 불러들인 후, 하내태수(河內太守) 왕광(王匡)으로 하여금 죽이게 하였다.

화류驊騮 고대(古代)의 명마(名馬).

화원華元 화독(華督)의 증손으로 송(宋)나라의 우사(右師)가 되었다.

화일華軼 자(字)는 안하(顔夏). 위(魏)나라 때 태부(太夫)였던 화흠(華歆: B.C. 156~231)의 증손. 진(晉)나라 영가(永嘉) 때 강주자사

(江州刺史)였으며, 진(晉) 원제(元帝)에게 불복하였다가 토벌을 당하였다.

화제和帝　동한(東漢)의 제4대 황제(皇帝). 유조(劉肇). 재위는 89~105년.

화중華仲　응화중(應華仲). 응순(應順). 자(字)가 화중(華仲)이며, 상서랑(尙書郞)·우승(右丞)·기주자사(冀州刺史) 등을 지냈다.

화타華佗　중국(中國)의 역대 명의(名醫) 가운데 하나. 《후한서(後漢書)》와 《삼국지(三國志)》 위지(魏志)에 그 전(傳)이 실려 있다. 조조(曹操)에게 피살되었다.

화회和熹 등황후(鄧皇后)　동한(東漢) 화제(和帝)의 황후(皇后). 희(熹)는 시호(諡號). 이름은 등수(鄧綏). 동한(東漢)의 개국공신인 태부(太傅) 등우(鄧禹)의 손녀

환제桓帝　동한(東漢)의 제11대 황제(皇帝). 유지(劉志). 재위 147~167년의 21년. 죽어서 아들이 없어 하간효왕(河間孝王)의 증손인 유굉(劉宏)이 제위를 이었다.

황건적黃巾賊　중국 후한(後漢) 말에 장각(張角)을 수령(首領)으로 하여 하북(河北)에서 일어난 유적(流賊). 그 무리는 13만으로, 모두 황건을 쓰고, 황로(黃老)의 도(道)를 받들어 태평도(太平道)라 하고 일시 세력을 떨쳐 난을 일으켰으나 장각의 병사(病死)로 쇠퇴, 곧 평정되었다.

황석공黃石公　장량(張良)이 젊었을 때 다리 위에서 신발을 던져 그의 인내를 시험한 끝에 《태공병법(太公兵法)》을 전수하였다는 이인(異人). 이상로인(圯上老人).

황제黃帝　고대 중국의 전설상의 제왕. 이름은 헌원(軒轅). 문명을 발전시켰으며 도교의 시조로 추앙받고 있다. B.C. 2704년경에 태어나 B.C. 2697년 제왕이 되었다고 전해진다. 통치기간중 목조건물·수레·배·활·화살·문자를 만들어냈고, 자신이 직접 지금의 산시〔山西〕 지방에 있는 어떤 곳에서 야만족을 물리친 것으로 전해진다. 이 승리로 황허 강〔黃河〕 평원 전역에 걸쳐 그의 지도력을 확립할 수 있었다. 또한 몇몇 전설들에 의하면, 그는 통치기구와 동전의 사용법을 도입했다고 전해진다. 그의 아내는 비단을 발명해서 여인

들에게 누에를 치고 비단실을 뽑는 방법을 가르쳐준 것으로 유명
하다. 몇몇 고대 사료에 의하면, 황제는 그의 통치 기간이 황금시대
로 불릴 정도로 지혜의 화신으로 알려져 있다. 그는 꿈에서 백성들
이 자연의 법칙에 따라 조화롭고 미덕을 갖춘 생활을 하는 이상적
인 왕국을 보았는데, 이것은 도교의 믿음과 일치하는 것이었다. 잠
에서 깨어난 황제는 백성들 사이에 질서와 번영을 유지하기 위해
자신의 왕국에 이러한 덕을 심으려고 했다. 그는 죽어서 신이 되었
다고 믿어졌다.

《회남만필淮南萬畢》 《회남만필술(淮南萬筆術)》이라고도 하며, 《회남
자(淮南子)》의 주석본(注釋本).

《회남자술淮南子術》 책(册) 이름. 《회남자(淮南子)》의 주본(注本). 원
제는 《회남만필술(淮南萬畢術)》이다.

회제懷帝〔晉〕 서진(西晉)의 제3대 황제(皇帝). 사마치(司馬熾). 재위
307~313년. 영가(永嘉) 오년(五年: 311). 흉노(匈奴)의 유요(劉曜)
에게 포로되었다.

《효경孝經》 공자와 그의 제자 증자가 효도에 대하여 논한 것을 증자
의 문인들이 기록한 책.

효공孝公〔秦〕 전국시대(戰國時代) 진(秦)나라의 군주(君主). 21년은
B.C. 341년으로 상앙(商鞅)의 변법(變法)이 시작된 시기이다.

효문제孝文帝〔漢〕 ⇒ 문제文帝〔漢〕

효왕孝王〔梁〕 유무(劉戊, 楚王) 유교(劉交)의 손자로 21년간 재위.
오왕(吳王) 유비(劉濞)와 결탁하여 칠국지난(七國之亂: 景帝 3년,
B.C. 154년)을 일으켰다. 문장을 좋아하여, 그 아래에 매승(枚乘)이
있었다.

훤지萱支 두란향(杜蘭香)의 시녀 이름.

휴맹眭孟 이름은 홍(弘). 서한(西漢) 때의 인물로 《춘추공양전(春秋
公羊傳)》에 밝았다. 《한서(漢書)》 권칠십오(卷七十五)에 그 전(傳)이
실려 있다.

【간보(干寶) 소개】

간보(?~336)의 자는 영승(令升)이며, 중국 동진(東晉) 초기의 사학자·문학가이다. 그는 어려서부터 경사(經史)에 밝았으며, 학문에 뛰어난 재질을 보여 저작랑(著作郎)을 거쳐 관내후(關內侯)에 봉해졌다. 원제(元帝) 때에는 영수국사(領修國史)에 임명되어 《진기(晉紀)》 20권을 편찬하여 당시에 널리 칭송받았다고 한다. 그 외에 《춘추좌씨의외전(春秋左氏義外傳)》·《주역주(周易注)》·《주관주(周官注)》 등의 글을 남겼으나 안타깝게도 모두 실전되어 전하지 않는다.

그보다 간보는 음양(陰陽)·술수(術數) 등에 관심이 깊어 고금의 신괴(神怪)·영이(靈異)·변화(變化)에 대한 일들을 모아 찬집한 《수신기》로 널리 알려져 있다. 이는 중국문학사와 학술사 등에 찬연히 빛나는 저작물로서, 후대의 학술과 문학, 민속 분야에 영향이 지대하였음은 물론 아주 귀중한 자료로 인정받고 있다.

《수신기(搜神記)》는 한자 뜻 그대로 신괴한 사물·사건 들을 찾아 모은 기록이다. 흔히 육조(六朝) 지괴소설(志怪小說)의 백미(白眉)로 불려지며, 중국문학사는 물론 신화(神話)·전설(傳說)·구비문학(口碑文學) 연구에 있어 최고의 텍스트로 널리 알려져 있다. 그 내용은 가히 인간의 상식으로는 이해되지 않은 온갖 사건이나 현상들을 총망라하고 있다. 이는 한대(漢代)부터 유행하였던 음양오행설(陰陽五行說)·황노술(黃老術)·참위설(讖緯說) 등과 깊은 관련이 있다.

《수신기》는 단순히 소설적으로 지어낸 것이 아니고, 간보 자신이 직접 겪은 신비하고 비현실적인 사건, 그리고 당시 주변에 실제로 있었던 일, 전해져 오는 사건들의 절박한 사실성과 증험성을 있는 그대로 기록하여 정리한 것이다.

임동석(林東錫)

1949년 慶北 榮州生. 忠北 丹陽에서 성장
京東高, 서울敎大, 國際大, 建國大大學院 졸업
雨田 辛鎬烈 선생에게 한문 배움
中華民國 國立臺灣師範大學 國文硏究所 博士班 졸업
中華民國 國家文學博士(1983)
전 忠北大 조교수, 현 建國大 교수
成均館大, 延世大, 韓國外國語大, 慶熙大, 淑明大 등 대학원 강의

저서:《朝鮮譯學考》(中文),《中國學術綱論》
편·역서:《漢語音韻學講義》,《廣開土王碑硏究》,《東北民族源流》,
《龍鳳文化源流》,《戰國策》,《世說新語》,《韓詩外傳》,《說苑》,
《新序》,《晏子春秋》,《潛夫論》,《大戴禮記》,《唐才子傳》 등 다수

한글고전총서 6

수신기·하

초판발행 : 1998년 2월 20일

옮긴이 : 林東錫
펴낸이 : 辛成大
펴낸곳 : 東文選
제10-64호, 78. 12. 16 등록
서울 용산구 문배동 40-21
전화 : 719-4015

편집 : 金炅姬·朴蓮美
총편집 : 韓仁淑
© 1998, 林東錫, Printed in Seoul, Korea

ISBN 89-8038-206-5 04140
ISBN 89-8038-200-6 04140(세트)